駕馭金錢

Money:
Know more,
Make more, Give more

羅伯・摩爾 Rob Moore —— 著
林曉欽 —— 譯

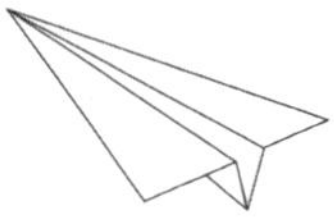

借力使力，
創造財務自由，讓財富與人生價值最大化

目錄 Contents

第四部
何謂金錢？

第五部
金錢價值、信念和情緒

第六部
駕馭金錢的技巧

第七部 策略和系統

前言
你成就了這本書

如果你和我一樣沒耐心，可能會現在就想直接開始學習本書的知識，根本不想閱讀奧斯卡式的冗長致詞。但請容我保持簡潔的致謝。

感謝桑尼普（Suneep），你是一位非常好的研究者、經紀人和朋友，謝謝你對本書的付出。感謝我的編輯海蒂（Heidi）負責校對，注意細節，並且承擔了閱讀手稿的艱辛工作。感謝我的出版商在本書完成之前，就將本書排入銷售時間表，迫使我必須快點寫完。感謝馬克・荷馬（Mark Homer）的支持，他是我的合夥人，細心分析商業局勢，教導我如何妥善管理金錢，學會「咬緊牙關」的真實意義。感謝琴瑪（Gemma），我一生的摯愛，給我自由和愛，讓我學會如何妥善花費金錢。感謝我美麗的孩子，他們挑戰我，讓我成為一位真正的大人。他們昂貴的生活費，也催促我必須變得富有，才能讓他們接受學校教育。感謝我的公司團隊，他們每天鼓舞我。我也要感謝發展不動產、無限成功以及顛覆企業家三個網路社群的夥伴，謝謝各位在我寫作本書時，參與投票，表達意見並且提出建議。

謝謝各位讀者，沒錯，就是你。你得到啟發並且專心致志地想要變得更好。你願意學習和成長，對此，我心懷感激，請容我參與這場美好的旅程。當然，我知道你也非常熱愛金錢！

創新企業家

羅伯・摩爾

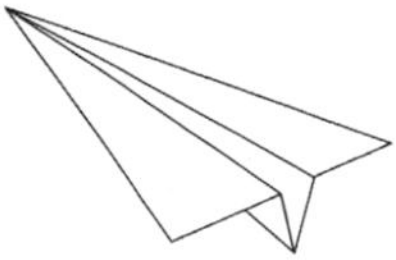

第1部

導論

感謝你相信我能在你追求財富的路上盡一份心力。
恭喜你，購買此書是睿智的自我投資。
你是自己最棒的資產，也將因此獲得最好的收益和利息。
我準備了一些非常特別的禮物以茲答謝，
不但珍貴無比，而且能夠發揮槓桿效果，
你將在本書的結尾發現這些禮物。
我很確定你一定是少數幾位從頭開始看完本書的讀者。
畢竟，識而不讀者，遠比不識者更劣勢。

CHAPTER 1

你買得起法拉利嗎？

在成長的過程中，我對父親最深刻的記憶之一，就是他的大手握著舊舊的咖啡色十元英鎊大鈔。他習慣將鈔票收入褲子後方的口袋。他總是把那些鈔票前後對摺，鈔票上的女王頭像整齊地對著同一個方向。他只用現鈔付帳，還喜歡討價還價，爭取折扣。他經常帶著我去酒吧、旅館和餐廳，並購買店內的擺設、裝飾品與儲貨。我們在量販店結帳取貨時，父親會讓我購買一大箱的糖果。回家路上，我吃了一堆糖果，並且對父親心生敬佩，希望自己長大後能和他一樣賺那麼多錢。

從我四歲開始，父親就教我如何工作賺錢。我的第一份工作是在酒吧「拿酒」，我得到寒冷、潮濕的地下室拿酒。

我抬起裝滿了酒瓶的箱子，幾乎看不見眼前的路，還要補充架上和冰箱的庫存。父親教我如何用最短時間，盡可能地把大量的酒瓶塞入箱中。熱鬧的週五夜晚過後，在週六清晨六點，我可以用半小時補滿大多數的酒瓶庫存。

爸爸給我五十便士的工資，我在週末打工，因為媽媽不准我在上課時間工作。我把週末打工的薪水存起來，將通貨膨脹考量進去的話，我的存款應該高達現在的九十五萬六千英鎊。我將這筆鉅款帶到家中附近的雜貨店，購買裱框的汽車照片。店家陳列了我的最愛，例如藍寶堅尼的康鐵克（Lamborghini Countach）、科維特（Corvette）、法拉利的泰斯塔羅莎（Ferrari Testa Rossa）、保時捷的九一一（Porsche 911）、賓士古爾溫古董車（Mercedes Gullwing）和其他車種。我把這些照片一張一張全部買回家，掛在我的臥室牆壁上。

言歸正傳，總之父親叫我和我妹一起用吸塵器打掃酒吧。酒吧的地毯是棕色的，格紋非常華麗，好處是如果有人掉了硬幣在上面，是無法被輕易找到的。地毯成為完美的捕蠅草，接獲酒吧客人身上的一英鎊硬幣。

週末的一大清早，我和妹妹起床，一邊高唱「我想要錢，我真的想要錢」，一邊在酒吧裡搜尋客人掉落的硬幣，爸爸也同意我們自己留著用。我父親總說，無論錢掉在哪裡，只要我撿到，就是「天外飛來的財富」。

隨著長大，我賺錢的欲望也變得愈來愈強。在酒吧和旅館長大的好處，就是我很年輕時就能夠獨立，也培養出企業家精神了。我和妹妹經常獨自待在酒吧或旅館的樓上，我非常喜歡這種自由。我們必須照顧自己，念國中時，我已經學會烹飪、打掃、洗衣服、燙衣服，甚至和妹妹打架等珍貴的生活技能。我還是青少年時，曾經向母親提出一份商業合作企劃案，詢問她是否想將燙衣工作以「生活槓桿」的形式外包給我（我當時當然沒有用「槓桿」這個字眼），大件衣服收費二十便士，褲子和小件衣服則是十便士。她接納我的提案，於是我的青少年時期，就在一邊燙衣服，一邊觀賞 MTV 電視台的《金屬搖頭狂熱》（*Headbangers Ball*）中度過了。通過駕照考試之後，父親常派我去買酒吧的營業用品，我把所有找回的零錢都存起來並仔細記帳。

讓我們將時間快轉七年，我已經二十四歲，唸完大學，度過一段愉快的時光，但喝了太多酒，也把父母親的錢揮霍光了。我曾擁有偉大的夢想和理念，但父親生了重病，我只好暫時將挑戰全世界的計畫置諸高閣幾個月，回家協助父親經營彼得伯勒（Peterborough）的酒吧生意。四年後，我依然在幫忙打理父親的生意，卻積欠了相當可怕且沉重的個人債務。直到夏日的某個早晨，我和一位朋友在嚴重宿醉後，看見一輛法拉利 F430 蜘蛛跑車才終於痛定思痛，決心擺脫債務。駕駛放下敞篷車頂，車內音響震天作響，他看起來氣焰高張。直到現在，我最想要的跑車不是別的，正是那臺法拉利 F430 蜘蛛跑車。彷彿我所有的童年記憶、情緒和欲望，都化身為一輛美麗的汽車：優雅的線條，刺耳狂暴的排氣管聲浪，還有法拉利專有的羅莎紅。跑車呼嘯而過，我能夠以慢動作畫面看見並感受所有的景致、情緒和欲望，於是我轉頭對著朋友痛陳：「看看那個討厭鬼，他一定是賣毒品的。」

於是我們又去了酒吧。

那一天我的評語展現了我人生態度的新低點，也流露了我注定會負債的金錢觀，導致我變得尖酸刻薄，對人充滿歧視。我曾經是一個心胸開闊，毫無設限的孩子。青少年時期，我也被教導要珍惜辛苦賺來的錢，甚至懷抱偉大的夢想，想要用腦海的各種概念賺錢，現在卻變得充滿嫉妒的失敗主義者。我刷爆的信用卡，連比爾・蓋茲（Bill Gates）的皮夾都裝不下，而他代表了人們對富裕的刻板印象。

最糟的是我根本不了解法拉利的車主。這句話總結了世界對金錢的錯誤觀念。甚至，總結了富人和窮人之間的鴻溝，但不是能力差距，而是心態差別。詭異的諷刺生活依然繼續，到了三十歲出頭，我成為了百萬富翁，而我購買的第一輛法拉利，正是羅莎紅的F430蜘蛛跑車。就像我當年批評法拉利車主一樣（搞不好他的車只是租來的而已），你要批評我前，先和我一起回顧一下這場旅程，我出身在一個非常良好的金錢教育環境，卻一度陷入債務危機，最後好險能保住財富。

我的人生可能和你的故事有些相似。我曾經貧困，也曾富有，你可能也是。我賺了大錢，亦曾慘賠，也和你一樣。我白手起家，但其實大家呱呱墜地時都是一無所有。我對金錢產生的所有負面想法，正如第一世界國家的窮人（詳情請見下一章）會有的想法。生活在英美等第一世界已開發國家的人所面對的挑戰以及享受的機會，我也都有。

在那一刻，我批評那位開跑車的人，其實是將我個人的觀念、信仰和態度，都投射在他身上。其實根本與他無關，我並不認識他，卻以為自己很了解像他這樣的人。他可能就是我在未來想要努力學習的對象，我渴望賺到和他一樣的財富，實踐夢想，買一輛法拉利。他也許真的是一名毒販，也可能只是試駕或租賃一天。他的職業或許是牙醫、心理諮商師或慈善家。或者，他是一名汽車銷售人員，正在載客戶（例如現在的我）體驗法拉利。

這些都不重要，重要的是你不該擅自以刻板印象評斷他人，就像我當年犯下的錯誤。在本書稍後的篇幅，我也會分享過去二十五年來，我對有錢人的想法轉折。我和將近五十萬位富人分享了現在的每一份信念，我也會在本書裡傾囊相授，我相信你將對其中一些人物產生嚮往。搞不好這就是你購買本書的原因。

當我只是「第一世界的窮人」，根本不能證明一位法拉利名車的駕駛是怎麼樣的人，因為我一無所知。現在，我認識很多開法拉利的人，我自己就是其中之一。

CHAPTER 2

第一世界的窮人

探討金錢時，有一個非常重要的概念分野：「第一世界的窮人」和「第三世界的窮人」的貧富標準並不相同。

我非常幸運，能夠生在第一世界的家庭，得以擁有充足的水源，不需要徒步三十英里才能找到水。我很幸福，可以接種疫苗，享受良好的公共衛生環境，妥善的健康照護系統，以及（大多時候）相當公平的資本主義自由市場社會。

我又是何其有幸，生活安全無虞，可以擁有自己的財產，取用全球網路資訊，並且發揮槓桿效果。生活在美好的家庭、社會和政府環境，擁有如此良好的機會和幸運，倘若我依然抱怨連連，是多麼不應該？如果悲嘆自己的機會不夠，又是何其可悲？在貧困的日子裡，我經常抱怨，我很確定你也是如此。然而，這些行為都會妨礙我們追求財富。

人並非生而平等。在第三世界國家，甚至是一些已開發地區，人出生在極度貧困的地區，不是因為他們自願選擇或犯錯而受到懲罰。他們注定無法擁有基礎的適宜環境，也缺乏第一世界用來存取線上免費資源的教育工具。

然而，其他人，包括你和我，以及我們認識的多數人，都生在平等和充滿富裕機會的環境中。除了安全和適宜的生活環境之外，只要具備無線網路設備，我們的網路幾乎是免費的，提供了無盡的資源，讓我們可以提升自我。本書將會經常提到「窮人」一詞，但專門指涉第一世界的窮人。有幸擁有無限機會的人可以也應該幫助第三世界國家的居民，使其擁有公平的機會。倘若我們下定決心，絕對能幫助他們。我們足以變得非常富裕，妥善應用財富，促進平等的機會，裨益自己的生活。本書也會提供相關資訊，教導讀者如何正確地將金錢用於良善。但是，首要之務就是賺錢。請仔細傾聽家喻戶曉的大人物提出的建議：

倘若你出身貧窮，並非你的錯。但如果你死於貧窮，就是你的錯。

——比爾·蓋茲

CHAPTER 3

自由市場和機會之地

我認為，在已開發世界和資本主義社會裡，你坐擁一座非常有效率的金錢貨幣系統，足以創造（幾乎完美的）公平競爭與自由，可以創立你的事業，而先決條件就是充足的利潤與成長空間。

當然，馬克思主義者會挑戰我的觀點，但我會更進一步地挑戰他們，因為我相信就算是最忠誠的馬克思主義者也會同意我的想法。許多人抱怨大環境不好，「經濟系統」不公平，時機不對或風險過高。

他們用稅賦、貪婪的企業和大人物，以及其他外部因素作為理由，解釋為何無法創立自己的事業或賺到更多錢。

我們享受自由市場，我個人也非常感激能夠在這個環境中成長，自由市場是一座經濟系統，各家私人企業藉由無限制的競爭而決定市場價格。買賣雙方都有競爭能力，而且受到激勵，可以在不受干預的情況下完成交易，只有供需法則和公平管制足以影響自由市場。

企業喜歡也需要一座自由市場，他們才可以創造無限制也不必繳交回收款的利潤。自由市場的核心理念相信，供需決定價格，市場的需求會導致價格上揚或下跌。

自由市場和自由價格系統，讓全球各地的消費者和你，都可以買到各式各樣的商品。倘若沒有自由市場，你或許無法買到日常生活用品或其他財物。如果我們的競爭不公平、市場不公平，甚至陷入寡占市場、壟斷市場或其他非自由市場狀態，你也許必須支付九十七英鎊才能買到一品脫的牛奶。

自由市場讓企業家得到最大可能的發揮空間和機會，他們承擔風險，投入時間與資本，捨棄穩定工作帶來的收益，投入商業市場，滿足廣大消費者的未來欲望。自由市場創造公平競爭，竭盡所能為消費者創造有效率的環境。個人存款和投資，也可以因此轉化為資本財物，增進生產力和工人薪資，提升每個人的生活品質。

自由競爭市場同時刺激、獎勵科技創新，因為它允許創新者領導潮流，滿足消費者更多的需求。

自由市場也創造了競爭，藉由競爭達成均衡的公平條件，因為利潤和價格將會依照企業提供的服務（財物）和消費者的需求，達到最符合彼此利益的平衡狀態（關於自由市場、完美競爭、其他貨幣金融及經濟概念，請見第四章的詳細敘述）。

第三世界國家、獨裁政權、共產主義社會、低度發展政府或一般的契約勞工市場，則與自由市場大相徑庭。（你的老闆可能就是一位獨裁者，和我一樣，因為我相信自己以前一定被員工指控是獨裁者！）

我花了非常長的篇幅，只想表達我們都很幸運，可以居處於充滿機會的土地和社會。

所以馬上停止抱怨吧！捲起袖子，創造偉大的產品和服務，設立公平的利潤空間，追求廣大的財富，讓消費者和客戶享受偉大的商品價值，才可以財源廣進。

CHAPTER 4

何謂金錢，這本書在談什麼？

在本書裡，我想要給你嶄新的金錢觀、信仰和哲學。歷史上最富裕的人物在累積浩瀚長久的財富時，都有幾個共同的特質，其中之一就是理解金錢的真實意義（和錯誤的觀念）。他們也可以擺脫所有的罪惡感和羞恥心，甚至捨棄文化、宗教以及成長背景傳授的金錢觀。他們超越了心理的瘋狂，真正地理解金錢的本質和意義。

這本書的其中一個目標，就是讓你也能夠清楚明白地理解金錢。因為，一旦你掌握了金錢的真義——數百年來，只有少數幾人知道這個祕密——你也可以累積財富，甚至讓存款和電話號碼的位數一樣多。

本書將會讓你真實、準確而且深刻地理解金錢的意義、金錢背後的系統、統御金錢的自然及經濟法則，金錢如何流動和運作，又應該怎麼善用金錢知識的槓桿效果，創造更多收益，得到更好的成長，並且分享更多。你也會學到心靈與物質的平衡，以及吸引力與行動的平衡。

本書提供的哲學，讓你全面翻修並且重新整理自己的心靈智慧、實務技巧以及情緒。它是一種金錢哲學與生活方式，協助你實現最崇高的志向和願景，將金錢作為燃料，以及追求良善目標的動力，贏得公平的利潤，並且創造永垂不朽的改變與傳承。

我們在成長過程中，因為受到環境的影響，很早就產生根深蒂固的金錢觀，而這些觀念影響了我們看待金錢和財富的世界觀，也改變我們對於「擁有」和「匱乏」，「感知」和「接受」的想法。

這本書也要打敗所有的迷思、謊言、誇示、扭曲、隱藏的祕密和陰謀，以及偏頗的說詞，證明它們是錯的。倘若相信當中某些觀念，可能會妨礙你追求更多財富和金錢的旅程（或者已經是了）。

本書以正面的心態，主張我們應該追求財富帶來的個人與全球益處，創造更多、成長更多並且給予更多。本書以積極的角度看待財富的益處，媒體以片面之詞主張金錢和財富不公不義，本書也將藉由實際的證據和現實世界的應用方式，讓你可以開創財富、提升規模，並且避免錯誤（例如二〇〇五年的我）。

如果你正在尋找「如何在五分鐘之內迅速成為有錢人的指南」，這本書不適合你。倘若你希望學習的是治標不治本或作弊的方法，想在社會金字塔頂端賺大錢，也無須浪費時間閱讀本書。這本書的名字不是《金錢：乞討、借貸且偷竊》（或許我應該替這個書名中請商標）。

然而，如果你正在尋找「最符合現實、時間、環境的最速致富方法」，這本書絕對能夠盡棉薄之力。倘若你想要建立豐盛、長久的財富，本書是正確的選擇，我很高興我們找到了彼此。

雖然一般人不相信，但我們確實可以同時擁有幸福和金錢。你能夠獲得財富，並且成為有貢獻的人、良好的父母和伴侶。你得以賺大錢並且帶來改變。

事實上，本書的其中一章就是專門探討這個主題，讓你理解怎麼賺大錢的同時，也能夠上天堂。

CHAPTER 5

金錢和幸福的和諧共舞

在這本書中，我們會證明各位讀者能在致富之餘，還能替這個世界帶來改變，唯有在最妥善地滿足他人需求時，我們的需求才會獲得滿足，為了獲取持續成長且長久維持的財富，你可以也應該在自私和無私當中找到平衡。你與金錢之間的關係足以超越短暫的戀情，金錢和幸福應該是你一生的和諧婚姻伴侶。

但是，這本書的主題不是「自助」，內容也不會充滿各種空話、自我感覺良好、洗腦或安慰。

我們提供一種平衡的觀點，讓讀者明白如何在精神和物質之間、吸引力和行動之間，善用槓桿效果。這本書也不似一九〇六年所推出的艱澀經濟學理論教科書（許多經濟學家比我聰明甚多），但讀者可從本書讀到盛行的經濟學理論、財務金融觀念，以及人類生活世界的主宰法則，也能明白如何藉此發揮槓桿效果，贏得細水長流的財富，並且回饋世界。

本書的主題也不是抱怨經濟市場、讚揚景氣繁榮、歌頌市場利多，或者假扮先知提出景氣循環問題的解答，因為我認為，想要尋找烏托邦的均衡並且相信我們可以因此安逸生活，都只是一種幻覺。

但是，正如歷史資料所證明，本書會讓各位讀者明白，為什麼在過去和未來的任何時期，都有可能反覆出現經濟不均衡的狀態，想要改變不可改變者只是徒勞無功之舉，但我們確實應該靈敏地追隨經濟和宇宙法則，協助你、我和許多人，善用既有系統的槓桿效果，追求個人和全球的財富成長。你不需要改變法則——你應該順勢而行。

本書提出了模組化的金錢範式，讓你可以配合經濟和社會的變遷局勢，按照各種熱情和專業的既有形式，分析其金錢價值和成長可能。你也能妥善地用自己的方法，無須任何犧牲或者承受數十年的延後享樂，立刻平衡管理事業工作、家庭孩子、熱情，並且替這個世界帶來改變，享受回報。你可以從事自己所愛，愛自己的事業，結合熱情專業，融合假期和志業，同時贏得利潤，創造偉大的改變。

瞭解我的朋友，都知道我是一個毫不保留的人。很多人確實有話直說，不會隱藏內心想法，但他們不會、不敢也不願意暢談金錢。我必須在此先提醒各位讀者注意，本書多采多姿的文字可能讓你覺得被冒犯了，過於坦然的直率和公正評論使你沮喪，挑戰傳統思維更令你不適？如果你想要找一本內容簡單、易於閱讀的書籍，無須採取行動，或者改變自己，這本書無法解決你的問題。繫好安全帶，坐穩了，一場偉大的冒險即將開始，我會一直陪在各位身邊。

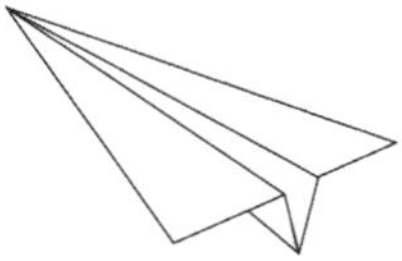

第 2 部

創新企業家

在這個部分，
我會開始帶領你理解本書的哲學，
你可以藉此獲得更多時間和自由，隨時隨地和夥伴一起從事熱愛的活動。
並且善用這裡提及的哲學幫助他人、與他人分享。

CHAPTER 6

顛覆的金融體系

在商業、科技和金錢的領域中，我們可能都活在達爾文口中「適者生存」的世界。過去幾年來，金融世界發生了震盪移轉，金錢交易愈來愈少，智慧型裝置和晶片系統進行的光速交易日漸增加。

縱然轉型尚未完成，但我們的確是浸淫在資訊裡，下個時代的主題可能就是「科技」。工業時代早已被我們遠拋於後。那些仰賴加工和手工業，想因此獲得自由與財富，並渴望早期退休者，不但競爭力低落、過度工作，而且只能拿到過低的薪資。他們早就落伍了。

科技時代的速度飛快，簡直就是風馳電掣。摩爾法則（Moore's Law）——高登．摩爾（Gordon Moore）提出的，不是我——相信電腦處理器的能力會在每兩年增加一倍。

摩爾是英特爾公司的共同創辦人之一。自從微電路（integrated circuits）發明問世後，摩爾發現每平方英尺的電晶體數量每年增加一倍。這個效益持續的時間愈久，就能累積可觀的動能，發揮複利效應。

事實上，摩爾定律的效益已經持續了五十年，其進展成果大約是二的三十一次方，換算結果是二十億。這個現象顯著地影響全球金融，因為金錢流動的形式和平臺增加，速度變快，並且創造了重要的槓桿效果（我將在本書稍後詳細說明）。

快速崛起的億萬富翁

幾乎一眨眼，全球的互連性，以及全新的金融系統，讓早期的新創家和企業家，在前所未有的短暫時間內，迅速累積巨大財富。倘若你在「奔波」（The Hustle）網站上查閱迅速致富的億萬富翁名單，就會發現前十名裡，有九位出生於一九八七年後。令人意外的是，致富速度最慢的是比爾·蓋茲，他也是名單裡最年長的一位。

前十名億萬富翁裡，七位在網路上發揮槓桿效果致富，包括亞馬遜書店的傑夫·貝佐斯（Jeff Bezos）、臉書創辦人之一馬克·祖克伯（Mark Zuckerberg）以及西恩·帕克（Sean Parker）、eBay的創辦者、酷朋（Groupon）的創辦者以及谷歌（Google）的創辦者。

金錢會傳染？

在世界的每個角落，你都可以用手中的智慧型裝置，以光速進行金錢交易。在未來，虛擬實境、人工智慧、物聯網（Internet of Things）、穿搭用品、無人商店、皮下組織晶片……將會變成交易和金錢流動的媒介，此外還有各式各樣超乎想像的奇妙管道。這一切只需透過網路就可達成。

你也可以在別人的伺服器或網路平臺，設立自己的商店或事業，不必聘請員工，也不用囤貨，或是負擔經常性支出。只要登入，你就可以免費進入全球網絡，接觸十億名顧客或追蹤者。你能免費且迅速地發揮社交網絡和行銷平臺的槓桿效果，善用其他企業、存貨和服務責任，創造屬於你的龐大事業。

全球最大的電子商務網站阿里巴巴沒有任何庫存，AirBnB 亦不擁有任何飯店，優步（Uber）同樣沒有購入任何計程車，臉書甚至不提供創作內容，網飛（Netflix）也沒有設立任何實體戲院，是不是非常聰明？

不勞而獲

社交網絡平臺雖然沒有任何銷售行為，卻創造了億萬商業額。推特（Twitter）首次公開募股的成交金額是一百四十二億美元，而且並未提出任何利潤模型計畫。二〇一二年，臉書在設置廣告介面之前舉行了首次公開募股，成交金額是一〇四〇億美元。

這些公司光是販賣「無實體的願景」和「未來可能的商機」就賺進億萬美元。年輕人在臭汗滿溢的學生宿舍創辦臉書和推特，程式設計師和駭客則成了新一代的富豪。

任何人都可以在網路上張貼影片，獲得百萬瀏覽人次，只要他具有強烈的個人特色，並且藉由廣告、贊助、加盟社群網站以及主持網路廣播節目，就可賺進數十萬英鎊。

我們的社交和私生活已與公共領域密不可分，並且可在彈指間得到一切。新舊時代的鴻溝愈來愈深。我們只能接納嶄新的科技時代，或者在一道警示聲響之後，就被拋在後頭，科技發展的複利效應甚至加速了這個過程。

摩爾的加速法則有好有壞。**如果你願意接納科技創新且顛覆傳統，就能發揮槓桿效果，贏得最好的利潤、成長及規模**。但是，倘若錯失良機，你只能依附老舊的商業模型，期待某人在某一天營救你逃出生天。金錢的世界亦是如此。

拒絕金錢潮流恐懼症

未來的金錢趨勢引發許多恐懼。英國支付理事會（Payment Council）設立的教育推廣網站 PayYourWay.org.uk 指出，大約有二十六％的英國人基於安全因素，會刻意避免使用最新的支付方法。

這種恐懼甚至衍生了一個專有名詞：金錢潮流恐懼症（paynuphobia）。更有趣的是，只有二十五％的英國人害怕蜘蛛。因此，我認為這些資料可以充分地顯示，許多人其實對時代變遷心存恐懼。

免觸碰卡片[1]問世時，銀捷尼科（Ingenico）的研究發現，只有十三％的顧客擁有免觸碰的信用卡，只有五％的客戶曾利用免觸碰卡片付款，除此之外，六十一％的英國人害怕使用免觸碰卡片，因為他們認為自己並不是很懂相關科技。四十一％的英國人甚至表示自己根本不知道什麼是免觸碰卡片。

現在許多人都把這種便利的付款方法視為理所當然，因此上述的資料其實也不那麼重要。也可以說，過去的現金、鈔票和紙本付款方式轉換為早期的線上付款時，那時引起的震盪其實更大，而現在所有的數位貨幣和付款方法，其實都不過是發揮網際網路的槓桿效果罷了。網路是最大的改變因素，最早的移轉其實發生在一九九〇年，卻像九百七十三年前一樣久遠。各位朋友，請接納這股新潮流吧。

沒有現金的社會

許多人害怕沒有現金的社會，但我的恐懼更嚴重：以後我再也沒辦法用鈔票賄賂未來即將成為世界高爾夫球冠軍的五歲兒子了。

人們確實害怕現金消失，當鈔票通貨變得一文不值，政府就可以控制金流，增加稅賦。我現在無法論斷上述論點是否正確，但不妨和我一起理解「政府當局」和「企業家與創業家」之間的糾葛吧。

根據支付理事會的報導，美國聯邦準備委員會（The Federal Reserve）預估二〇一六年時，全球的無鈔交易金額將達到六千一百六十九億美元，二〇一〇年時則是六百億美元。

在瑞典，將近五十九%的消費都是無鈔交易，現金交易只占了整體經濟的二%。二〇一四年，英國的消費、商業和金融組織進行的現金交易比例首次跌落至五成以下，只有四十八%。丹麥、瑞典和芬蘭是最接近無鈔社會的國家。

英國和美國依然必須經歷一些政策修改過程，但你可以看出時代轉變的動力。諸如德國、義大利和希臘等國家，由於缺乏相關的基礎建設或文化，則是較為緩慢地接納這些發展。

在德國，債務（debt）和罪惡（guilt）是同一個字。我可以想像，當初從以物易物轉換為硬幣交易，再從硬幣變成紙鈔，甚至移除黃金本位主義，這些時間點所引發的挑戰和抗拒。但是，現代金錢形式有何不同呢？

我們應該心懷感激地接納美好的進步，將之視為人類的福份，並且積極運用。有關金錢變革的故事在不斷重演，只是每次的形式都不一樣，但每次都更為先進且迅速，而改變是唯一的恆常不變。

在許多國家或開發中世界裡，無鈔社會最脆弱的成員，其實是年邁且不願接受數位金錢的有錢人和窮人。

是否願意接受數位金流並非科技問題，而是技術水準和訓練議題。無家可歸的人更在乎自己的經濟狀況，而不是高水準的金錢形式。由於居無定所，他們無法使用信用付款，更難妥善管理銀行帳戶，因為流浪漢不可能從路人手中接獲加密的數位貨幣。

缺乏現金並不會讓一個人無家可歸，但確實可能加深貧富差距。你擁有絕佳的機會去參與金錢的發展，並能從中創造更多、得到更好的發展，並且分享更多資源。發展中國家的緩慢進度，讓企業家得到巨大的發展機會，也能藉此解決更具意義的重大問題。

顛覆銀行系統

網路借貸平臺（Peer to Peer，也稱 P2P 借貸，又名 market-place lending）讓借貸雙方能夠直接聯繫，而諸如 Zopa[2]、Funding Circle 或 Ratesetter 等網路借貸平臺公司，一舉改變了人類借貸和取得資本的方式。

這些公司的成長空間相當可觀，因為他們讓金錢借貸變得更加迅速簡單，也使更多人受惠。他們拉近人群的距離，並且顛覆行之有年的寡占產業。

行文至此，我想讀者也逐漸看出顛覆企業的共同特質是什麼了。你可以藉用這個特質發揮槓桿效果，實現你的觀念，開創自己的事業，以增進收入來源。

根據《創意財經自由指南》（*The Liberum AltFi Volume*）的資料，英國的 P2P 平臺一共創造了四十三億英鎊的貸款金額。網路借貸才剛問世十年，能夠有此佳績實屬不易。

你可以在這些平臺找到百萬名貸方，每一位都具備個人化的風險資料，平臺公司也會妥善管理並且降低風險。

除此之外，你也能透過手機應用程式，將自己的存款借給他人。只需有好的創業概念，花幾分鐘建立創業募款活動，設立「不成功就退款」的條件，降低投資人的風險。

將近半數的創業募款活動從草創階段就成功了一半。十年前，這樣的借貸形式尚未出現。比十年前再更早一些，你還必須穿上西裝，準備一條擦汗用的手帕，親自登門拜訪銀行經理，求他借錢讓你創業。

電子化與「加密貨幣」

「電子貨幣」這項新科技改變了金錢遊戲和錢流速度。最好的例子就是比特幣了，它是一種根據密碼建立的虛擬貨幣。

加密貨幣之所以盛行，是因為難以仿造，而且可以實際融入人的生活。它是一種有機體，並非由任何國家的中央貨幣機構發行。從理論上來說，加密貨幣得以免於政府干預或企業操弄。

由於貨幣變得非常私人，不受任何機關影響，金錢開始產生發展和顛覆的巨大潛能。交易變得更容易且更快速，當中的槓桿效益，減少了商業上的必要性支出，進而挑戰銀行的利潤空間。

交易成本降低之後，交易量和速度都提升了。交易量增加帶來經濟成長，而經濟成長蘊藏了一股浩瀚的潛能，能夠在未來實現毫無阻力的金流交易。銀行的行為造成金流之間的摩擦阻力，因為他們控制金錢，減低金錢交易速度，並且增加交易成本，而加密貨幣可以徹底減少這些弊病。

有些人擔心，無鈔社會可能會讓政府和中央機構得到控制權力，倘若政府干預了，反而會因為加密貨幣的特質，承擔洗錢避稅的風險和恐懼。

事實上，讓我們享受線上金錢交易和保存資料安全的平臺，才真正擁有權力，可以駭入資料庫，修改我們的身份資料。

金錢創新的顛覆特質，使其非常不穩定，我們也會在稍後的篇幅討論，**任何型式的金錢交易都必須以信賴為前提，而信賴來自於時間和檢驗**。我們還有多久才會步入完全的數位金融世界？可能比你想像中還要快。

皮下組織晶片和生物修改

本書的顛覆內容和世界的顛覆發展都正要開始。瑞典一間生物改造公司已經在人類的手部安裝米粒大小的無線射頻晶片（RFID chip），一開始的功能只有開關門或操作影印機，後來增加了在咖啡廳付款的選項。

它的未來又會是如何呢？許多科技業人士相信，未來肯定會出現更多複雜的晶片，取代運動手環或付款裝置等穿戴科技，人類很快就會適應新的強化功能。

更長遠的未來，始於現在

在我的網路廣播節目《顛覆企業家》中，我曾訪問凱文．凱利（Kevin Kelly），他是《通電》（*Wired*）雜誌的創辦編輯，也是網路文化知名的參與推廣者，更出版了許多探討未來的書籍，包括《勢不可擋的未來》（*The Inevitable*）一書，此書談論未來二十年的深度發展。

凱利認為，兩個主要的未來趨勢即將到來（技術上也已經實現了），包括人工智慧和虛擬實境。

採訪凱利讓我受益匪淺，我本來就對未來趨勢如何影響驅動商業、企業和金錢非常有興趣，現在更是興奮不已，盡可能知道多一些。

我相信，**一個人對於未來（以及當下）的理解愈深，就可以愈積極地影響自己的未來。實現人性的所有事物都能轉變為巨大的財富和金錢，因為金錢可以實現人性。**

近年來，人類已經成功使用3D印刷打造出公寓，甚至印出人類的胸腔和胸骨；毒販製作了足以攜帶一千公斤毒品的無人機；而你甚至可以購買一臺具備「腦袋」的智慧冰箱。

人工智慧、虛擬實境和物聯網

人工智慧是經由電腦發展，用機器展示的智慧系統。理論上，任何通電的物品都能發展智慧系統，甚至連你的車子也可擁有腦袋。

每項電子產品皆安裝人工智慧，具備追蹤數據和分析行為功能，甚至做出決策，這樣的未來其實並不遙遠。在未來，你的冰箱就能符合上述標準，所有的穿搭配件，甚至皮下組織晶片亦是如此。你的行動電話已經擁有「智慧」，它擁有的知識搞不好比你還多。

假如你可以洞燭先機，就能像那些新創者一樣趁早行動，找到方法迅速累積財富。物聯網的興起，代表所有電子產品都可以連結網路，分享網路的所有資料，甚至連結到可怕的天網，彷彿電影《魔鬼終結者》的劇情。

時代的改變創造巨大的契機，而「金錢」最需要改變了，特別是提升流動速度的那種。

◎回到現實

按照達爾文的觀點，生存下來的並非最強悍的種族，也不是最聰明的種族，而是最能夠回應環境改變的種族。因此，請務必參與金融以及金錢世界的改變與創新。倘若許多人害怕改變，你的機會反而大幅提昇，因為競爭者變少了。

金錢形式的演化流露出另一個事實：金流速度也日漸加快。金錢的速度原本受限於動物運輸，接著仰賴機器，後來依靠電報速度，現在則以光速進行。

在未來，金錢流動的速度可能更即時，真是令人興奮（詳情請見第四十四章）。隨著金錢流動速度的提升，如果一個人不珍惜金錢，他的金錢會用更快的速度流向另一個珍惜金錢的人，窮人的錢也將更迅速地流向有錢人。你創造事業、經濟成就以及增進財富的機會將大幅提高。時間是人類最珍貴的財物，能夠不被時間淘汰的事物，都可以替你創造財富。

隨著人類進步，金錢的本質也會轉變，因為金錢是人性和演化的象徵，也替人類社會服務。人類演化後，也變成更複雜的「多利基」生物，想要滿足更多目標，發展更分門別類的功能和志向。

創世紀時只有兩個人類——亞當和夏娃，他們的目標也許只是生存和繁衍，根本沒有想過成為 Instagram 的明星或 iPhone 手機螢幕的維修人員。

亞當之後的幾個世代，經歷了近親繁衍，只有少數的生活工具並且開始學習用火。他們的目標雖然變得更為明確，但依然只是原始的基礎生存。快轉至現代，人類已走過長久的演化，生活的內容變得更為複雜，這個現象也反應在人類種族創造的種種事物。

超專業主義的誕生

還記得十年或二十年前時買車的回憶嗎？——你喜歡跑車、房車，還是特定廠牌的車款？我父親非常喜歡捷豹（Jaguar），例如 XJ6、XJ8 或 XJS 等車款。在一九六〇年代和一九八〇年代時，他很認真地思考自己想要哪一輛車。

我記得當時所有車款都有六種顏色。時至今日，當你走入賓士經銷點，琳瑯滿目的車種、引擎款式和烤漆顏色，絕對會讓你瞠目結舌。

人類的多利基還會持續發展複利效果，並且加速進行，就像人口增長的速度，人類的交易、服務和金錢流動速度愈來愈迅速，創造金錢，投入經濟系統的腳步也會愈來愈快。

顛覆時代的契機以及專業主義的發展

金錢、財富和創業精神，是人類演化過程中相當顯著的服務行為，也反映了人類的種族特色與本質。具有高度賣點的產業創造出更充足的契機，能夠專注地服務不同需求的人，滿足其個別需求，他們也願意支付更多費用。

在稍後的章節中，我將提出許多有關現今潮流及未來發展的事例，讓各位讀者明白，相較於短短幾年前的世界，現在的所有事物都能夠創造金錢價值。

不要害怕往前走——要接納改變，並且投資在這些改變上。

顛覆讓早期適應者擁有提早出擊的契機，因為我們的需求變得愈來愈明確複雜。倘若你可以調整自己，參與這場速度飛快的專業演化旅程，適應金融世界因為專業主義而不斷產生的顛覆發展，就能夠深入參與人類種族的演化，創造更多金錢。

任何顛覆金錢控制的事物，都會降低金錢交易的手續費，使得金錢交流變得更輕鬆。

數十年來，銀行和企業掌握了絕大多數的金錢，這種局勢已不復見。我們現在處於金流大規模轉向的早期階段，金錢從銀行流動至私部門和企業家。

人們對銀行和政府機構的信任已經大幅降低，而金錢會從不受信任的人，轉向得到信任的人。

私人財富就是新的銀行

每個人的私有財富建立的互動關係就是新的投資基金。群眾募資和募款是迅速成長的金融創新，並且降低了銀行的獲利空間、資本保留以及權力。「企業集團與大型企業」和「私人投資者與創業家」之間的競爭愈演愈烈。本書將讓你學習如何重新導向金錢流動，在達爾文式的金融世界裡，找到你的獲利，同時增進他人的價值。

---

1 所謂的無接觸卡片是指 contactless card，意思並非消費者不需要親手接觸卡片，而是過卡時無須輸入額外的密碼或簽名，利用紅外線或其他無線科技直接存取卡片資料。

2 Zopa 為全球首家 P2P 借貸公司，位於英國。Funding Circle 和 Ratesetter 與 Zopa 並列英國四大網路借貸平臺公司，三間公司都沒有正式的中文公司名稱，此處保留英文名稱，利於讀者查詢。

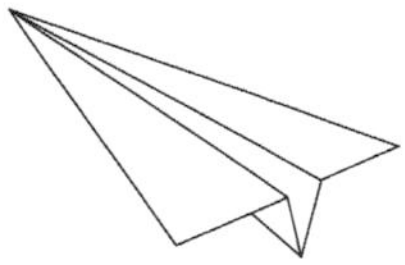

第3部

最常見的金錢迷思

許多常見的金錢迷思一直在阻撓我們進步，
你可能也會認同其中一兩種。
在第三部中，我們將一一破解那些對金錢一知半解的偏見，
希望讀者可以檢視自己是否曾經相信其中一些觀點，
或在成長過程中，
曾被教育接受某些觀點，讓自己或他人無法從中受益，
希望讀者可以找到跳脫一般對金錢的衡量方式，
並且維持更豐裕的金錢財富。

CHAPTER 7

金錢無法使你快樂？

大家都說，金錢無法使你快樂。

遺憾的是，金錢確實可以讓你快樂。在過去十年來，我從沒有聽過有百萬富翁或億萬富翁說「金錢無法使他們快樂」，而我認識更多的有錢人，樣本數絕對足夠證明這個論點。我也從未聽過哪位有錢人說：「羅伯，請把我的錢全部拿走，金錢讓我不快樂。」

我猜想，只有第一世界的窮人才會相信這種說法。那是一句極富文化影響力的名言，讓數百萬人信以為真。

然而，倘若窮人根本沒有錢，或者不看重金錢的價值，又怎麼有辦法證明金錢無法使人快樂？這就像小孩說他們不喜歡他們沒吃過的食物一樣。

根據密西根大學研究部門提出的一份報告指出，金錢的三種常見觀點如下：

一、人最擔憂的事物：金錢。

二、最讓人快樂的事物：金錢。

三、最讓人不快樂的事物：金錢。

倘若將金錢視為獨立的事物，不考量金錢提供的其他效益，它確實無法使你快樂。但是，在其他條件不變下，你可以發揮金錢的槓桿效應，增進幸福，也能夠從事讓你快樂的各種活動。

我曾經窮到一無所有，也曾極為富有，我可以告訴你哪些事物會帶來幸福。如果生活裡的其他好壞條件不變，擁有一輛法拉利，絕對會比擁有一輛生鏽的中古車更快樂。

「金錢無法使你快樂」之所以成為全球流行的誤導用語，是因為他們假設人們只會用錢追求快樂，並且捨棄其他自由且免費的事物（雖然實際上仍會造成金錢支出）。

生命最美好的事物都是免費？

沒錯，生命最美好的事物都是免費的，例如愛情、與小孩相處的時光、看著他們成長並且創造美好的回憶、體驗大自然、目睹美麗的景致、欣賞藝術和音樂、照顧他人或者長壽等等，你可以列出一堆自己熱愛的免費活動。

然而，想要擁有更多體驗，你需要創造資產，才能創造空閒時間。或者，你必須找到一個人，願意幫你支付所有的日常開銷，才能解放你的時間，徹底享受「生命最美好的免費事物」。

請想像一下，假如你必須負擔沉重的債務，每個星期在辦公室承受八十個小時的高壓力工作，又如何享受「生命中最美好的免費事物」？

金錢與幸福（快樂）其實沒有直接的關係。

金錢不等於快樂。金錢與快樂是彼此獨立的觀念，你可以選擇以下其中一種組合：有錢但不快樂、貧窮且不快樂、有錢又快樂，或者貧窮且快樂。

請容我提出一個令你震驚的想法：為什麼我們不能同時擁有金錢而且非常快樂呢？金錢可以創造快樂，因為只要付錢就可以讓你更輕鬆頻繁地從事使你快樂的活動。金錢是一種載體，讓你得到更多生命中的免費事物，而它們被稱為是最美好的事物。

倘若你想要更多快樂，就要努力追求。如果你希望得到更多金錢，也要努力追求。不要將希望單獨投入在其中一方，而是允許自己快樂，只要快樂，你就可以賺到更多錢，獲得成長並且給予更多。

讓自己活在金錢創造的富饒之中，你將在稍後的篇幅明白，這就是歷史上有錢人的處世之道，其中的重點並非不理性的消費，而是創造經濟繁榮與金錢的迅速流動。

CHAPTER 8

有錢人只會變得更有錢

你一定聽過許多人爭論：「為什麼有錢人變得更有錢，窮人變得更窮？」許多人也會因此相當不悅，要求政府採用各種平衡補償措施，例如增加稅賦、設立工會，以及慈善捐贈。

然而，簡單的經濟學法則就能解釋為什麼有錢人變得更有錢。經濟學的基礎原理可以破除富窮之分的迷思（當然只適用第一世界）。你一定要知道，有錢人明白這些原理，藉此發揮槓桿效果，而窮人不懂，只能成為槓桿上的籌碼。

常識

一般常識相信，事物順著原本的方向移動時比較輕鬆，轉變方向較為困難。你可以稱此為「動能」、「複利效應」，或「常識」。

牛頓第一運動定律則說：靜者恆靜，而動者恆動，並且保持同樣的速度和方向，除非另一個反作用力與動者相抵銷，達成均衡狀態。

當然，你也可能提出更深邃的論證，認為有錢人之所以變得更富有，是因為「他們本來就有錢」，而窮人「本來就一無所有」，才會變得更貧困，但絕對不要忽略最單純的事實。

倘若你保持正確的方向，追求金錢和財富，就算尚未滿足你渴望的水準，只要繼續保持前進，總有一天會成功。

平衡經濟學

在所有的貨幣系統中，所有的支出必須符合收入，這代表花費的金錢必須等於收入的金錢。

人不會平白無故燒錢（除了英國樂團 The KLF，他們點火焚燒了數百萬英鎊的存款），就算真的有人燒錢，這些金錢也會消失在系統之外，系統內的現有金錢依然保持支出等於收入的平衡。即使系統印製了新鈔票，只要存在於系統內，就會像既有的金錢一樣，符合支出等於收入的平衡原則。

因此，**在任何時間點，有限但大量的系統金錢流動時，都會準確地從「最大消費者」（支出）的手中，移轉至「最大銷售者」（收入）的手中**。

假如系統出現不平衡，事實上，系統不平衡永遠存在，因為各種產品和服務的價值並不完全一致，而每個人的金錢價值也彼此迥異，金錢就會更自由且更大量地，從看重「支出」價值者的手中，流動至看重「收入」價值者的手中。

換句話說，不珍惜金錢者（或者看重支出勝過於收入者）的金錢會流向珍惜金錢（或看重收入勝過於支出者）並且善用儲蓄、投資，以及複利效果者。消費者的金錢流向生產者。

無論人們想要使用權力、規則、工會、管制或政府機關，試圖追求更公平的財富分配，金錢的運作始終符合上述的平衡原則。因此，如果你希望能夠重新分配更多財富，絕對不要陷入受害者心態，認為自己被更高的權力或系統迫害，乞求或渴望他們將財富分配給你。

在你的有生之年，資本主義不太可能改變，不要浪費時間和精力，耗損寶貴的機會成本對抗資本主義。相反的，你應該學習如何專注地管理、精通並且熟悉金錢、商品服務、社會奉獻、創業、動能、複利效果以及金錢流速，更妥善地理解金錢和財富，並且珍惜它們。如此一來，你就會得到更多。學習愈多，得到愈多。

財富分配的理論

人們常主張要財富重分配，讓財富從擁有最多金錢者，流動至擁有最少者。深入探討之前，容我指出，這個世界已經有這種機制了，那就是稅賦。在大多數的已開發國家，收入愈高，稅金比例就會愈高。

有時候，一個人專心致志地賺錢，卻要繳交一半，甚至更多的收入作為稅金，而收入較低的民眾繳交的稅金也較少（比例或絕對金額都較低）。一個人的收入愈高，繳交的金額數字和比例都會提高。有錢人因為高收入而遭到懲罰，窮人也已經得到支持。

我在各種財富重分配理論看見的問題是「得到重分配財富者並未因此獲得照顧或幸福」。我絕對不反對將財富分享給最需要的人，事實上，建立財富的重點之一就是奉獻，我們會在稍後的篇幅裡探討。但是，如果無法妥善管理現有資源，就沒有辦法管理更多的金錢，教育資源匱乏的問題和財富重分配的議題一樣重要。

請你想像有錢人開了一間賭場，一位賭徒進入賭場，花光所有的錢，反而讓有錢人賺到更多錢，於是政府提高稅金，想要把錢重新分配給賭徒。賭徒再度回到賭場，花了更多錢賭博。賭場老闆可能必須提高獲利，才能彌補加重的稅金。這種情況讓持續下注的賭徒必須花費更多錢。上述的週期反覆循環，但無法幫助任何人或改變任何事情，賭場老闆可能因為必須繳納過多稅金而決定搬到國外，賭徒花費更多金錢，賭癮變得更嚴重。

如果經商者藉由適當的協助、保護、稅務制度以及動力，得以創造公平的利潤，而且市場保持公平競爭，價格能夠自我管制，系統也可以順利運作。等一等，這不就是我們說的資本主義嗎？對賭徒而言，良好的教育和協助戒除賭癮，可能會比簡單的金錢補助更好。雖然這個例子有點極端，但絕大多數的人處理金錢的方法，都像賭徒一樣，只是得過且過，浪擲金錢。我們的學校和社會必須提供正確的教育，讓人理解如何管理並且精通金錢，而不是單純地重新分配財富或提供補助，反而降低人們工作和奉獻一己之力的動力。

樂透重分配

國家財務金融教育局（The National Endowment for Financial Education）引用的研究報告指出，七成民眾在收到突如其來的一大筆錢之後，會在幾年之內揮霍一空。四成的樂透得主，則會在五年內花光所有獎金。九成的樂透得主相信，他們的財富無法持續超過三個世代。

這些報告再度證明我們方才提出的論點：如果你無法學會妥善管理現有的金錢，也就不能管理更多金錢。有趣的是，雖然上述資料顯示，絕大多數的樂透得主無法妥善處理巨額獎金，可能會在幾年內揮霍一空或身無分文，但只有二%的人覺得自己得獎以後反而變得不快樂。究竟誰認為金錢不能讓你快樂？

事實上，我們生活的世界正在進行一場巨大的財富重分配：得到巨額金錢，卻不知道如何處理的窮人，他們的錢再度回到有錢人手中。

生產vs消費

第一世界的窮人無法對世界有什麼貢獻，也不能創造服務、商業與經濟效應，他們也比較不在乎人類福祉，或者照顧他人。因此，貧困的消費程度高過於其生產，更趨近於自私，而不是無私。

成為有錢人的意義是創造服務、替他人製造有形的商品（消耗品）或無形的資訊，而成為窮人的，就只能造成浪費，或是花時間創造不值錢的物品。

有錢人替窮人生產商品，而窮人則負責消費，所以第一世界的財富重分配，讓金錢從窮人的手中，流向有錢人的手中。

巨大的財富來自國家級或全球級的大量生產，消費和生產的逆差就是貧困的原因。個人、地區或政府都可能是造成貧困的推手。

有錢人創業，促進經濟發展，提供就業機會，增進市場價值，提高金錢的流動和速度，貢獻政府稅收，讓民眾得到希望、信仰和鼓舞，為眾多人提供服務。窮人只能仰賴有錢人而生存。幾乎全球的財富都集中在私人手中，根據托瑪・皮凱提（Thomas Piketty）在《二十一世紀資本論》（*Captials*）提出的資料，私人掌握的財富高達全球財富的九十九%。

這意味著生產者因為窮人的消費而獲利。由於窮人消費的程度遠高過於生產的程度，唯有進行大規模的生產，才能達成經濟平衡，再加上八十／二十法則，粗略地說，二十%的有錢人將會替八十%的窮人進行生產。

如此一來，原本的金錢流動方向就會因為複利效應而加速：有錢人變得更富裕，窮人變得更貧困。一旦金錢流動的方向獲得動能，就很難改變，這個原理也解釋了為什麼我們剛開始從事新職業時，在前幾年非常難獲利，但擁有數十年經驗者，卻可以更容易地累積複利財富和非勞動收入。

為了創造真正有效的財富重分配，窮人必須承擔責任，提高生產，超過消費。給癮君子一筆錢，我們都知道他會把錢花在哪兒。倘若我們只是把金錢交給消費者，卻沒有讓他們理解相對應的責任和教育資訊，他們只會用和過去相同的方式消費金錢。

生產者因此得到更多金錢（主要都是現金），提高利潤或發揮槓桿效果（幾乎不必透過補助），也會投資金錢，創造更多生產。你當然可以批評他們貪婪，但他們的行為也是追求成長和演化，滿足市場的供需原則。

貪婪和成長之間的差異見仁見智。只要市場有需求，而人類必須成長與演化，生產者就會持續生產更多商品和服務，消費者也會繼續消費。在人類六千年的歷史中，所有的財富巨人都是最大的生產者，你將會在此書稍後的章節讀到更多詳情。

關鍵的問題在於，你想要成為生產者還是消費者？你想要繼續爭辯貧富差距的是非對錯，還是專注於提供服務、解決、成長和奉獻，並且享受自己應得的公平利潤？

CHAPTER 9

金錢不足

我以前習慣買很多知名設計師品牌的衣物。我父親說過，人一次只能穿一雙鞋子，但我的人生卻需要十雙傑佛瑞・韋斯特（Jeffery West）的名牌鞋。諷刺的是，我根本無法負擔名牌衣物的高額費用。我還在爸媽的酒吧工作時，每個星期會有一小筆的進帳。我一拿到薪水，就會立刻前往附近的設計師服飾店，把所有的錢揮霍在最新的服飾上。就算衣服不合身，只要它很明顯是名牌，我就會照買不誤，完全是在揮霍辛苦賺來的錢。

謝天謝地，幾年後，我的財務狀況改變，透過玩股票的獲益，我終於可以負擔所有的治裝費。我記得很清楚，在金融風暴最險峻的時候，我去逛服飾店，想要看看最新的商品。

我和老闆的交情已經有十幾年了，他無精打采地靠在收銀臺，彷彿卡通裡被汽車碾過的人物。你可能會猜想，他可能會因為生意上門而活過來，開心地把鈔票放入收銀機。

然而，當我說：「老兄，最近可好？」時，他只是繼續用黑莓機打字，甚至沒有正眼看我，一邊低語碎念。我照慣例地說：「生意如何？」，他卻說：「跟狗屎一樣。」

他說了髒話，我替他向各位讀者道歉。當時，他抬起頭，眼神冰冷如石：「沒人賺得到該死的錢！」

事實上，全球經濟體系大約有八千萬兆英鎊的現金流動。股票和債券的價值則是一億五千萬兆和一億八千萬兆英鎊，倘若加上債務，他估計全球金融價值的總額大約是兩億萬兆英鎊。

某些資料來源相信，全球黃金礦產的總額超過八百二十萬兆英鎊，除此之外，有記錄前的黃金礦產總額應該更高，而且我們難以確實地追查非法黃金礦產。如果你在 coinmarketcap.com 網站查詢前一百名的加密貨幣，現在的第一百名是「以太坊」（Ethereum），總資本額大約三百億美元，第二名是歐比茲（Obits，音譯），總值為三百七十億美元，第一名則是比特幣，總值將近三百八十億美元。

雖然我很想詳細列出一百種加密貨幣，但不符合槓桿原則。我的重點很明確：全球經濟擁有無盡，幾乎無限的金錢，特別是在以下三種條件成立時：（A）加總全部的金錢（B）金錢就像液體一樣，流動在所有人的手中（C）考慮通貨膨脹以及量化寬鬆將會造成金錢供應提高。

全球經濟的總金錢數量，絕對足以讓所有人成為百萬富翁。因此，我們必須提出一個重要的問題：是誰拿走你的金錢？

絕對不是我。

你應該具備的心智觀念

你的金錢觀念是否符合現實世界的狀況，並且理解到，其實世上有充足的金錢：無所不在，而且取之不盡。還是你的金錢觀是匱乏的，認為世上的錢根本不夠？你以為經濟體系控制了你的經濟狀況，還是你可以控制自己的經濟狀態，根本不需要在意經濟體系的變遷？

印鈔機製造了金錢，金錢存在的目標則是服務人類。

過去、現在，以及未來的一切實體金錢，都來自於無形的理念。你可以說這就是精神理念化為具體物品。未來會出現許許多多的新產品、新服務和新觀念，財富和金錢當然也因此無窮無盡。稍後，我們將討論物質和精神之間的關係，以及匱乏和充足的金錢觀念。

這個世界的金錢並不匱乏，所以真正的問題是：你是否願意追求自己的公平收入？

CHAPTER 10

賺錢很難

倘若有人可以賺大錢，那就代表其實任何人都做得到。假設你相信天生的才能勝於後天努力（雖然我個人不完全相信），因此你認為大多數的人不能做到某些事情，無論再怎麼努力都沒有辦法，例如灌籃、在十秒跑完一百公尺，或者任何屬於人類才能的特殊技藝。好吧，讓我告訴你一個致富的好消息：任何人都能成功，無論高矮胖瘦或聰明木訥。

隨意挑選任何一個主題，你都會發現某個平凡人賺取生活費用的來源可能是無趣的嗜好、休閒活動或職業，甚至因此致富。

你可以學會如何賺錢。賺錢有一個祕密公式（我會在稍後詳細介紹），你得以從中學會他人賺錢的方法，慢慢理解金錢的共同特性，甚至效法那些富人的特質。閱讀本書，你就能學會金錢系統和共同特性，並且發現一切相當簡單，想要不賺大錢也難。

○現代的賺錢方法比以前更簡單

放下「賺錢很難」的錯覺。請你想像自己是位活在二十一世紀的宅男宅女。你隨時隨地都能上網，使用父母的桌上型電腦、筆電或者 iPad，登入他們的 eBay 帳號，賣掉他們的物品，而且無須繳納任何手續費。收到貨款之後，轉到 PayPal 帳號，再匯到自己的銀行帳號，就可以用這筆錢買東西、儲蓄或者投資。

倘若你希望進行群眾募資，或者使用哈格瑞維斯．蘭斯頓（Hargreaves Lansdown，英國的投資網站平臺）的應用程式，也都可以在網路上完成一切手續。你甚至能夠在募資創業網站上獲得創業基金，無須割讓任何股份。

不消五分鐘，你就能在網路上設立任何企業，只要先登記免費的網路帳號，無須預支任何費用或負擔長期的房屋租金，不必準備庫存或承擔資本貶值，甚至不需要管理員工或支付薪水，也或員工請病假等問題。

隨後，你就能夠設立免費的社群網路帳號，例如領英公司（Linkedln）、Youtube、Instagram、臉書、推特、WhatsApp、Pinterest，再用 iPhone 拍攝影片，立刻享受高速光纖網路的便利，觸及數千名、甚至數百萬名的客戶。一年三百六十五天的每分鐘，你都可以在世界各地的任何角落，實現上述計畫。

所以，為何這麼多人拚命賺錢？甚至鎮日擔憂金錢，為之感到罪惡和嫉妒，只能勉強餬口，卻無法享受自己熱愛的事物？

為什麼大多數的人與金錢之間產生了負面關係？為什麼他們認為金錢非常邪惡、不純淨、象徵貪婪與資本主義，倘若他們擁有財富，就會遭人批評，並且失去朋友？所有的負面金錢觀和抨擊就此浮現。

藉由個人經驗、大量的挫敗、謙卑的成功、研究成果，以及曾經鼓勵指導我的導師和前輩，我將在本書帶領你學習金錢系統的各面向。如果別人可以建立巨大的財富，並且熱愛金錢，那你也可以。倘若這個目標確實是人類可追求的境界，那麼你當然會成功。

成功是有跡可循的。你能夠師法一位西洋棋大師，當然也能夠從金錢大師身上學會金錢的藝術。許多人相信，你必須生在富裕的家庭，才能飛黃騰達，但你將會發現，你不但可以從最基礎的生活水準追求富裕生活，就算你身陷債務危機，只要研究富裕偉人，學習他們的思維和行動，也能夠擁有他們的特質，不需要走偏門！

根據我的研究，想要成為金錢大師，根本不需要特殊的 DNA 基因或染色體。基因無法預先決定你能否擁有二十一億英鎊的淨資產或多少錢，因此，「你必須含著金湯匙出生才行，白手起家只是癡人說夢」的普遍想法只是種迷思罷了。

我念國中時，經常忘記帶體育服，只能穿著一條小短褲上體育課。上課前，我們必須做熱身操，伸展身體，用手指觸碰腳趾。但我的手難以越過膝蓋，體育老師就在我的耳朵旁邊大吼大叫：「摩爾，別白費力氣了！你絕對不可能成功！」

很抱歉，要讓各位讀者想像如此不堪的畫面，但我的重點是——這個回憶讓我產生了一種想法，那就是我真的認為自己無法達到任何目標。

我信以為真，認為自己的「筋骨很硬」，生來就是一個沒有彈性的人。這就是我相信的人生故事，筋骨很硬，但誰又能證明這句話？難道是 DNA 注定的事實嗎？我當時也過重，所以經常被人批評「骨架很大」，或者「甲狀亢進」。我遇到了很多人生故事，都強迫我只能待在舒適圈。

我第一次參加武術課程時，依然相信自己是一個沒有彈性的人，或許也曾經向授課教師表示，我的「筋骨很硬」。他要我一天練習伸展身體兩次，只要一年之後，我就能夠劈腿。我雖然質疑他的說法，後來真的成功練會劈腿，甚至拿到了空手道黑帶，但我曾經因為其他人的說法，認為自己根本不可能成功，而且對此深信不疑。雖然劈腿和賺錢之間沒有關連（除非你是成龍），但上述的回憶是一個重要的分水嶺，讓我相信只要專心致志就可以成功，即使其他人說我會失敗。金錢亦如是。

別擔心，我不會要求你必須「千錘百煉」，但你確實可以學習各種有效的金錢系統與啟蒙導師的教誨，捨棄自我設限的金錢觀，成功達到過去自己以為達不到的財務目標。

每個人都能賺錢，只是他們還不知道怎麼賺錢。這不是他們的錯，畢竟他們沒有相關的知識，又怎麼能夠成功？他們還沒學會如何賺錢，或者理解金錢系統與金流過程，甚至不認為錢是重要的東西。

我們可以立刻改變自己的觀念。成功致富者非常尊重金錢，不只詳盡研究，而且還會提供服務，解決他人的問題，縝密觀察金錢的法則。因此，關鍵不在於「為何致富如此艱難」，而是「為什麼他們這麼容易致富」？

○成功很容易，失敗也很簡單

我應該是從吉姆・羅恩（Jim Rohn）口中首次聽到「成功很容易，失敗也很簡單」，這個重要的概念。

要買披薩還是沙拉一類的抉擇不難，決定儲蓄或花錢其實也一樣輕鬆。熱愛金錢並且賺大錢也不困難，就像努力工作以求溫飽一樣容易。

追求任何目標都必須先拔得頭籌，不管是不是賺錢這回事。無論是否能賺大錢，你都必須做出犧牲。賺錢應該像在做自己喜歡的事情一樣，但同時也要像進行你不喜歡的訓練那樣努力。

或許你現在還沒辦法用這種方式思考，也許是因為你還沒有足夠的認知，因為社會環境與成長過程讓你小看自己，其他的錯誤觀念也使你以為這就是現實。

一九九二年的九月十六日，喬治・索羅斯（George Soros）在一天之內賺進十億美元。

二〇一一年，索羅斯和祖克伯分別賺進八十億和一百一十億美元，而他們的 DNA 裡並沒有所謂「億萬富翁」染色體。

這些人想要不賺錢的難度比賺錢還高。克里斯欽．羅納度（Cristiano Ronaldo）發一則推特可以賺到三十三萬三千九百美元，韋恩．魯尼（Wayne Rooney）一篇推特的收入是九萬四千美元，金．卡戴珊（Kim Kardashian）則是一萬美元。你將在第三十四章發現，許多人賺錢的目標只是為了分享，而其他人則無法分享出去。

為什麼會陷入金錢危機？

金錢危機是可預期的。陷入金錢危機者，通常是因為他們認為金錢或者與金錢有關的事物不重要，也可能是因為他們還沒找到一種方法，準確地理解賺錢與實現內心最高價值的關聯。

地球上每個人都有不同的最高價值，因此人人都是獨特的個體。倘若社會大眾各自看重某個領域，認為該領域的大師是天才，那麼人人都應該是天才。

每個人都在自己的最高價值與目標領域中展現出卓越超凡的才能，人人各有獨特，因此我們**只要忠於自我**，**就是貨真價實的天才**。

既然不會有人和我一模一樣，我就肯定是地球上最有能力實現內心最高價值的佼佼者。

這個社會設計了各種標籤與價值，讓特定領域的少數人得以被稱為天才，其他人則否。因此，缺乏財富和金錢，只是因為你的獨特才能還沒轉化為金錢。其他人已經知道如何善用才能賺錢，你一定也可以成功。

重要的第一步就是理解上述概念，並且發自內心的接受，你確實是一位才華洋溢的天才，而且能夠發揮才能，創造財富。

CHAPTER 11

貪婪、權力和金錢

貪婪和權力既不絕對，也不是現實生活的常態。有些人認為，在經濟還沒衰退前的繁華世代裡，那些銀行家都非常貪婪，但銀行家本身可能卻抱持不同的觀點。

窮人或許也會主張，只有貪婪的人才會渴望擁有巨大的財富，卻不知道許多有錢人為了追求更崇高的目標，捐贈了大筆的金錢。

有些人覺得汲汲營營的業務非常貪婪，但有些人可能會認為業務本來就該做到無微不至。被羅賓漢洗劫的有錢人會批評他貪婪，但受到羅賓漢照顧的人當然不這麼認為。

每個人都有其特質

每個人其實都有貪心的權利和能耐。你厭惡他人的某些特質，其實你身上也有。當你相信的價值遭到挑戰，或者你替他人挺身而出時，你的那些特質就會跑出來。你是重視自我利益以及全人類益處的個體，有造福大眾的深切渴望。你貪婪也慷慨，強悍又脆弱，內心同時懷抱著愛與恨，這些極端的特質將會發揮相同的效果，協助你完成目標，也照顧其他人。

貪婪其實是一種成長

究竟是何種權威在界定何謂貪婪，何謂成長？人性發展的本質就是追求進步，為何會被批評為貪婪？事實上，沒有任何全能的權威可以準確區分貪婪和進步。**貪婪就是成長，而貪婪和成長之間確實有一條持續存在、細微且不斷改變的平衡。**

人類透過自己的感覺和直覺來界定好與壞，當你感到備受鼓舞、熱情洋溢，並且獲得正向回饋時，你就會知道自己是往好的方向成長。當你感到罪惡、憂慮或羞恥這類將你「拉回來」的感受時，也會非常清楚自己稍微逾越了界線。

這個社會極力投射「貪婪」這個概念到我們身上。

在某些情況下，貪婪與否只是他人的情感投射而已，並不怎麼重要，而在另一些情況下，這樣的觀念則可讓我們恢復平衡。

人類的智慧和自我價值，來自於明白貪婪和成長之間的差異。如果你是個善於給予的人，生命就會給予你更多，倘若你是接收者，生命就會從你那裡拿走更多；因此，假如你認知的成長，確實是成長，生命就會給予你更多，若你以為的成長，其實是貪婪，生命就會取走一些，讓你得到該有的教訓。

銀行真的貪婪嗎？

社會和媒體喜歡指控銀行貪婪，認為所有的銀行以及銀行家都是貪婪的，甚至認為二〇〇八年的全球金融風暴和衰退是他們造成的。讓我們先放下宛如集體催眠的不明就裡，才能搞清楚這個事實——如果沒有銀行負責管理你的金錢，就會發生以下問題：

一、**你必須自己儲藏、保護金錢**

銀行非常善於儲存、保護，以及維護金錢的安全。他們可以儲存數十億的各種貨幣，讓人免於承受損失、竊盜，甚至防止你揮霍金錢！如果沒有銀行，每個人都要自己想辦法存錢，而且大家都知道你把錢放在家裡。你必須準備金庫、保險箱甚至相當縝密的保全，才能阻止竊賊上門。除此之外，你甚至必須設立嚴格的管理政策，才能保護你和你的財富。光是承擔通貨膨脹的風險，你很有可能會在一年內損失十％至十五％的財富。

二、**你無法賺得利息**

除非你自己開銀行，否則無法自行支付利息。許多人抱怨通貨膨脹和利率，但沒有銀行，他們只會抱怨更多。沒有銀行，誰能支付利息？

三、你必須向私人錢莊或高利貸借錢

如果沒有銀行，你要如何貸款？銀行消失後，最有可能取而代之的，就是一些投機份子，準備用高利率放款，藉此大賺一筆。

這就是銀行系統出現之前的借貸體系。大多數地區都像西部荒野，動盪不安。雖然所有的私人放款者不一定都是高利貸，也有協助他人度過難關的放款者、佛心的投資人、大投資家、私人財務顧問，以及集資者，但他們的利率很高，而且附加許多條件。銀行的巨大資本額其實是存款者「借」給銀行的，銀行可以藉此發揮巨大的槓桿效果，但個別的存款者無法望其項背。銀行容易受到政府法令的管制，消費者（存款者）能夠因此受惠。

由於私人放款者和高利貸只能用自己的錢，而不是存款者累積的巨大金額，他們無法放款給許多人，也不能負擔大筆貸款，更難以形成規模經濟。貸款者無法得到銀行的協助時，才會尋求私人放款者的協助，所以他們的風險較高。私人放款者收取較高的利息，藉此補償風險或貸款者無法還錢的呆帳，也必須低調行事。私人放款者的年利率從五％到兩百萬％皆有，循環期限也包括一天或一週。私人放款者沒有足夠的規模、系統以及網絡，不能使用支票、簽帳卡、信用卡或電匯等金融工具。高利貸不會配合政府，經常違反當地的法令規範。他們也缺乏藉由法院命令回收貸款的能力或影響力，必須仰賴其他類型的收款方法，不但不合法，而且更具攻擊性。

銀行藉由他人提供的大量存款，發揮槓桿效果，留下部分準備金之後，提供廣泛的金融商品、安全服務和市場流通服務，發展獨特的經濟體系。銀行的規模經濟使其風險低於私人放款者。各間銀行共同建立了合作網絡，得到政府許可、支持，以及管制。在危機事件當中，例如二〇〇八年的金融海嘯，政府或銀行甚至成為民眾的最後一道防線。

四、銀行消失後，管制和保護變得更艱困

高利貸使用自己的錢，承擔更多風險，幾乎沒有任何槓桿效果，必須承擔個人損失，只能提供貸款服務。私人貸款者通常都是高風險客戶，利率也非常高。政府反對高利貸，於是高利貸無法藉由合法管道回收帳目。他們的收款方法通常不符合人性，或是根本就違法。

政府管制讓銀行必須遵守特定的要求、限制和指導方針，其目的就是創造市場透明和信任機制。由於銀行管理的金錢數量龐大，銀行系統的管理和網絡特質，加上保護客戶的金錢以及維持信任，都是資本主義系統的必須條件。銀行希望營造可靠、配合政府管理並且值得信任的形象。他們不想要客戶全體（en masse）提領存款，也就是一般所說的「擠兌」，這種現象會損害銀行的商業利益。因此，銀行的立場容易趨於保守。儘管轉售債權的營運方式無法長久，但如果將銀行與高利貸相提並論，銀行的金融商品依

然非常安全、可靠而且四處通行。歷史上，只有在偶發的極端個案中，銀行才會失去客戶的金錢。

五、銀行消失之後，經濟成長會變得相當緩慢

從很久以前，銀行業者就明白，在廣大的存款中，只需要保留一小部分，因應必要用途，除此之外，銀行的借款和貸款絕對可以達成每日或即時的平衡狀態，根本不需要耗費人力搬運金錢或處理幾千萬的私人交易。

因此，我們得到契機，平常只需要領出部分存款作為生活用途，金錢的移動成本也大幅降低。銀行的部分儲備金，加上金錢採取數位化的流動（而不需要實際搬運），讓銀行可以借出比儲備金更高額度的款項，成本更低而且速度更快。這種現象能夠創造經濟體系的金流與速度，推動經濟迅速發展。銀行經營者靠著放款以及本章提到的其他金融服務，就能創造利潤空間。這是銀行規模變得巨大無比的原因。特定銀行的 GDP 甚至可以與一個國家相提並論。雖然銀行絕對是全球經濟衰退的部分原因，但他們在全球經濟繁榮與發展的功勞更高。每一英鎊的存款可以創造十英鎊的貸款，請你想像銀行經濟規模究竟可以多大。

六、經濟衰退時期的支援和協助將會變得更困難

批評銀行很容易，特別是中央銀行和政府在金融危機時期的錯誤，但我們又應該如何看待他們提供的保護、保險和安全？如果中央銀行和政府沒有長期保持低利率，實施

量化寬鬆，並且擔任經濟系統的最後一道防線，許多民眾將會蒙受極大的損失，經濟衰退也會維持更久、影響更深，並且更加艱鉅。

七、金融交易手續費提高，金流速度變慢

倘若失去了政府、中央銀行以及法院的管制與介入，金融借貸業將會吸引各式各樣的亡命之徒，根本沒有足夠的能力管理金錢。由於金融交易的風險提高以及缺乏發展規模，交易手續費、利息以及附帶條件也會大幅提升。許多人可能會因此頓失生計！

誰控制了這座世界？

究竟誰擁有領導世界的權威和影響力？答案是浮動的。也許我們認為總統、首相、政治人物與政策制訂者擁有創造改變的權力。我們可能也會相信大企業以及中央銀行掌握巨大的權力。然而，新型態的社會資本家以及慈善家似乎具備巨大的影響力和鼓舞全球的領導權。

我猜想，大多數的民眾不會認為祖克伯、伊隆・馬斯克（Elon Musk）和理查・布蘭森（Richard Branson）是邪惡又貪婪的企業怪物。我相信他們對雪柔・桑德伯格（Cheryl Sandberg）、梅琳達・蓋茲（Melinda Gates）[1]或歐普拉的感覺也是如此。他們都創造了巨大的財富，替這個世界帶來改變。他們擁有數千萬名粉絲和追隨者。他們善用自己的影響力，締造正面的改變和貢獻，造福許多人。他們的行為效法歷史上最富有的人（我們會在稍後的篇幅詳盡介紹），絕對不會被視為邪惡又貪婪的企業家。穿著西裝的典型貪婪企業家已經過時了。創造重大改變的偉大人物都會突破既有界線，連結全球能量，解決具備重大意義的問題。

你必須選擇如何使用自己的金錢。那麼何不效法改變世界的偉大人物？他們同時賺錢而且帶來美好的改變。他們同時締造財富也奉獻社會。

如果你瀏覽富比士的「世界前五十慈善家」名單，就會發現光是前二十名的慈善家，已經捐贈了一千億美元作為慈善用途。

每一位慈善家都不是窮人，而是億萬富翁。一般人的常識相信，一個人的身價愈高，就愈能做出貢獻，但為什麼地球上大多數的人都不會認為最有錢的人也是最貪婪的人？從金錢的絕對角度而言，全世界最富有的人也給予最多，貢獻最多的 GDP，協助實現人類的理想。你必須接納「賺錢是為了奉獻」的觀念。我不知道你是否相信，但我個人認為這是最棒的理念。

如果你擁有財富，其他人並非如此

我已經和四十萬名以上的聽眾分享創造財富與管理金錢的策略，但許多人仍然認為如果自己發財，就代表其他人虧錢，這個想法讓我非常驚訝。讓我進一步解釋一下：

一般人必定假設，經濟系統內的金錢總量會逐漸減少，或者其他人都是在不甘願的情況下交出金錢，並且覺得自己蒙受損失，也許相信金錢從一個人的手中轉到另一個人手中是一種輸贏過程。

上述的假設都並非事實，單純只是想像。然而，由於你相信，這種想法驅動你的現實生活，倘若你確實認為一個人交出金錢時，必定蒙受損失，就不可能在販售商品時，擺脫自我厭惡的恐懼感。這種想法也會影響到你的自我認識，於是你用盡一切方法抵抗。

非金錢交換

金錢轉手時必定有交換過程，但不只是金錢交換，也包括概念、能量、啟發、服務、解決問題、帶來期盼、資訊、知識、智慧、時間、債務、債權以及良善的意圖，我可以繼續列舉各種例子，但我相信你已經知道我的意思。在金錢交換中，人並非單純蒙受損失，反而得到更多。如果付出金錢者，以上述例子的形式，得到同等的價值，就會覺得這是公平的交換，而且非常有價值。這種想法可以深入人心，逐漸茁壯。倘若付出金錢者認為收穫低於付出的價值，就會認為這場交易並不公平，在極端的例子中，也會相信自己遭到欺騙或者蒙受損失。因此，決定交換價值是否對等的關鍵並非金錢，而是非金錢交換的目標。給予更多價值，就能用更輕鬆的方式，創造更多金錢。

不公平的交換不可能長久，因為不公平。例子很多，特別是在二〇〇八年金融危機前後的房地產領域中，我當時就曾經認為，房地產的銷售價格和租金過高，房地產經銷公司販售的物件根本不符合實際價值，交易量和貸款的品質也有疑慮，「根本不可能永久持續」。我非常驚訝房地產的泡沫情況持續了如此長久，但最後依然崩解了。事實上，二〇〇八年的金融危機讓我明白，投資人或公司進行不公平交易的時間比我們想像更久，但只要他們失敗，或者被世人發現其計畫之後，崩解的速度也超乎我們的預期，就像一座紙牌屋。

「交易行為」不代表一個人損失金錢，而另外一個人得到金錢，重點是創造並且交換非金錢形式的事物。

你將會在本書的文字裡明白，**金錢永遠不會「損失」或「消失」，而是從虛無的形式轉化為實體的產品，從理念變成行動，從物質變成精神，再從精神轉化為物質。**

一個人也不會得到「超出公平範圍的利潤」，藉由公平交易，他們準確地得到應有的利潤。

錢不會說謊，也不會讓一個人得到超過公平範圍的利潤，使另一個人蒙受不公平的損失，金錢只是單純地從不珍惜金錢者，流向最重視金錢者，從貢獻最少者移轉至最大貢獻者。

---

1 伊隆．馬斯克是特斯拉汽車和 PayPal 的聯合創辦人。理查．布蘭森是維珍航空的創辦人。雪柔．桑德伯格是臉書的營運長，常見的英文名稱是 Sheryl Sandberg，此處保持原作者的拼寫法。梅琳達．蓋茲是比爾．蓋茲的妻子。

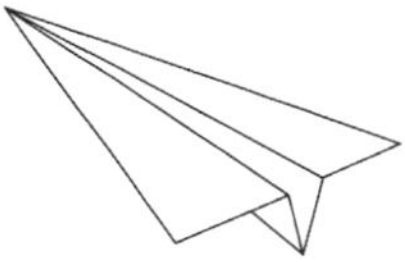

第 4 部

何謂金錢？

什麼是金錢的實質意義，什麼不是？
在這個篇章中，我們將探討金錢的觀念與法則，
以及金錢運作的方式，包括政府和社會規範，
以及鞏固金錢運作的系統，還有各種選擇方案與金錢歷史，
讓你可以藉此平衡收益、實現目標，並且投身公益。
我們將抽絲剝繭地拆開媒體、
社會環境與讀者在成長背景中接觸的誘導和迷思，
揭露金錢的真實意義、目標與力量。

CHAPTER 12

財富和金錢

許多人相信，富裕的意義和金錢有關，例如鈔票、存款數字、投資、資本、房地產等各物質。但是，富裕的英文 wealth，其實來自於古英文的 weal（幸福）和 th（境遇），加起來就是「幸福的境遇」。

wealth 原本的意義是「幸福良善的生活」，許多字典將這個字定義為擁有豐富的財產或富裕而得到的「幸福」或「繁榮」。因此，富裕的原意和衍伸意，都不應局限於「金錢」。許多沒錢的人會聲稱，富裕不光只是擁有大量金錢而已，他們的想法確實有些道理。然而，他們提到的其他幸福形式或目標，卻都需要大筆金錢作為後盾。

從本書的宗旨而言，「不富裕者」是指住在第一世界國家的人，他們流露第一世界的窮人心態，收支狀況也不甚健康，但其實這些人也擁有追求富裕的公平機會。全世界有許多人，因為成長背景或住在第三世界國家，根本無法得到足夠的物質環境、金錢條件或機會。

正如我們在稍早的章節討論「金錢無法買到幸福」，現在請暫時放下「我們不需要金錢，也能得到幸福」這個不切實際的概念。我們確實需要金錢。想要追求「幸福生活的境遇」、安樂、快樂以及「擁有豐饒的富裕與繁榮」，金錢是必須的條件。

或許，全面且更準確的定義，應該同時包括精神和物質，財務和精神：**富裕是擁有幸福的生活以及豐饒的金錢，能夠照顧並且服務自己與他人。**

人人都富足

事實上，每個人都很富有，只是每個人的方式不同。每個人其實都很富足，或者說，每個人都用自己的方式實現他們的最高價值，展現出良好的一面，並且發揮生命最重要的意義。我們不必和他人競爭，只要妥善地呈現自我本色，就是獨一無二的天才，而且擁有富足的生命。只有相對少數的人，將豐盛的人生轉化為鉅額的現金、有形資產、資本，或是專注地發展金錢財富。但是，請你用心理解，即使我們的財富只能達到七十億的一%，也依然是七千萬的財富。

除此之外，誰又能斷言你無法成為那一%呢？絕大多數的人用不同的型態「儲存」自己的財富，這些潛能其實都能轉換為現金資產。不幸的是，他們就此埋沒潛能，抑鬱而終。你的財富可能蘊藏在人際網絡、休閒嗜好、運動習慣、專長知識或技術領域、扶養小孩的方式、領導和鼓舞他人的能力、讓別人歡笑、電腦遊戲技能，或者你心中的崇高人生價值，只要受到激勵，就能夠持續地專注發展。

厄爾·伍茲（Earl Woods）、理查·威廉斯（Richard Williams）以及羅絲·甘迺迪（Rose Kennedy）都養育傑出偉大的孩子。老虎·伍茲（Tiger Woods）是全球數一數二的高爾夫球選手，大小威廉斯是世界排名第一的女子網球職業選手，羅絲養育了九位成功的孩子，包括約翰·甘迺迪（John Francis Kennedy）、羅伯·甘迺迪（Robert Kennedy）以及泰迪·甘迺迪（Ted Kennedy）。

專注在自己努力的領域是行得通的。**你專注的地方在哪裡，能量就會往哪裡流動，而你專注的事物也會因此有好的結果**。一旦知道自己的內心價值，就等於把致富的配方注入其中，而且你也會自然而然就知道如何把自己的獨特能力化為金錢收入。

在一九二三年時，有個年輕的小男孩非常喜歡繪圖，從當時的角度來看，他的才能似乎不太可能變成在二〇一五年時賺進五百二十四億美元的公司，但華特·迪士尼（Walt Disney）成功了。

喬·威克斯（Joe Wicks）把健身和健康飲食的熱情轉化為十五分鐘的運動計畫與餐點設計產品。他現在是英國最熱門的人物之一，被譽為「廚房餐桌創業家」，一個月能夠賺入一百萬英鎊。他做這件事的初衷只是為了滿足自己的健身嗜好，但卻能夠在極度飽和的健身產業裡脫穎而出。

沒有錢，並不是你或別人的錯

大多數的人沒辦法發財，並非因為他們能力不足，或是賺錢很難、世上的錢根本不夠分配、金錢很邪惡、父母並未提供良好的環境等等，這一切只是因為他們尚未成功，或者說，他們只是還不知道要怎麼成功。這些人還不知要如何將自己擁有的無形資產轉化為現金，也不明白要怎麼用有形財富來實現自己內心的最高目標與願景。

我們將會教導讀者如何實現並且擁有財富。便利貼的誕生只是一場意外，這個發明卻能帶來每年十億英鎊的收益，而一切只起源於一張能夠隨手黏貼的紙條！

數百萬名富豪

地球上有數百萬個有錢人，你也可以。

數據研究顯示，全世界的百萬富翁，大約有三千五百萬名，二〇一九年的預估人數則是五千三百萬名。只要有決心，你絕對能夠成為當中的一員。

這些有錢人包括搖滾明星、藝術家、主廚、巧克力師傅、設計師、發明家、馴狗師、木偶操作師、做樂高玩具的、飛鏢選手、馬溝通師、賣英國菲比精靈與史林奇精靈玩偶的業務……他們抓住了各式各樣的商機，盡情發揮才能。

「百萬富翁」只是一種概略性的財富評估，有些人的財富雖然低於百萬，依然實現了自己理想的生活方式，而其他人可能擁有好幾千萬，甚至上億元的身家。

雖然他們成功的利基相當多元，但他們共同的特色就是——找到將內心願景、熱情和無形的資產轉化為實際金錢的方法，這些方法包括擴大經營、廣伸觸角、權衡利弊、提供服務、行銷宣傳、販售、鼓舞他人、成為該領域中的佼佼者、投資、多角經營，或者用錢滾錢等等。

◎每個人都是潛在的有錢人

其實你已是富足的。每個人都以獨特的方式過著富足的人生。絕對不要忘記這個前提，必須放開心胸，享受自己的才華和天賦。

這種想法並不會讓你變成自大狂，只是要你忠於自我本色。但是，你、我和每一位有錢人，都曾經把我們的無形資產投入在對我們根本不重要的事物上，而且我們對這些領域根本就不在行！例如我跳舞跳得很糟，各位讀者真該親眼見識一下的。我可以毀掉任何一首美妙的舞曲。我的舞蹈程度就像剛出生的小馬第一次學走路一樣，因此，我絕對不會嘗試將自己的舞蹈潛能轉化為金錢財富。

有趣的是，我正在指導一位《舞動奇蹟》（*Strictly Come Dancing*）[1]的參賽者，協助他將才能轉換為財富。我可能無法跳出美妙的舞蹈，但我知道自己怎麼發掘自己的才能與潛力，並且能夠與許多人分享。

有錢人和你我一樣都是平凡人。在最高價值領域裡，我們都具備獨特的天賦，可以指導並且激勵他人。對許多人來說，賺錢並非他們在行的事情，也不是他們想要精進的事情。也許這就是你正在閱讀本書的原因。

不要身無分文而死

許多人得花上三分之一的人生努力工作，從事自己厭惡的職業，也不喜歡自己的上司，只能勉強地餬口度日。他們不愛自己的職業，也無法藉此發財，只是賤賣自己的靈魂，認為自己無法獲取財富，被迫接納一種不能滿足內心深處期望與未來可能的生活方式。他們甚至得替自己洗腦，告訴自己金錢無法使人快樂，熱愛金錢是錯誤的觀念，才能避免失敗或人生無法達標的挫折與匱乏。他們的人生就此劃上句點。

請你想像一下這個理想的狀況：你擁有金錢和財富，但不會被任何人酸言酸語。你就像是個不沾鍋，徹底對他人的批評免疫，也無須順應雙親所灌輸你的文化思想，腦中也不會產生任何質疑、羞愧以及罪惡感。

你願意接受一輛生鏽的爛車，一年只能休假一次，連老鼠都吃得比你好嗎？你希望小孩的學校環境就像監獄一樣惡劣嗎？還是你願意在上述的理想環境中追求夢想？擁有一輛可以順利上路的汽車？度假時不需把飯店自助餐的點心偷偷地塞到袋子裡？讓小孩就讀一間環境美好的學校，沒有任何人會說髒話，影響小孩學習？在這個美夢裡，你是否願意享受更多金錢，甚至熱愛金錢？請記住，沒有人會批評你。請你放心地說出：「我愛錢。」

別擔心，說出口吧。「我、愛、錢。」

我想要挑戰你的勇氣，希望你在別人面前說出這句話，把「我愛錢」當成箴言。沒錯，就是這樣，鼓起勇氣說出來。當然，我希望你的伴侶聽到之後，不會覺得你很奇怪，想要和你分手或離婚，或者準備在拍賣網站購買約束衣，強迫你穿上。

言歸正傳，承認自己值得擁有更多金錢，應該獲得公平的利潤，並且不會因此變成壞人，是不是感覺很好？因為地球上的一千七百萬名百萬富翁都相信這才是真實人生，並非癡人說夢。

關鍵的問題是，你是否能夠在二〇一九年時成為五千三百萬名百萬富翁當中的一份子？沒有任何人在出生時就注定必須放棄夢想，只為了餬口度日，支付帳單費用。沒有任何人的人生使命只是浪費空氣和公共資源。

每個人生來都帶著服務人類的獨特使命，替人類的演化盡一份心力。倘若沒有自己的使命，根本不需要活著，只是許多人還沒找到自己的目標。

這本書的目標就是協助你理解如何實現目標、創造財富、服務更多夥伴、迎接更大的挑戰、解決更艱難的問題，並且發展獨特的系統和策略。你必須提升規模，持續維持，把獨特的天賦轉化為實際的金錢收入，才能實現「富裕」的定義：富裕是幸福的生活以及豐饒的金錢，照顧並且服務自己與他人。

---

1 舞動奇蹟是英國的舞蹈實境競爭節目。

CHAPTER 13

金錢的目標和本質

金錢存在的目的，是為了創造一種有效、公平且適用各種環境的交易價值，藉此促進人類社會的發展。

為了處理未來的不確定性，我們認為金錢可以發揮保值效果。今日的儲蓄，可以用於明日或未來的消費。

一開始，金錢採用了具體的有價形式，例如貴重金屬硬幣。後來，金錢演變為法定貨幣，金錢本身的材質沒有任何價值，而是由法律規範其價值，藉此取代古代時期以物易物的交易系統。金錢具備四種普遍的經濟目標：

一、**交易媒介**

金錢比以物易物系統更有效率。在以物易物系統中，商品或服務必須直接交換另外一種商品或服務，缺少所有人一致認同且接受的交易機制，必須先找到有意願以物易物的雙方，在準確的時間，以正確與公平的數量進行交易，交易時間也無法延遲，必須立刻完成。

假如雙方分別是一位想要交易牛的農夫，以及一位想交易鞋子的鞋匠，這筆交易就很難成功。我們究竟如何平等評估兩種商品的價值，讓交易雙方都能滿意接受，這就是經濟學說的「雙方的需求巧合」（the double coincidence of wants）。

以物易物系統仰賴交易雙方達成「雙方的需求巧合」，但難度很高，因此商品的流動速度較慢，成交的次數也很低。

以物易物系統還有其他問題。假如你用三雙鞋子換了一頭動物，動物死了，現在必須購買土地，於是你需要再度使用以物易物系統，並承擔此系統的不便。隨著交易物品如不斷增加，你承受的不便與缺乏效率也變得更嚴重。除此之外，你還要處理動物以及其他商品衍生的倉儲與可分割性問題[1]。

相較於以物易物，貨幣或鈔票更耐用，尤其是現代貨幣採用各種化合物製成，也更適合存放，能夠用來多次交易，沒有耗損和折舊問題，與會死的動物完全不同。金錢可以分割，適合攜帶和流動，但其他商品則否。金錢具備法定價值，相對不易偽造，可以得到政府管制的保護。

二、會計單位

金錢是一種更具備標準化特色的衡量單位，可以用來比較價值，也能夠協助我們理解諸如利潤損失、通貨膨脹以及一般會計等經濟學原則。相較於失去一頭死去動物的部分肢體，損失十英鎊的概念更好理解，也能準確地傳達給他人。

十英鎊就是十英鎊，不會因為交易鏈變得比較長而改變。

商品價格會因為貨幣波動、升值或貶值、股市表現與信心指數、景氣循環、英國脫歐、局勢動盪等因素而持續改變。在這種情況下，使用標準化的會計單位，例如英鎊、美元或歐元，才能夠完成標準化的會計評估。如果沒有金錢貨幣，你又要如何評估死去動物（可能已經略微發臭）受到通貨膨脹與貨幣變動影響的價值呢？

三、儲存價值

金錢是一種儲存價值的標準單位，非常有效而且不會腐壞衰退。我們可以儲蓄金錢，過一陣子再使用，也不會因此損失價值。金錢是人類應對未來不確定性的機制，也就是經濟學說的「極端的不確定性」（radical uncertainty）。

我們認為，金錢此刻儲存的價值，即使到了明天或未來，依然保持相同或近似的價值。

數據分析無法應對極端的不確定性。金錢不是唯一具備儲存價值特質的單位，房地產、貴重金屬、名錶、珠寶和其他商品也能夠有效儲存價值。但金錢擁有最好的流動特質，可以持續交換，進行交易，也能夠在世界各地準確地評估價值。流動能力不佳的商品，其交易成本較高，而其他商品會耗損，所以儲藏、分期付款或交換都會造成貶值。

四、分期付款的標準單位

在以物易物系統中，你無法分期付款，因為商品可能承受腐壞、貶值或倉儲交換等風險。金錢能夠有效地保存，因此解決了上述難題。當然，通貨膨脹還是會有影響，但相較於其他商品，通膨造成的損失相對較少。

雖然以物易物系統有其缺點，但也有優點。在金錢貨幣產生危機時，以物易物可以取代金錢，例如貨幣系統無法持續運作、極度的通貨膨脹、經濟危機，或者金錢貨幣無法完成商業交易。

倘若交易對象的信用價值資訊過於隱密，或者缺乏信任，以物易物系統也相當可靠。**金錢順利運作的前提是信任。信任就是金錢**。

金錢也能夠創造相對平等，能夠相對平等地衡量你的個人價值、貢獻和財富。如果你花了好幾個小時或好幾天做了一雙鞋，另一個人則是用多年時間畜牧一頭牛，應該如何比較兩者的內在價值？唯一的方法就是把內在價值轉化為金錢。金錢是判斷價值的標準單位，你也會在本書稍後的章節知道如何評估自己的價值。

總而言之，金錢只是一種有效、公平且受到所有人認可的工具，用來儲存價值，進行交易，促進人類的演化發展。

許多人因為迷思、謬論和幻覺而無法看清金錢的本質。也因為社會、家庭、媒體或自我施加的限制，不能理解自己的本質。金錢是一種眾人接納的系統，讓你快速有效地將熱情轉化為職業、志向變為假期，觀念變成現實，並且與其他人進行交易。全世界的金錢無窮無盡。你準備好要好好賺大錢了嗎？

金錢的本質

金錢本身並沒有什麼價值，只有政府與人附加的價值。我們會在稍後的章節討論你的個人觀念、情感與習性如何影響個人收入（也就是個人 GDP）。

成功創造巨大財富的人，不會受任何人影響而改變自己的金錢觀。他們擁有足夠的智慧，能夠看穿所有的影響、誤解和非理性的因素，清楚地理解金錢的本質。只要你也能做到，就可以清晰地發現金錢的可預期運作模式，並且理解這些人如何用錢。

在當前的法定貨幣資本主義系統中，金錢的本質傾向於符合以下的法則與運作模式：

一、**金錢隨著時間貶值**

由於通貨膨脹，金錢隨著時間產生相對貶值。通貨膨脹是指價格以平均且普遍的方式提高，金錢的購買能力下降。

「平均」是指每一種產品和服務的價格都會上升，購買價值也提高了。**今天的金錢比明天的金錢更有價值，這就是所謂的「金錢的時間價值」**。人類不再以貴重金屬作為貨幣之後，通貨膨脹現象一直發生。

通貨膨脹的其他可能原因包括新型貨幣的誕生（例如電子貨幣——比特幣），銀行調降利率，提升民眾貸款或花費金錢的意願，增加金錢供應，或者商品的數量品質減少（假設金錢供應保持一致）。無論價格或金錢供應提升的原因是什麼，最後都會引發通貨膨脹，如果價格或金錢供應下降，就會減少通貨膨脹速度，或者造成通貨緊縮。

金錢的通貨膨脹其實反應了人類生命的發展演化過程與目標。由於人類追求成長，價格和服務品質都會逐漸提升。為了追求成長（或說是滿足貪婪），人類創造更多產品，使得全球資源提高供應，導致金錢的相對價值減少。人口成長也會引發通貨膨脹，因為金錢必須分配給更多人。

你應該善用這個知識優勢，提升自我價值，以及你的商品（或服務）的價格，還有開發更多的潛在客戶。

全球金錢的數量會一直增加，這是金錢的恆久本質，所以你必須持續精進你的商品或服務品質，才能開創收入來源。如果你無法跟上金錢的節奏，你的相對價值就會下降。

二、**不理解且不珍惜金錢者，他們的金錢會流向最理解且懂得珍惜的人**

金錢的運作其實有可預期的模式和法則。然而，正確應用金錢模式和法則（或者錯誤應用）的關鍵在於「人」，而非金錢本身。

讓我們用一個簡單的測試，看看你的金錢觀如何：如果你今天贏了樂透，會如何使用這筆獎金？不理解且不珍惜金錢的人，會列出一張清單，寫上他們想要購買的商品，以及各種揮霍的方法。你不會聽到他們將獎金用於教育、投資獲利、保護金錢價值、避險，或者建立自己的事業。倘若他們珍惜金錢，就不會把錢花費在稍縱即逝、只會創造負債的商品。如果他們理解金錢，就不會將錢揮霍在貶值的消耗商品。

如果你用同樣的問題，請教一位珍惜並且理解金錢和財富的朋友。他的第一個答案一定是拒絕花錢購買樂透彩券，因為他們不會把賺錢的希望投注在一千三百九十八萬三千八百一十六分之一的機率（英國彩券的獲獎機率）。隨後，他們就會列出投資清單，藉此創造商業利潤、長期維持的複利收入、投資並且建立資產（創造非勞動收入）、建立一組團隊並且聘請專業會計師和稅務顧問（保存金錢價值）。他們只會花費資產創造的收入。

金錢不會平均地分配給每個人，因為這不是金錢的本質。金錢也不會眷顧不幸運的人、更有資格的人，或者更重視精神涵養的人，因為這不是金錢的本質。金錢只會單純地從不理解且不珍惜金錢的人，流動至最珍惜且最理解金錢的人。妥善管理金錢者，更容易留住金錢。無法妥善管理金錢或者不尊重金錢的人，容易失去金錢。

三、收支平衡

經濟學和金錢領域都適用收支平衡原則：在特定的經濟系統中，金錢的支出和收入數量一定會準確地達成平衡。最不珍惜金錢的人，他的支出會相對高於收入；最珍惜金錢的人，他的收入會相對高於支出。金錢會大量地流向少數精通金錢原則的人，這就是為什麼世上的財富分配符合八十／二十原則：八十％的財富集中在二十％的超級富人。根據美國聯邦準備系統在二〇一四年的調查，全美五十四．四％的財富集中在前三％的富人，他們擁有的財富是全美九十％家庭的兩倍。

為什麼許多人對這個統計數據感到驚訝？為何很多人認為這種現象不公平？這是金錢的本質。全美五十四．四％的財富從何而來？答案是最「貧窮」的其他九十七％美國人。但他們的錢並不是被偷走，或者遭到政府沒收（大多數的情況並非如此）。他們揮霍金錢，把錢送給富人，然後抱怨這個世界並不公平。

四、金錢是一種持續流動的能量交換

能量守衡定理主張「能量不會憑空而生或被摧毀」。宇宙的總能量從未改變，只是移動。

金錢的流動也是買方和賣方之間的能量流動，透過的方式可以是交易、債權和債務、服務和價值，以及解決問題。如果能量無法藉由金錢流通，這個金錢形式就不會繼續存在，也不能滿足人類持續改變的目標。

即使印製更多金錢，也不是在創造新的能量，而是將能量轉變為金錢，讓人類持續交換能量。人的觀念或決策，可以驅動鈔票的印製，正如觀念和決策能夠促進財富累積。

即使你在鈔票上點火，鈔票被燃燒之後，能量和價值會移轉到其他的鈔票上，這就是貨幣數量論（quantity theory of money）。焚燒金錢反而讓其他人變得更富有，聽起來確實很諷刺。我開始好奇 KLF 樂團焚燒一百萬英鎊時是否想過此事？除了實質的意義外，「燒錢」確實也是第一世界窮人的所作所為，他們揮霍金錢，把財產的能量讓給其他人，不但迅速，而且毫無益處。

五、金錢的流動仰賴服務和價值，而不是工作與時間

不提供服務和價值，消費而不生產的人，他們的錢容易流向提供價值、服務和解決問題的人。

「賣命工作和時間長短」與金錢多寡並沒有正相關，價值和服務才能轉化為符合比例的金錢。

人類渴望輕鬆和幸福的生活，所以付出金錢，以金錢蘊藏的能量，交換產品、服務和資訊，藉此改善生活。他們購買的並不是漫長的工作時間或者辛勤的付出。金錢交易是一種能量交換，只要提高交換的能量，你就能增加收入。

1 可分割性（divisibility）是一個管理學名詞，指消費者可能無法接受一個大型的商品，因此管理者可以將商品分割為數個部分，分別賣給消費者。

CHAPTER 14

貨幣的流動和循環

根據《牛津英語字典》，貨幣是一種「（在特定的國家）經常使用的金錢系統，受到廣泛的接納和流通」。紙鈔貨幣和硬幣貨幣就是流通的金錢。

所有的貨幣都是金錢，但並非所有的金錢都是貨幣。貨幣（currency）的文字起源就透露了其意義。Currency 來自古老的法文 corant，意思是「奔跑、富有生命、熱切、迅速」（*corant* 是 *couirt* 的現在分詞，意思就是「奔跑」）。除此之外，在歷史上，貨幣（currency）一詞的定義也是「流動的狀態」（即 current）。

貨幣的詞彙意義可以協助我們理解金錢流動的特質和行為。金錢能夠持續流動和交換時，經濟系統方能順利運作。倘若人人都將現金藏在床下，金錢流通就會減少，速度也會變得緩慢，就是所謂的「節儉悖論」（paradox of thrift）。

儲蓄固然聰明，但如果所有人守著金錢，金錢流動就會乾涸。節儉悖論因為名聲遠播的經濟學家凱因斯（John Maynard Keynes）而家喻戶曉。節儉悖論認為，經濟衰退期間，人人試圖增加儲蓄，導致總體需求減少，不利於經濟成長。經濟若要成長，金錢必須流動。因此，各國中央銀行都會在經濟衰退期間印製更多鈔票，藉此促進金錢流動。

雖然機率相對較低，但民眾害怕通貨緊縮時，也可能產生節儉悖論心態。倘若節儉心態發展至最極端的狀態，我們或許會回到以物易物這種非現金交易。以短期小量的角度而言，儲蓄確實可以增加金錢價值，然而，儲蓄行為發展至極端，反而會大幅減損金錢價值，因為金錢的本質就是流動並且移轉能量（並非創造或摧毀，而是流動）。

讓金錢自由流動

停滯不動的金錢，算不上是真正的金錢。金錢必須流動，才能發揮其真正功能。因此，儲蓄、保存或堆積金錢無法讓你或經濟系統變得富裕。隨著時間流逝，通貨膨脹將減損金錢的價值，金錢的能量也會陷入潛眠。

如果金錢停滯不動，服務和價值將無法進行交換和給予。金錢原本是一種承載或傳遞能量、價值、交換和交易的有效媒介。直到衰退或不再流動之前，金錢應該不停流動千百次，就像傳遞資訊的光纖網路。許多人可能會對這點感到驚訝。假如一張鈔票的面額是五十英鎊，其真實價值應該是五十英鎊乘以它在英國和全球經濟市場的流動交換次數，這就是所謂的金錢速率。

五十英鎊鈔票的使用期限大約是四十一年，其材質才會衰退，不適合繼續流通。英格蘭銀行預估，新的分子聚合物取代傳統的棉化合物之後，鈔票的使用耐久度大幅提高，可以使用超過一個世紀。

倘若你愈來愈擅長周轉金錢，發揮流動、轉換價值、交換和交易能量等功用，就是讓金錢擁有生命，實現金錢的本質與目標，你也將因此獲得豐厚的獎勵。金錢喜歡速率，厭惡阻力。阻力愈大，就會減少金錢的流動（或者降低流動速度），阻力愈小，金錢流動的速度愈快，流動量也會增加。貨幣就像一種液體資產，能夠迅速地轉化為可預期的現金價值，只有你能夠定義並且支配其液體特質。

開創錢流

我的其中一位導師曾經說過，走進餐廳時必須立刻給予優渥的小費，不能在用餐完畢後才給。

起初我非常抗拒這個建議，因為我沒有足夠的財力，而且我希望先享受良好的服務，再決定要支付多少小費。我的反應顯示出我對金錢的本質和法則理解非常有限。

改變態度之後，金錢流動立刻替我帶來可觀的價值，令我非常驚訝。導師的建議透過更好的服務、口耳相傳及感激之情，締造了一連串的能量效應，讓我得到更多金錢。一開始，想要採用導師的建議確實需要鼓起信心，但它符合金錢的真實特質，也是讓金錢加速流向你身上的唯一方法。金錢的阻力來自於我原本的頑固想法，導師非常清楚。清除了阻力之後，金錢終於能夠從我身上向外流出，再回到我身上。

儲蓄當然是一種良好的理財方法。我們不可以浮誇地把所有錢都送給別人，但你將在稍後的篇幅發現，儲蓄只是追求富裕的七種方法之一，如果不能融會貫通其他六種方法，那麼你就發不了財，只能勉強應對通貨膨脹，就算銀行帳戶累積可觀的儲蓄金額，你也難以發揮金錢轉移能量和高速流動的槓桿效果。

自然世界不喜歡真空狀態，也會填補真空

亞里斯多德曾經說過：「自然世界厭惡真空狀態。」他的結論來自於觀察，他發現「自然世界希望各個角落都能盈滿，就算只是填滿無色無味的空氣」。因此，亞里斯多德的重點在於，空無一物的空間違反自然和物理法則。

自然世界不該有真空狀態，因為周圍豐富的物質會立刻填補空無。空無即是一無所有，因此空無之處沒有任何「存在」的理由。金錢也適用同樣的道理，因為金錢符合自然法則，所以厭惡真空狀態，也會填補真空。

由於世上不該有真空，金錢就會持續移動。我或許可以描繪自己在二〇〇五年時的銀行帳戶就是一個「真空虛無，只有無色無味空氣的空間」（雖然這種說法不甚美好），但當時的我確實善良地填補其他人的金錢真空，而我的空間則充滿了債務，真可惡。

上述的自然法則是讓金錢與貨幣持續流通的部分原因。你可以藉由這個自然法則發揮槓桿效果，因為所有的觀念、服務、解答、產品、銷售與承諾，都是潛在的真空狀態，能夠吸引「周圍豐富的物質」，也就是你的金錢和更多的金錢。就像空氣和水，金錢也具備持續流動的特質。你只需要開門迎接。

真空富裕法則

倘若你希望吸引更多物質財富，應該立刻創造一個符合自然法則的空缺。例如，想要新衣服，你必須上網賣掉舊衣服，或者捐贈至慈善單位；如果你囤物成性，就沒有任何空間吸引新的財富。這就是所謂的「真空富裕法則」。

你在生命中渴望追求的事物都需要空間，因此，你必須找到空間。這個想法適用於任何物質事物，但同樣能夠應用在心靈空間。倘若你不情願地支付帳單，你並未創造真空，因為你的內心充滿不悅。

你應該清理思緒和周圍的生活空間，不光是得到收入，即使支付帳單時，也要心懷感激。

無論內心思緒或外在生活空間，都應該捨棄「積少成多」的成見。囤積只會阻礙財富。微薄的收入難以締造豐厚薪資。抱怨使你無法心懷感激。一杯盛滿的水，不能注入更多水。你可以發揮真空富裕法則的槓桿效果，相信自己創造的真空能夠吸引財富和金錢。

金錢熱愛快速流動

雖然，你已經知道金錢熱愛快速流動了，但我會刻意在本書中反覆強調這個重要的概念，讓你的心智準備就緒，迎接即將自然孕育美好結果的財富，因此，請你不要在亞馬遜書店網站給我一顆星的評價，指責我重複提到重要的基礎原則。

金流速動和 GDP 等經濟學觀念顯示了一個道理：**金錢的流動速度愈快，經濟成長的情況愈好**。

儲蓄悖論則讓我們明白，過度儲藏金錢或減緩金流速度，只會導致經濟成長緩慢或萎縮。你自身的成長與財富亦是如此。想要追求更大的財富，關鍵並非儲蓄的程度，而是創造了多少金錢與能量的流動。

世上最富裕的人不光只是擁有最多金錢，他們還加速了自己和周圍的金流速度。如果你以為他人的「收入」只是「儲蓄」的一環，你錯了，他們的收入並非儲蓄，而是以愈來愈快的速度持續金錢流動。

舉例而言，想要建立一百萬英鎊的「儲蓄」，比較理想的實現方法是隨著時間經過，逐漸讓金錢反覆進出你的帳戶，支出投資、再回到你的帳戶，如此周而復始，金錢進出的額度將會慢慢增加，最後締造可觀的資本總額。一百萬英鎊的目標，可能讓你創造一億英鎊的個人生產總額。

金錢並非從你而生，而是藉由你而流動

金錢不會從任何事物而生。販賣產品、電匯或嵌在牆中的自動提款機都可以讓我們「取得」金錢，或者，如果一個人擁有良好的金錢知識，也可以仰賴資產而取得金錢。但是，人類打造了印製金錢的機器，金錢的本質是反應並且服務人性需求——因此，所有的金錢來自於人類，而非其他事物。

但「金錢來自人類」只是一種單向觀點，也是必須去除的成見。世界知名的演說家和個人成長教練鮑伯．普羅克特（Bob Proctor）曾說過：「金錢並非從你而生，而是藉由你而流動。」假設你每個月都會收到一筆固定的收入，付款方式可能是電匯。你在對帳單看見收入明細時，或許會認為錢來自於銀行。事實上，這筆款項來自支付方的人力

資源部門，他們獲得產品銷售部門、執行長或公司負責人（也就是可以控制公司金流的人物）的同意之後，支付你的薪水。但他們的金錢來自於消費者或客戶。消費者或客戶的金錢則來自於家人、其任職公司老闆、配偶或貸款。因此，金錢在人類之間流動，而非從人類身上誕生。普羅克特提出的「藉由你而流動，而非從你而生」其實就像「六度分隔理論」（six degrees of separation）[1]

○六度分隔理論——或者，三．九分隔理論

六度分隔理論認為，地球上的任何一個人，只要從認識的人開始建立人際網路，最多不超過五個人，就能夠與地球上最遙遠的另一個人，建立人際關係。舉例而言，你的朋友可能認識另外一個朋友，而這個朋友的朋友還有一個朋友，最後這個朋友認識凱文．貝肯（Kevin Bacon）。因此，六度分隔理論也被稱為「凱文．貝肯的六度分隔理論」。

為了重現一九四〇年代的著名實驗，實驗者撰寫了一個程式，將四十個包裹隨機寄送給全球四十位民眾，請他們以「認識名字的朋友」為基礎，藉由人際網路將包裹轉寄給一位住在美國波士頓的科學家馬克．維達（Marc Vidal）。最後有三個包裹成功寄給維達，平均需要六個轉寄者。

隨著時代科技發展，現代社會愈來愈仰賴社群網絡，微軟在即時通（Microsoft

Messenger）的一．八億使用者創造的三百億句網路對話中進行檢驗。研究者發現，隨機挑選兩位使用者，平均只需要六．六次的人際分隔，就能建立他們的人際關係。臉書的研究也發現「世上的每個人」在臉書上只需要三．五次的人際分隔，就可以建立人際關係。由於社群網路仰賴光速傳輸的網際網路，世界變得愈來愈小。社群網絡人際連結的研究者認為，連結兩個人的平均分隔數字，無論連結對象是誰，居住地點在何處，都不再是六，而是三．九。

既然金錢藉由人際網路流動，而你與任何人之間只有三．九至六次的分隔距離，因此你與世上所有金錢之間的距離遠比想像的更近。

第一次的人際分隔可能無法使你獲得金錢，但第二次、第三次或許能夠成功。太多人因為第一次人際分隔的失敗，形成了短視的金錢觀念，其原因可能包括遭到拒絕、並未尋求他人推薦、過度強硬推銷、過度軟弱推銷，或者只是無法看見全球人際網路的六度分隔關係。

如果你與第一位人際分隔者互動時，能夠記住人與人之間的距離如此緊密，在對方心中留下深刻的印象，你的金錢心智觀念與技巧可以得到何其美好的成長。放下短視近利，不要執著在第一層人際分隔時成功銷售商品或取得金錢，而是看見貨幣、金錢能量的流動以及交換，例如：

- 提升你的名聲。

- 在對方心中建立自己的地位。
- 確實展現自己的熱情。
- 吸引推薦者，或者讓推薦者建立你與對方的關係。
- 讓他們知道你也是廣大人際網絡中的一份子。
- 展現你的魅力、吸引力以及鼓舞他人的能力。

只要能夠將你的人際關係視野，從「第一層人際分隔」提升至第二層或第三層，以下的觀念也會產生改變：

- 提升財務收入。
- 推銷商業觀念。
- 資產和不動產成交機會增加。
- 行銷自己的企業。
- 成功賣出產品、服務和觀念。
- 償還債務。
- 吸引良好的員工與合作夥伴。
- 找工作。
- 與他人分享偉大的願景，並且鼓舞他們。

你雖然可以認為，這就是短視近利和眼光長遠造成的差異，但我相信其中的內涵更為深刻，具備更多策略性質與槓桿效果原理，用吸引力取代排斥力，用拉力取代推力。倘若你可以確實看見人際關係的六度分隔聯繫，就像一張具體存在的心智圖，你的積極心態、吸引金錢的名聲以及品牌價值，都能夠藉由六度分隔人際網絡發光發熱。雖然我們無法用肉眼看見人際網絡，不代表它不存在。

最好的收入就是給予

給予可以創造空缺，而自然世界與金錢都會填補真空，因此你的給予反而得到更多。給予加速金錢的流動速度，你的收入速度也會提升。給予扭轉了儲蓄悖論，不再阻礙個人和全球經濟成長。只要提升金錢與貨幣的流動速度，你就能夠創造全球貨幣的升值。

為了加速個人金錢流動速度、提升個人經濟成長，並且賺取更多現金，奉獻更多。你必須深刻地相信，世上擁有富饒的金錢。倘若你相信世上的金錢供應有限，或者你賺錢的能力有限，就會小心翼翼地守著金錢。如果你認為自己的財務狀況受到經濟環境的影響，你就會陷入困境。

上述的恐懼、匱乏和過度節儉的心態，將會關閉你的金錢供應大門，因為你的收入取決於付出。不願給予，就沒有收穫。你必須妥善儲蓄，而不是囤積，這就是金錢的矛盾祕密。你需要妥善分享，但不能過度支出。你還要公平收費，不可貪婪。你要照顧自己的需求，同時關心其他人的需要。

任何極端的行為都不會長久，也會破壞金錢的自然流動與速度平衡。金錢始於心靈，金錢觀念決定你的用錢藝術。這本書的重點不只是賺錢的技術，也包括賺錢的心靈法則。

景氣的繁榮衰退循環

經濟景氣就如同四季，都有週期循環。個體經濟和總體經濟會循環，全球、國家與個人經濟也會循環。為了達成均衡與秩序，循環是生命和金錢的自然律則。

年輕的時候，我希望天空永遠放晴，不要下雨，也渴望學校的飲水機提供可樂（我是可口可樂派）。雖然無知天真，但許多人確實對金錢、循環與經濟都懷抱著「我希望自己只有美好的夏天，不會面對險峻的冬天」的心情。他們也用相同的態度看待景氣的繁榮衰退循環，認為景氣只會往一個方向發展，或者避免衰退，下一次就能改變結果，也許控制得宜，就能保持相同的良好狀態。

但是，金錢和人類必須經歷自然循環過程。

全球經濟與個人經濟，都無法永遠保持一致穩定的成長。風險和報酬緊密相關，就像恐懼和貪婪一樣一體兩面。

經濟景氣樂觀的牛市，人察覺機會，傾向於追求成長（因而變得貪婪）。經濟景氣悲觀的熊市，人趨於保守。人的行為不會永遠一致，因為我們並非基於邏輯或線性思考而行動，而是在可預期的範圍內，依循情緒做決策，產生矯枉過正的行為與情緒反應，也會因此從一個極端，擺盪到另一個極端。雖然宇宙整體依然平衡，但一個地區或國家內部的行為則鮮少保持穩定。

以邏輯思考的經濟學家忽略了經濟市場的「個人自我」。經濟學家不該將「個人經濟」抽離於「整體經濟」之外。經濟學家和政策制訂者想要用理論模型與假設可預測的行為模式，例如談判理論與完美競爭模型，解決經濟市場問題。他們相信經濟市場可以也應該達成可預期的平衡狀態。但他們的想法可能只是錯覺，因為人的情緒勝過於邏輯，而情緒是必要的反應，否則人不會產生情緒。然而，我們可以藉此看出不完美的矛盾之處，因為我們依然追求成長與完美。縱然無法實現完美的競爭與均衡，我們仍渴望如此。完美的競爭不存在，因為有些人作弊，讓另一些人蒙受損失。極端的穩定也不存在，因為我們不知道明天會如何。

(羅伯)摩爾法則？

我非常相信，在追求財富和金錢的旅途中，你會對個人與全球經濟產生良好的影響。「追求遙不可及的完美結果」聽起來令人不抱希望，請讓我澄清一下：我參加了一場有勝算的競賽，努力控制各種變項，創造有意義的改變。我也鼓勵你加入我的行列，與其責怪、抱怨、或者用各種理由解釋你無法掌握的因素，例如抱怨總統大選結果或有錢人創造不公的世界，不如專注於自己的成長。

倘若你強烈相信自己渴望改變這個世界，就應該努力賺錢，成為領導者，發揮影響力，才能夠真正改變世界。無論你是否欣賞阿諾．史瓦辛格或川普，他們都成功了。他們不惜重本，證明自己並非空口說白話，發揮金錢與影響力的槓桿效果，成功取得重要地位。

我認為，你可以最可以操控的就是自身的經濟成長，隨後，你可以應用其影響力，改變當地、國家甚至全球經濟。這種方法就像「系統的逆改變」，不再堅持「從上而下」，因為我們無法影響最頂端的權力。

花費了二十年，甚至更長的時間後，你以為自己終於登上高位，可以發揮影響力，才發現原來還有層層相扣的政治世界與官僚體系，完全在你的掌握之外。因此，我建議你先從自己開始改變，才能真正的改變世界系統，「從下而上」比「從上而下」更好。

比爾．蓋茲夫婦採用了這個方法，華倫．巴菲特（Warren Buffett）也加入了他們的行列。追求個人、國家和全球的財富和貢獻時，他們展現了自私與無私的均衡。你想要看見進步，自己就要先進步。從自己開始，讓財富進入你的世界。

反覆無常是良好的商業跡象

反覆不定是良好的商業跡象，因為這意味著錢移動的速度更快、更自由。經濟衰退時期將出現許多艱難的挑戰，但如果你敞開心胸，那麼危機也會變轉機，因為衰退期容易讓整體問題浮出檯面，獲得一次性的解決。

錢只是在衰退期間呈現不同的律動方向。越困難的問題越會創造高報酬。你應該未雨綢繆，提前做好準備，迎戰下一次的衰退和危機。逢低買進，發揮槓桿效果，隨時保有購入資金。不只是小額買入，而是強力迎戰，就像英國知名品牌哈洛德斯（Harrods）的年初特賣會那樣！

經常被忽略的景氣繁榮衰退因素

一、**新的資金與參與者**：每一次的景氣循環都不相同，也都會有首次親身感受景氣循環的人。由於他們並未直接體驗上一次的循環，或者身處無關緊要的位置，所以無法記取教訓，也不曾感受深刻的痛苦。每次的循環都有獨特之處，即使妥善學習上一次循環的教訓，當前的循環也會有所不同。

造成景氣循環的人物、產業、戰爭、資產分類、氣象狀態，以及其他不可預測的事件和現象都不一樣。經濟危機的觸發事件亦是如此不可預測，如果能夠預測，就能避免經濟危機。

二、**所謂的平衡其實是不平衡**：因為「平衡」是指持續運作的整體狀態。例如鐘擺會在兩極之間的特定範圍進行擺盪，唯有在一個稍縱即逝的瞬間，我們才能假設鐘擺「固定」在某個位置，循環和平衡亦適用此道理。以為人類世界可以在一段漫長的時間裡保持固定的平衡，其實只是一種錯覺，就像假設鐘擺在正中央停留較久。我們不該期待長久的平衡，經濟市場只會持續循環，請欣然接納這個道理，並且發揮槓桿效果。

三、**羊群效應**：每個人都會犯錯，群眾也會彼此仿效。他們可能未經教育，或者受到錯覺誤導。市場會被群眾影響，而不是被你或評論者的想法引導。在景氣繁榮的時代，沒有任何一位銀行家會挺身而出，大聲疾呼：「各位朋友！天下無不散的宴席，請停止投資，不要賺大錢或者領取如此驚人的紅利（我也會收手）！」人會效法他人，並且依照當時的條件，做出符合最佳利益的選擇。

四、**追求成長的本質**：人類的本性就是追求成長，因為生命的某部分的目標也是成長。你希望明年的生活變得更好，而不是每況愈下。公司、政府與金融機構的主要目標和評估成功的標準也是成長。因此，人類和企業的本質難以接受、預測或是為即將到來的衰退做好準備，他們渴望追求繁榮。這種本質特性使得衰退永遠會發生。

五、偏見：無論市場發生何事，人類依然只看見自己眼中的世界，而非世界的真實面貌。他們相信偏見，而不是事實。人類根據自利原則行動，多半只能看見短期利益，所以造就未來的平衡改變，就像通過中心點的鐘擺，必定前往極端。這可能就是尼克·拉森（Nick Lesson）和伯尼·馬多夫（Bernie Madoff）[2]的所作所為。我們都會說服自己相信偏見。

六、貪婪和恐懼：人傾向於極端思考，總是過度悲觀或樂觀地評估事態。貪婪和恐懼駕馭了市場發展，使其如鐘擺般走向極端，再轉向另一個極端（而不會停滯於中央地帶），因為市場與金錢的功能就是服務人性，而情緒是人性的表達方式。索羅斯以「反射理論」解釋這種現象。反射理論強調市場因素與效應之間的循環關連。因素與效應建立了一種特殊的因果關係，彼此互為影響，無法區分何者為因、何者為果。在經濟學領域中，反射理論強調市場投資人的情緒會產生自我增強，最後影響市場發展效應。例如價格上揚導致投資人繼續買入，讓價格持續上漲，最後使市場難以自我維持（過度繁榮），於是產生完全相反的逆效果，造成衰退。

七、動能：市場隨著特定方向的動能而改變，大多數的人沒有別的選擇，又或是難以抵擋環境的影響，只能隨波逐流。

改變動能方向非常困難，順勢而行較為簡單。因為每個人都在響應潮流，所以相對地改變了「常態」的定義。舉例而言，如果許多人向銀行申請貸款，購買房地產，「信用貸款」、「風險投資」和「房地產價格上升」就會變成「常態」。

倘若其他人都在「以小博大」，你該如何是好？繼續守著自己的小屋，還是像其他人一樣去借貸或拚拚看？

經濟系統有其法則，不一定符合我們習以為常的想像。與其試圖改變不可改變者，或者將世間的一切錯誤歸咎於經濟狀態，不如借力使力。善用金錢潮流、通貨以及景氣循環的知識，發揮槓桿效果，從下而上地創造改變、財富和金錢（而非從上而下）。

請記得，**你的個人經濟狀態與市場景氣是兩碼子事**。**景氣衰退時，你依然可以繁榮富饒。改變你的內在思維，不要仰賴自己無法控制的外部因素**。

不要等待可遇不可求的好時機。**經濟市場不可能處於完美的均衡狀態，但你可以在每次的景氣循環中保持穩定的表現**。提供服務、價值和解決問題才是面對各種景氣的可靠方法。讓其他人的生活變得有效率且更便利，也是值得仰賴的方法。

把注意力放在這些重點上，並且盡可能搞清楚目前景氣的狀況，然後著手賺更多錢，並且創造改變。

創新、熟練並且適應。景氣繁榮時，要懂得見好就收；景氣衰退時，則要找到嶄露頭角的機會。隨時做好最壞的打算，但永遠追求最好的結果。

掌握契機，搶先理解潮流和解開未來的挑戰，培養專業，讓自己學會多元知識，提升自我層次，並且捲起袖子，身體力行，迅速修改錯誤。

成為有錢人最棒的部分不是有錢，而是這段旅程會讓你學到許多知識，並培養出良好的性格。

1 六度分隔理論認為，兩個互不認識的人，只需要六個人就能夠建立人際關係聯繫。一九六七年，哈佛大學的史坦利．米爾格拉姆教授曾經根據此概念進行連鎖信件實驗，希望證明只要「六次的人際關係網絡」，就能聯繫兩個互不相識的美國人。但是，六度分隔理論並不是明確地主張人與人之間只要連結六個關係人，就能夠確實地找出關連，而是表達藉由一定的人際網路聯繫，世上的兩人必定能夠找出關係。隨著現代科技的發展，這個理論雖然仍有爭議，後續也未進行更為嚴謹的實驗探索，但在保險、商管行銷領域依然得到廣泛的應用與支持。

2 尼克．拉森是英國巴林（Barling）銀行的交易投資員，由於交易失利，導致巴林銀行倒閉。伯尼．馬多夫曾任納斯達克主席，後來開設自己的基金，設計龐式騙局，投資人總計損失五百億美元。

CHAPTER 15

公平交易

我剛踏入社會時，想成為一名職業藝術家，當時我的作品賣得很便宜。在你急著批評我之前，我必須老實說，我的作品並非水準不良，而且相當不錯。原因是彼得伯勒的居民沒錢。我知道帆布和原料的價格都非常低廉，因此，在彼得伯勒的售價不應訂到像在倫敦一樣高，那樣就太貪心了。

我最近讀到一個故事，我希望自己剛開始創業時就知道這個故事。畢卡索坐在巴黎的一間咖啡廳，一位仰慕者前來請求畢卡索在他的紙巾上速寫畫像。畢卡索彬彬有禮地同意，很快完成作品之後，向對方要求一筆相當高額的酬勞，再將紙巾交給仰慕者。仰慕者相當驚訝，他說：「你怎能跟我要這麼多錢？這張畫像只花了你兩分鐘。」

「不。」畢卡索說：「我花了四十年！」

讀到這個故事，我彷彿被相撲力士打了一巴掌，終於明白當時我是如何低估了自己作品的價值。

我只看見材料的成本，忽略了從三歲開始，我為了學習藝術而奉獻的時間、投資、付出、機會成本、榮耀和學位、心力、痛苦和熱情。我沒有把二十年來的經驗也考量在價格內。

這個故事的訊息非常強烈，你制訂的價格必須包含生平的努力、教育知識、經驗、服務他人的決心、解決問題與照顧他人的想法，以及奉獻犧牲。

倘若疏忽上述環節，你就會體驗我當時的感受，包括罪惡感、羞愧、痛苦以及缺乏自尊。你會怨恨買家只願意給這麼低的價錢，諷刺的是，制訂價格的人卻是你自己。

當然，價格是主觀且相對的。買家認知的商品價格也是公平交易過程的一環。如果賣家認為價格不公，你也不能恣意決定。

公平的價值和公平的價格，才能創造公平的交易。

交換和交易的目標都是讓你得到財富。你提供產品或服務，而買方所獲取的價值也會影響定價。因此，公平交易通常是雙向的，至少有一位賣家和買家。想要促成公平交易，賣家必須提供買家認為公平的價值，而買家則需支付賣家認為公平的金錢。

只有公平交易可以創造自由的金錢流動，並且締造財富。公平交易的標準取決於市場或參與者，有時單獨決定，例如藝術，有時則必須由全體消費者共同認知，像是燃油價格。

價格永遠不會說謊，因為賣方願意接納而買方也同意支付。我曾經創造令人相信且能反覆驗證的財富方程式，其中的變項包括價格（V）、交易（E）以及槓桿（L）。想要維持穩定長久的公平交易，就必須在自然平衡的狀態下，提供價值，並且獲得公平的金錢回報。我們會在第二十六章進行更深入的討論。

缺乏公平收入的給予

缺乏公平交易或收入的價值，就不是真正的價值。大多數的人不珍惜免費事物。你曾經免費得到一本書，卻拿來積灰塵嗎？你是否努力增進「自我發展」知識，提出價值千金的建議，其他人卻不珍惜？如果你支付了五百英鎊，才能買下那本書，你是否就比較願意閱讀呢？答案是肯定的。你甚至會把伴侶擠到床的邊邊，讓這本書大剌剌地躺在你們中間。你絕對會對那本書愛不釋手，把它當成寶一樣對待。因為金錢的多寡某程度上決定了該物的價值，藉由金錢進行量化，讓無形的事物變成實質且有有意義的東西。

許多努力追求財富的窮人不知道，就是因為他們的產品和服務定價過低，才會發不了財，也就是我從事藝術創作時犯下的錯誤。

我以為彼得伯勒的居民沒有足夠的消費力購買我的作品，但其實是我的這種想法才導致不好的結果。低價的藝術作品只會吸引只願支付低價的顧客，更糟糕的是，也趕走願意支付高價的顧客。

我因為恐懼與害怕，不敢定更高的價格，因此折損了自我價值，以及世界對我的價值認定。我覺得自己承受了不公平的交易，但事實上，我自己才是造成不公平交易的主因。

如果你的定價過低，不會有人想幫你提升至公平價格，而自願支付更多金錢，也不會有人為了照顧你的自尊，而支付更多金錢。一切都是咎由自取。

價格過低無法創造公平交易，零利潤、賠本交易，以及負面情緒，將導致賣家無法維持生產。零利潤空間與怨恨折損賣家的自尊，傷害賣家和顧客之間的關係。同樣的，買家雖然支付低廉的價格，也沒有辦法取得相對應的公平價值。由於自然和金錢的法則，同樣的情況只會愈演愈烈。諷刺的是，解決方案非常簡單，那就是立刻提高價格！我會在第四十三章詳細討論。

○不公平的收入

由於金錢反映人性且服務人性，造就了完美的平衡，另一種極端的不公平交易也無法持續下去。

非法或不公平收入經常成為公平交易的反面例子，關鍵就在於「權力」。從短期的角度而言，販毒或者建立共產主義集權政府，或許可以創造可觀的金錢利潤，但只是少數極端的案例。

只要細心研究歷史，你就能發現極度貪婪或渴望權力的例子都無法長久維持，他們的貪婪愈強烈，發展就愈惡劣，平衡後的結果往往是積欠巨大債務、入獄服刑或更糟糕的處境。

濫用權力，只為了追求個人金錢利益，罔顧全體人類福祉，通常會遭到罷黜、推翻，在極端的情況下則會被處死。戰爭犯和毒販無法連年登上全球富豪排行榜。

因此，如果得到收入，卻沒有公平的付出，或是產品、服務和概念的價格過高（或內在價值過低），一定會引發其他後果。買方將因此覺得失望、覺得自己遭到誘騙或詐欺。他們會激烈地傳遞訊息，影響你的聲譽，降低往後的銷售。根據《口碑行銷的祕密》（*The Secrets of Word-of-Mouth Marketing*）這本書，好的名聲只會傳遞四次，而壞的名聲則會傳遞十一次。

使用不當的方法，也許一開始可以帶來突飛猛進的銷售結果，然而一旦顧客發現你的服務或產品缺乏價值，結局就會完全不同，因為你的價格超過了市場標準，或者你的價格無法提供對應的價值。

公平且心懷感激的給予與收入

觀察交易的兩種極端現象，藉此找出均衡狀態非常重要。實現金錢法則才能創造財富，唯一的方式就是持續進行公平交易。過度在乎自身利益，只會減損你在他人心中的價值。過度討好他人，則會貶抑你的自我價值，也無法長久經營。

PayPal 發現，藉由電子郵件進行金錢交易即將成為主流，而且市場上只會有一間公司主宰該領域，相關技術非常容易，而且還沒有任何一間公司成功。他們迅速建立各種通路，但消費者沒有使用 PayPal 服務的動力，也無法感受其服務的內在價值，這是他們最大的挑戰。

PayPal 必須創造有機強力的成長。於是他們決定提供金錢誘因。新註冊的顧客可以得到十美金，現有顧客只要推薦一個人註冊帳號，也能得到十美金。PayPal 因此獲得爆炸性的成長，他們甚至將新註冊顧客的獎金提升至二十美元。這間公司的反應能力成為他們最好的資產。他們迅速地轉換跑道，在二〇〇二年時公開提供服務，eBay 也隨後出價十五億美元收購 PayPal。

PayPal 公司的現值大約是四百九十億美元至五百一十億美元，而他們的起點是公平的給予。

在公平交易的環境裡，你的時間和付出都會得到公平的報酬，你的自我價值也隨之提升，協助你提高產品或服務的價值和價格。

你創造了利潤，提升規模，投資增加品質與價值。價格和價值提升之後，你也會吸引更好的顧客，他們珍惜你的產品或服務，也願意支付更多薪資。一旦建立良性的成長循環，你能夠給予更多更好的服務，促進金錢流動，鞏固金錢本質法則。

這就是為什麼提升產品價格很重要的另一個原因。

CHAPTER 16

精神和物質主義

精神和物質精神經常被視為光譜的兩極。「物質主義者」或資本主義者，可能認為精神就是雙手擁抱樹木，大喊：「肯巴亞（Kum Ba Yah）[1]！」精神主義者或自由主義者，則相信物質主義或資本主義關切的只有貪婪、權力、自利，或者不願意照顧他人，拒絕與地球上的其他人分享。

我可以整理出以上特質，不是因為我同意他們，只是說出社會常見的刻板印象。每個人都是獨特的，可以展現自己的特質。我越是深入探索，就越相信物質和精神本為一體——屬於自然平衡以及人性秩序的一環。

沒有物質的精神無法傳達心意，而缺乏精神的物質毫無情感。宣稱自己「重視精神而看輕物質」或「強調物質而不在乎精神」都是一種矛盾悖論。想要實現物質欲望，我們必須完成精神使命。世間萬物都是精神和物質的融合。容我重新強調約翰・迪馬丁尼博士（Dr. John Demartini）[2]的名言：「沒有物質的精神無法傳達心意，而缺乏精神的物質毫無情感。」

沒有物質的精神無法實際存在，只是一種虛無。然而，缺乏精神的物質則像石頭，沒有功能、方向、使命或生命。

物質和精神，究竟和金錢有何關連？我們創造重要的事物，或者實現自我的理想，為了扭轉社會的刻板印象，物質主義者的目標應該是將精神化為具體存在且有生命的物質。藝術家將靈魂注入畫中，錶匠則投入熱情至手錶裡，才能用物質型態傳達熱情。我們仰慕他們的熱情，願意用金錢交換。

為了擁有豐盛的物質，我們必須將能量、精神、經濟和感激傳達給銷售者，協助他們建立企業，向其他人傳達精神和熱情。

銷售者可以把自己的願景獻給人性成長，我們也能夠成為共同建造者。

我們獎勵銷售者的努力，創造了公平交易的環境。銷售者提升個人經濟能力，支付日常費用，讓家人溫飽，孩子接受良好的教育，將知識傳遞給下一代，也都是你我的功勞。

如果沒有物質商品的購買者，許多服務將會消失，雖然很多人批評遊艇或超級跑車是不必要的奢侈支出，但是，如果它們真的毫無用途，就不會存在。

物質商品可以真實傳達靈魂之美。你可能曾經看著一幅畫、一輛汽車或者一件家具，認為它非常美，這是因為設計師或創造者將熱情或靈魂投入其中，成就了其精神價值。

付出，還是創造？

可能許多人認為，最好的善舉就是提供教育和創業機會。捐款固然使人快樂，但他們會擔心善款未被妥善應用。特定的慈善單位捐贈大筆金錢，支付企業的活動、薪資、會計費用和其他支出，目的不是宣揚善行。在我們捐贈的款項中，究竟有多少直接用於慈善用途，其實取決於慈善單位的目標和性質。但是，如果捐款是衡量精神付出的標準形式，當前的慈善事業確實充滿浪費和錯誤的資訊。即使你選了一間慈善單位，決定每個月捐出十英鎊，也只有一小部分的金額可以協助他們直接推動目標，仍然無法完成提供教育、知識（精神）和創業（工作和生計能力）等慈善事業。

以購買作為形式的物質主義，其實是一種終極的慈善和精神付出。一個商品的價格越高，製造者投入的精神能量也可能更高，許多人可以因此受惠，政府也得到更多稅收，藉此修繕道路、投入國防、保持醫院運作、支付照護者的費用、維繫水質清澈，以及更多被視為理所當然的生活條件。

當然，物質主義也可能淪為貪婪或詭異的富庶。我們應該擁有財產，而不是被財產所支配，才能符合自然平衡，並且清楚地理解生活中的金錢矛盾困境。追求金錢和物質，發揮持續學習與成長的人性特質，提供價值並且照顧他人，就是實現目標時的評估基礎，也是實現願景以及回餽社會的一種方式。

社會、宗教、媒體和其他外部影響力，可能會變成我們的內在聲音，說服我們產生偏見，認為物質主義是邪惡的。但他們的說法並非事實。對人性發展最有貢獻的人物，其實都創造了巨大的財富。我們將在本書往後的章節深入探討。

我們擁有越多物質品和財富（必須保持謙卑，並且遵守消費和投資的平衡），就可以在當地、國家和全球環境促進經濟發展，藉由消費增進國內生產總額，使得經濟環境變得更好。

物質主義和金錢是一種慈善投入，讓銷售者賺取利潤。我們付出越多，就可以幫助更多人，銷售者得到利潤之後，可以學習和成長，創造更多服務。如果慈善事業缺乏公平交換和交易，接受者的服務和成長也會減少。

物質主義和錢財，能夠鼓舞他人一起創造更好的經濟環境。如果你開的是一輛生鏽老爺車，是能夠鼓舞到誰？

符合謙卑和精神原則的物質主義，才能夠讓他人明白，只要努力學習，服務他人，就能夠獲得合理的回報。

是上天的禮物，抑或是詛咒？

物質主義當然也會有缺點，但是有捨才有得。想要得到更多，就得付出更多。物質是衡量付出與收穫是否成正比的一種方法。精神意念可以轉換成物質，如果你被認為是慷慨的，就會得到更多。我們必須樂於付出，並且增進金錢流動，才能吸引更多財富。

許多人認為，要透過體驗及分享，人生才會因而富足，而不是透過對物質的追求。但是，經驗其實也可以是一種物質，因為物質和金錢可以替你和朋友創造美好的體驗和回憶。

如果你喜歡抽象的體驗更勝於物質，那也很好。有些人不把昂貴的度假行程和晚餐認為是物質的一部分，但其實這和物質究竟有何差別？

對於重視慈善和心靈層面的某些人而言，太重視物質是自私自利的行為，但他們通常忽略，其實物質也擁有慈善和心靈層面的意涵。

但是，很多人會把時間、熱情和創造力投入於物質。一輛勞斯萊斯汽車必須花費五到六個月的製作時間，光是拋光、散熱就要投入五小時的人力。百達翡麗（Patek Philippe）手錶的時針和陀飛輪要用八年才能打造。他們聘請一千六百位員工，其生計仰賴「富裕的物質主義者」支付數萬或數十萬英鎊購買手錶，才能供養家人和孩子成長。

因此，配戴百達翡麗手錶時，我們也承接了他們的精神。可以購買手錶或汽車的富人創造了一種慈善事業，他們照顧百達翡麗或賓利的員工和家人。

由於世間的能量不會憑空出現或遭到摧毀，「一個人花費五萬英鎊購買手錶，就會造成第三世界窮人的損失」其實是種迷思。精神能量只是透過物質交易來流動而已。鉑傲音響（Bang & Olufsen）設計美麗的聲光產品，其聲音和視覺成就堪稱藝術。設計師和技術人員投入的天分、熱情與奉獻，傳遞至實體產品，才能讓物質主義者獲得享受。

當然，有些人之所以這麼推崇物質，是因為享受物質帶給他們的感覺，或者喜歡藉此提升自己在他人眼中的地位，但許多人推崇物質，只是因為他們喜歡美的事物，而物質不過是其中一種形式的美。從這個角度而論，欣賞物質與貢獻他人，兩者帶來的美好感受其實沒什麼太大的不同。許多人只購買有機或符合公平交易的食物。他們認為，這樣可以將金錢用於正確的目標。這種原則適用於物質消費。

你可以選擇特斯拉電動車，而不是一般的燃油車，也能夠將行銷成本投入谷歌，他們在二〇一一年時向美國境內的非營利組織和學校捐贈了一億四千四百六十萬六千美元。成為美國運通卡和第一資本卡（Capital One）的會員，或使用其信用卡，就有機會得到回饋金，或者將一定程度消費金額，捐贈給數間良好的慈善單位。

這是一種非常良好的社會回饋方法。使用這種信用卡，我們不必親自捐贈金錢，只需要投入時間、點數、里程數，或者捐出信用卡的獎勵。這種消費方式和物質生活算是間接的慈善行為，可以透過初次交易來做慈善。如果你認為行善很重要，那麼以上都是非常睿智而且合乎倫理的選擇。

藉由消費、直接和間接的慈善行為，物質主義者也可以成為精神主義者，創造就業機會、促進經濟發展，以及增加社會福利。購買行為的直接稅收（英國的增值稅），以及其他間接的貢獻，例如聘請員工（國家保險）、企業稅、其他企業義務和隱形稅。消費可以促進經濟發展，保持社會經濟的穩定運作，所有人都可以努力工作，讓所有「精神主義者」享受住家和其他社會福利支持。

人並非完全屬於物質主義（貪婪）或精神主義（犧牲奉獻）。物質主義和精神主義以多種形式相輔相成，並且保持均衡。

請讀者務必記得，光靠吸引力法則，卻沒有實質的行動，也只會將能量分散。我們不應憑空想像，認為自己可以不勞而獲。

下定決心，起身行動，將所有的精神信念轉化為實際的收入吧。

---

1 肯巴亞是古老的詩歌，具體來源已經不可考，相傳是非洲民謠，意思是「請上帝來我身邊」。

2 約翰．迪馬丁尼博士為暢銷書《祕密》作者群之一，現從事健康專業諮詢，以及有關治療與哲學方面的寫作和演講。

CHAPTER 17

資本主義和槓桿效果

資本主義雖不完美，但確實是一個有效的系統，用利潤作為動機，在自由市場中創造公平競爭。資本主義也是一種競爭機制，應對不穩定的未來，量化評估勞力，穩定勞力價值，進行公平迅速的交換。

資本主義的基礎是資本和資產的私有權，能夠自由製造產品且提供服務。資本主義的對照是由中央政府負責控制生產和財富分配。生產行為是一種志願交換，部分受到公平競爭、公平交換、供需市場，以及反壟斷法的管制。資本主義代表自由累積資產，我們可以自行決定投資，不需要經過國家管制。就業市場受到工資的影響。稅收則會分配在國家需求。

在經濟衰退、崩解和蕭條期間，資本主義有時會遭到批評，批評者通常是不珍惜或無法理解金錢價值的社會主義者、共產主義者，以及追尋自由的放任自由主義者。凱因斯曾說：「資本主義是一種駭人聽聞的理想，他們相信最可怕的人為了追求人類的最高理想，會做出最可怕的事情。」

儘管如此，哪些經濟系統能夠如此均衡而有效地連結個人利益與全體人類的福祉？資本主義是一種非常有效（但不完美）的論功行賞制度，可以激勵企業家和創新者。他們創業提供工作機會和金錢，平等照顧自己的利益和其他人的福祉，並且繳交稅金，支持社會共同需要的基礎建設和服務。

或許，社會主義和共產主義的最大缺陷，就是無法鼓勵論功行賞和成長，企業家缺乏追求成長和服務他人的動力，因為他知道自己不會因此得到公平的財富分配，也沒有利潤作為刺激。

倘若市場不自由，交易也無法流動和成長。然而，資本主義也能夠鼓勵人民追求權利與和平共處，因為人性同時具備自私和人道的特質。

回顧歷史，我們就會發現即使最閒逸的非資本主義系統，擁有權力的少數人宛如獨裁者，行為則像極端的資本主義者。許多人忽略了「社會福利」是一種非常有效的財富重分配。

社會福利是社會主義的觀念，但基礎則來自於物質帶來的金錢。

資本掛帥的錢流建立了道路、醫院、警力系統、醫療照護系統、水利資源系統、衛生處理系統，並且照顧弱勢族群。

資本主義提供公平競爭，企業家和創新家在一定程度的控制下，得以創造利潤，並且繳納（非常高額的）稅金。

我不會抱怨繳稅，因為我相信這個機制，也從中獲益，並且享受資本主義式的財富重分配。我其實沒有損失任何錢，因為我繳納的稅金將創造更多利潤。我覺得自己是有價值的，因為我盡力提升國家的增值稅、國民所得、資本所得稅、銀行利息。我創辦的公司也促進當地、國家和全球的經濟流動速度。

除此之外，資本主義系統為了鼓勵創新、提供就業機會、修復古老的建築物以及創業，也會提供減稅和其他激勵措施。我能夠自由地賺到公平的利潤，無須繳納高額稅金。同行之間的競爭讓我保持均衡，平等地追個人目標和社會福祉。市場保持公平的價格。如果我的表現不佳，或者無法提供公平的服務交換，競爭者就會取代我，我將失去舞臺。

如果我可以洞燭先機，就能獲得優勢；我照顧更多人，也會創造優勢。我的私人收入提高，國內生產總額也會增加。想要濫用資本主義系統，我們就會遭到懲罰，繳納可觀的罰金。願意接受資本主義的規範，也會得到公平的獎勵。資本主義是人類歷史上最偉大的發明之一，卻遭到許多人的誹謗和誤解。我們應該建立平衡的觀點，不能盡信充滿受害者口吻的洗腦故事。英格蘭銀行的前任總裁曾經如此描述資本主義：「多年來，資本主義經濟系統已經被證明是最有效的方法，可以消滅貧困並且促進繁榮。」

○保持資本主義有效運作的重要因素

判斷資本主義是否可以順利維持運作的主要關鍵因素如下：

一、自由市場

所謂的自由市場，是指經濟系統的價格，取決於私人企業間不受外力介入的競爭。商品和服務的價格必須是生產者（銷售者）和消費者的自由共識，供需法則不能受到政府、價格寡占或其他權威干預。自由市場的反面是「管制市場」，即政府藉由固定價格，或者制訂法律限制其他生產者進入市場，干預供需平衡。自由市場的價格不會受到外力干預，自然達成均衡狀態，也會支持創業、創新、高度競爭市場，以及生產企業的私有化經營。

雖然一般人認為自由市場與資本主義息息相關，但無政府主義自由市場派、市場社會主義者，以及支持合作企業利潤共享的人士，也會提倡自由市場。由於成長和貪婪、管制和自由、寡占和重分配等重要環節時而平衡，時而失序，自由市場並不是完美的。自由市場的主要特質如下：

自由選擇：

企業主、商家、消費者和勞工可以自由生產、銷售和購買各種商品和服務，少數的限制是他們願意付出（或接受）的價格、資本額度，以及反壟斷等公平的管制措施。

自利：

自由市場的運作動力來自人人都想將自己的產品或服務，賣給出價最高的消費者，並且保持最大利潤空間和最低的經常支出。雖然自由市場的動力是自利，但依然能夠創造長期的經濟平衡與益處，因為自由市場的「競標」系統可以制訂所有產品和服務的公平價格，在任何時刻都準確反應真實的供需條件。

競爭和真實價格：

自由市場的競爭壓力創造自我管制的適宜價格，非常公平且有效率，可以永遠真實反映市場的狀況。如果商品的需求提升，供需法則就會提高價格。競爭者發現市場中有利潤空間，也會投入生產，提升供給。上述情況導致價格降低，市場開始淘汰，只留下最傑出的競爭者。因此，生產者和消費者都能獲得公平待遇。價格將反應製造者對自己和產品的價值認知。定價過高或過低，只會遭到市場以及供需法則的拒絕。

有效率的系統：

市場經濟完全仰賴有效率的市場，才能銷售產品和服務。一座有效率的市場可以平衡買賣雙方的自由和管制，個人和企業公司都有公平且開放的入場機制，以及影響決策的關鍵資訊。所有人都可以自由選擇進入、離開或參與市場運作。

二、利潤動機

如果製造者、企業家或商業經營者認為自己努力的成果會被低估，利潤也將遭到重新分配，他們就不會創造有意義的產品或服務。缺乏滿足自我需求的利潤動機，生產和創造力會劇烈下降，阻礙人類發展。基於動物的生存本能，人類的自我滿足動機幾乎永遠勝過人道主義的關懷。面對拯救自己或幫助陌生人的困境，大多數的人都會選擇拯救自己，就像飛機失事時，我們必須先替自己戴上氧氣面罩，才能幫助他人，這是人性的本質。面對金錢時，人性本質也會先找尋利潤，控制成本、支出和獲利空間。空談理論的社會主義者和共產主義者如果提出不合理的財富重分配，人性自我保存（滿足）和控制生活風險的能力就會遭到剝奪，無法掌握未來。人類也會失去動機，不願意創新、成長、就業、探索和承擔風險。創業家不希望他們的付出只是為了滿足國家的需求，也不樂於見到自己的努力並未得到公平的獎勵，甚至遭到剝奪。社會主義（共產主義）提出的合作企業模式從來沒有獲得真正的成長，也不曾成功通過歷史的檢驗。大多數的國營企業最後都被私人產業瓜分併購，才能滿足公部門的需求，或者是因為國家放棄了相關經營。太多管制、國家控制和稅賦，迫使追求利潤的創造者尋找迴避規範的方法，或者搬遷至稅賦天堂國家。但是，如果太過於放任自由，人性就會陷入貪婪，同樣無法照顧廣大的社會。因此，創造者和消費者，創新企業家和員工，都必須重視供需法則的平衡，以及公平交換中的定價機制。

三、供需法則

商品（服務）的需求是來自市場消費者的購買壓力。買方設定了最高購買價格，賣方也有理想的最低銷售價格。供給和需求曲線的交點，就是產品（服務）的價格和數量平衡點。如果賣方願意用低於平衡點的價格銷售產品，其中的差距就是「生產者剩餘」；倘若買方答應用高於平衡點的價格購買產品，其中的差距就是「消費者剩餘」。

上述模型常見於勞動市場的工資和人力。在勞動市場中，供給者和消費者的身份與一般消費市場不同。供給者通常是個人勞工，希望提供勞力，用最高價格賣出勞動力。消費者則是企業，他們想要用最低價格滿足需求，獲得勞動力。如果市場中的勞動賣方（供給）增加，供給曲線提高，就會改變勞動薪資的平衡點，減少平均工資。相反的，倘若市場的勞力人口減少，供給下降（或需求增加，通常兩者相互影響），就會造成勞動價格提高。市場勞動供給增加，產生剩餘，或者需求降低，勞動價格則會降低。容我重新強調，勞動市場的供給和需求經常相互影響。

四、公平競爭和論功行賞

我們因為功勞而獲得獎賞時，就會願意進行更多積極正面的行為；然而，如果我們受到憐憫的給予，行為模式會像受害者。利潤動機獎勵功勞，公平的管制讓大眾得到公平合法的報酬，有利社會中的個人和企業發展。正確的競爭行為與精神，可以促進創新和成長，遠遠勝過社會主義提出的合作公司模式。

我非常相信，如果沒有百事可樂的競爭，可口可樂的規模就會變小，也會更懶散，不重視消費者的需求。同樣的道理，賈伯斯也需要蓋茲和微軟的競爭刺激。蘇聯和美國曾經競爭太空創新和探索。競爭讓資本主義者願意投入更多利潤，保持最新的生產方式，獲得競爭優勢。上述的發展過程，讓消費者享受更好的產品和更優惠的價格。既然人人都是消費者，我們都可以享受競爭帶來的創新和便宜產品。公平競爭可能促成所有的人類進步，資助人類的研究和發展。由於人性追求成長，相較於當前其他的系統，資本主義對人類的幫助更大。

五、公平交換、管制和重分配

在未經管制的資本主義世界中，創造產品和服務的動機，就是追求最大利潤，容易引發貪婪且「不計代價追求利潤」的心態。

剝削員工、薪資過低、激烈減少成本和品質，造成健康和安全受損，無視環保以及從事非法行為，都是顯而易見的惡劣心態。

由於利潤空間太小，導致生產者不願創造對社會有益的產品或服務，例如建設偏鄉醫院。除此之外，廠商也可能非常重視香菸和酒精等利潤空間極大的上癮產品。如果妥善管理，管制和稅收可以解決上述的問題，同時讓創新者保有公平的利潤空間。

雖然許多人都喜歡安全且公平的環境，負責制訂管制政策卻是一項吃力不討好的工作。特定的產品雖然對社會沒有幫助，但經過重稅之後，可以資助建立造福社會的措施。

對抗壟斷、不公平競爭和寡占的法律已經妥善運作，我們用合理的方式獲得智慧財產權、肖像權和專利權。洞燭先機、準備就緒的人可以獲得更大的利潤空間，而稅金也能發揮極大的用途。競爭者得以進入市場，享受自我管制的價格與價值。除此之外，公平機制可以減少非法行為。

過度的控制和管理則會造成不公平的措施，例如惡劣的財富重分配，妨礙創新、競爭、服務和利潤；也可能導致獨裁者施行少數的極端政策，藉此獲取龐大的私人財富，犧牲廣大人民的福祉，滿足貪婪和權力。許多想要取代資本主義的經濟社會體系都有這類型的缺陷。

◎是要對抗資本主義，還是加入它的行列？

相較於用虛幻不實的話術企圖改變資本主義，精通現有的機制並且順勢而為是否更好？我們應該接受還是拒絕資本主義？

生活在資本社會中，我們其實都是資本主義者。搞懂錯綜複雜的資本主義，才能夠讓我們從中獲益。

我們應該擁有權力時，再去思考如何控制和改變系統。從善如流比對抗潮流更好。我們應該尊重金錢和資本主義的本質，而不是跟隨自己憤世嫉俗的金錢觀和對資本主義的偏見。

財富的巨人認真看待其中的差異，我們也會在本書往後的內容讀到財富巨人的三個共同特質。

如果你依然想要改變現有的系統，應該努力變得富裕，擁有足夠的金錢、權力和影響力，才能做到真正的改變。這將是長達一生的使命，但億萬富翁確實擁有這種能力。如果你可以仔細效法本書提出的概念，就能善用資本主義，用合理善良的方式締造細水長流的巨大財富。

資本主義的未來

比爾．蓋茲已經呼籲，資本主義社會必須在往後的人類紀元中，更有效率地處理更大的社會及環境議題。

他的資本丰義調整計畫稱為「創造式資本主義」，實際的運作方式是一種「新的資本主義，解決社會議題是經濟活動的主要目標，而非次要目標。」蓋茲在早期的職業生涯累積了巨大的財富，步入生涯的晚年之後，他善用財富的創造更大的效益，促進人類更偉大的目標。蓋茲的想法非常值得效法的，可以用於平衡社會與資本利益。

布蘭森也發明了「蓋亞資本主義」，也就是「照顧社會和全球責任，能夠治療地球，也可以長久維持的資本主義」。他抵押了三十億美元的未來收益，決心對抗全球氣候變遷。

如果沒有資本主義締造的效益，他不能實現理想。各行各業的傑出人士也決定採取健全的方法，創造有社會道義的資本主義，能夠同時保持企業的精神、願景和獲利空間。這些聰明的企業持續獲得競爭優勢，你當然也可以。這些替未來世界設想的道德典範，同時也能善用資本主義的基礎，這點長期以來已獲證明。

曾經有效創造資本主義槓桿效果的億萬富翁，也見證了資本主義運作良好時，足以發揮美好的社會力量。財富巨人善用自己的力量和影響力，替世界創造正面的改變、維持均衡，分享財富，保持人類進步。

我發自內心支持他們將資本主義邁向新的「慈善資本主義」紀元，也許你也會這麼想。

如何發揮資本主義系統的槓桿效果

資本主義鼓勵我們冒險創業，追求公平的自由和保護。我們可以自由提供服務，立刻銷售產品，逐漸減少經常支出和風險。

市場能夠自行管制價格，銷售者提供的價值越高，就可以獲得更好的回報。減稅制度讓銷售者維持長久的利潤空間，並且替國家創造可觀的稅金收入。我們也得以自由建造資產、收入和利潤，並且重新投資，保持產品和服務的市場競爭力。金錢的移動速度比以往更快，我們能夠取得所有需要的資訊，創造更多金錢。我們在公平交換市場中賺到愈多金錢，就可以向社會提供更多福祉和貢獻，增強自己的價值。

資本主義要求每個人拿出最佳表現和理性，並且依照個人表現，提供獎勵。每個人都可以自由選擇自己喜歡的工作，發展專業，用自己的產品交換其他人的產品。一個人的能力和雄心壯志，決定他能夠創造的成就。

——艾茵．蘭德

從現在開始下定決心……

本書的第六部和第七部將協助各位讀者更深刻地理解金錢系統、法律、技巧和策略，讓我們理解更多、創造更多，並且給予更多金錢。但是，我現在希望各位讀者下定決心追求金錢。正如你願意追求健康飲食與運動習慣，我們也應該專心致志保持一輩子的熱情，持續研究金錢的各種道理。各位讀者可以從這些重點開始：

- 接受新的金錢科技和創新，並且全心採納。
- 研究未來趨勢。
- 思考解決重要問題的方法。
- 尋找特別的機會和顛覆方法，發揮網絡概念的槓桿效果。
- 使用進階的銀行帳戶（本書將在後續篇章詳細說明）。
- 與聰明和富裕的朋友相處。
- 適應環境的改變，持續尋找提升自身價值和服務的方法。
- 提升產品（服務）價格。
- 做好最壞的準備，追求最好的結果。
- 比其他人更早設定停損點。
- 先求有，再求好。
- 如果出現意外，立刻著手處理，而且持續關注。

CHAPTER 18

資本、淨值和收入

生產金錢的方法一共有三種，其中包括信用債務和槓桿效果，讓我們一一檢閱：

（一）資本

資本是指企業體或個人擁有的財務資源或資產，能夠促進成長、發展和創造收入，包括：

- 集資發展特定的商業模型或計畫。
- 企業累積的財富（扣除累積的債務）。
- 公司的股權或所有權。

雖然，「資本」與「金錢」似乎彼此相等，但兩者之間依然有重大的差異。金錢用於購買或銷售產品和服務，目標和用途更為即時。資本則包括資產，例如投資和股票，具備長期特質，也能夠儲存未來價值。資本可以建立、提升個人或企業公司的成長，形成創造收入的基礎。

（二）淨值

「淨值」的簡單定義是「扣除債務之後的資產總額」，或者「所有的資產價值扣除所有的債務」。然而，淨值通常會採用如下的形式：

- 持有股份或債權。
- 持有基金的擁有權（股份），加上損益表計算之後的利得（或損失）。在房地產的領域中，淨值則是指該房地產的現有市場價值扣除房地產持有者債務的餘額。
- 股票投資、固定收入（債券）、現金或等同於現金的投資商品也能計算淨值。
- 如果企業申請破產，開始進行結清，償還所有債務之後，剩餘的金錢就是淨值。

淨值是一個人擁有的資產扣除資產造成的債務之後，剩餘的金錢價值。舉例而言，如果一個人擁有的汽車或房屋已經沒有任何貸款，汽車或房屋就能視為他（她）的淨值，因為物主可以立刻將汽車或房屋賣為現金，沒有債務負擔。股票也是淨值的一種，因為股票代表對該公司的持有股份，而公開交易的股票通常不會包含公司負債。

（三）收入

收入為一個人或企業的營收金錢，特別是指以定期的頻率，藉由工作、投資或資本產生。以下是不同的收入金流：

- 以工作形式，用時間交換金錢。銷售資產創造的淨收入（也能夠定義為資本）。

- 資產創造的剩餘收入（物主支付購買資產的金額之後，資產繼續創造的金流，也就是被動或經常性收入）。
- 版稅（音樂、影片或專利創造的權利金）。

金錢、金錢、金錢

想要維持既有的財富，創造上述三種金錢形式的平衡非常重要。如果你單純持有資本，並未創造收入，那麼你的金錢收入來源非常僵固，獲得金錢的時機也會較晚，更容易受到市場波動影響。倘若你的收入全數來自工作（用時間交換金錢），就會承受生命環境急促改變的風險，可能喪失熱情、健康受損，或者法規的變動導致你變得無關緊要，失去唯一的收入。有些人主張剩餘收入（被動收入）是最好的金錢來源，但如果你不專注保存並且發展資本，整體的淨資產可能會下降。

你應該如何決定在三種金錢來源的時間和比重，取決於現在的專業技能、價值、既有的賺錢模式、年紀和冒險態度。如果你還是青少年或二十多歲，應該專注在工作，用時間賺取金錢、提升技巧，儲蓄並且獲得經驗。到了三十歲，你可以開始投資儲蓄，增加資產，打造婚姻基金，建立家庭，購買更大的家庭住宅。四十歲，你必須更為謹慎考慮未來，準備退休金和傳承基礎，發展個人資產獲利組合以及剩餘收入金流。五十歲以後，你希望用資產創造的被動收入，取代工作收入，降低工作時間。但是，如果你是一位熱情的創業家，也可以立刻開始進行。只要迅速建立三種主要的金錢來源，就能夠賺到更多錢，獲得成長，並且給予他人協助。

流動或不流動

相較之下，資本比較傾向於不流動，而收入更容易流動。流動的定義是指「一個人或組織的金錢調動能力，是否可以處理即刻或短期的需求，或者能夠迅速轉化為金錢的資產。」換句話說，流動性就是你可以立刻獲得金錢的速度。雖然流動性是一個人（企業）不可缺少的能力，但也是一把雙面刃。一般而言，資產的流動能力愈高，代表回報愈低；資產的流動性愈低，代表回報愈高。雖然這句話並非完全正確，但符合大多數的情況。例如，房地產是流動性最低的資產之一，要用好幾個月，才能創造流動，但房地產一直都是回報最好的資產。

因此，你應該在流動性高的資產，以及流動性低的資產之間，取得良好的平衡，才能因應短期的開銷，並且創造更高的回報，避免過度支出、通貨膨脹、刮脂定價法（fee skimming）[1]和竊賊，藉此創造且維持財富。你不會看到小偷戴著遮臉毛線帽，將你的房子綁在肩膀上偷走，然而，口袋中的現金容易受到竊賊、通貨膨脹和情緒消費的損失，也只能創造低回報。

穩固型資本和循環收入

除了上述的平衡之外，你也要同時擁有「穩固型資產」和「循環收入」，並且維持兩者的平衡。穩固型資本非常適合保障你的生活，避免無法預測的動盪，支付經年累月的開銷，提供安全的財務生活，作為向銀行貸款的擔保品。但是，穩固型資本的流動性很低，只能創造緩慢的收入。例如，房地產的重新裝修或改建計畫必須花費一到三年才能完成，直到完工之前，不會產生任何收入。但是，只要支付裝修期間的開銷，一旦房地產銷售完成，你就會獲得非常優渥的收入。循環收入（或剩餘收入）的目標就是因應日常開銷，維持你的生活水準，降低用時間換取金錢的比例。缺乏其中之一，你就要承擔風險，無法建立、維持財富和金錢的平衡狀態。

槓桿或非槓桿

如果你的資本完全沒有進行槓桿操作，就沒有發揮資本的潛能和力量；但是，如果你過度應用槓桿效果，可能會損失一切，或者遭到市場小型波動、銀行撤回投資等風險影響。你必須仔細思考自己的槓桿平衡，降低過度的槓桿操作，確保自己能夠應對突然的市場變遷或資產貶值；但是，你也要建立足夠的槓桿效果，適度地抵押資本，向銀行申請貸款，藉此拓展獲利組合。舉例而言，如果購買房地產的貸款價值比（loan to value）是六十五％至七十五％之間，代表你只需要準備二十五％至三十五％的存款比例，就可以向銀行借貸剩餘的資本款項，你不應該將槓桿比例提高至超過七十五％。

你也可以降低貸款價值比至五十％，建立穩定資產基礎，順利進行資本還款、資本成長，或者兩者兼具。倘若貸款價值比下降了，你可以向銀行申請提高，恢復至五十％，或者五十五％。上述的應對只是一種處理原則，實際的方法取決於你的年紀、願意承擔風險的程度、當前的財務狀況、現有的資產基礎、銀行利率和銀行貸款的意願。

循環和非循環

每一種資產類別都會有相對高資本價值的週期循環，慢慢地轉向相對低價值（或過度低價）的時間點。

所有的資產類別雖然彼此相連，但也各自獨立。價值循環可分為個體循環和總體循環。

舉例而言，利息、通貨膨脹、經濟狀況、政治局勢、法規和社會輿論風向將會影響所有資產類別在當地、全國和國際的循環發展。

房地產價格上揚，很有可能導致黃金和貴重物品的價值下跌，反之亦然。各國之間的匯率也會產生影響，通貨膨脹指數高的時代，非貨幣類的流動資產價格相對高於流動性較低的資產。

建立財富時，你應該在各種資產類別中，平衡處理資本、收入和淨值，才能降低風險，因應週期循環。

風險和回饋

風險和回饋也是相連又衝突的組合，而且缺一不可。風險愈高，回饋愈高，但我們必須承擔更高的風險！

不願冒險付出，就不會有美麗的收穫。風險，代表在樂觀和心存遲疑中取得平衡。想要維持財富，就不應該犯常見的錯誤，無止境地一味樂觀，或質疑其中一種極端，這種想法非常危險。

你必須仔細察覺自己的習性，並且克制犯錯的傾向，或者尋找良好的合夥人、經營團隊，讓他們與你互補。

除此之外，在特定的產業，例如國際原油投資，你也應該考慮其他的風險，像是政治上的風險和衝擊。法規的改變會大幅影響財務金融市場。除此之外，還有信用名譽和法律風險，例如川普在總統大選期間，因為川普大學[2]事件而賠償兩千五百萬美元。

思考自己的創業投資時間規劃時，年紀也是必須考慮的因素。個人經驗、知識和專業表現同樣是風險因素。我也要提醒你注意資本風險、收入風險、股息風險，以及難以察覺的盲目風險。你必須考慮上述所有因素！

但是，風險和回報是一體兩面。如果沒有回報，為什麼要承擔風險？你也不可能享盡好處，而迴避所有風險。大多數的人只看見其中一面，他們害怕承擔任何風險，過度謹慎小心，從來不曾體驗美好的回報；或者，他們承擔過多風險，並未謹慎保護自己，或者理解「高風險不一定創造高報酬」。如果你不願承擔任何風險，就是讓自己暴露在所有的風險中。

處理資本、淨值和收入時，加入風險因素，保護自己的財富，並且追求成長。相較於資本，收入可以承擔更多風險，因為你能夠在相對迅速的時間之內，賺回收入，只要繼續工作，下個月就能得到工作創造的被動收入。但是，如果你讓穩固型資本承擔風險，必須承擔失去資本的危險，倘若發生不規則的動盪變化，將會失去資本保護。打造財富最好的方法，是讓風險位於財富核心的最外緣，保護核心資本，輕鬆處理風險。建立多層次的資本核心和多元收入來源之後，才能減少風險。

○多重收入來源

建立多重的收入來源可以創造非常明顯而且誘人的好處。除了讓你擁有「足以與他人分享」的優點，也能夠建立多層次的保護與照應。如果你的工作是高時間單位報酬的顧問（每小時獲得非常優渥的費用），從資產（房地產和股票）獲得被動收入，房屋貸款已經償還，資本獲得保障，擁有具體的資產、珠寶、智慧財產權、專利、執導電影的收入、創作史萊德樂團（Slade）的聖誕節歌曲並且設計戴森公司的吸塵器，這本書應該讓你執筆！你可能無法贏得上述的所有收入，但建立資本、淨值和收入三種形式的平衡是非常可行的提議，我個人認識、研究並且仔細理解的富人也非常強調多重收入來源。

我在另一本書《房地產的多重收入》（*Multiple Streams of Property Income*）中提出如何創造多重收入的模式。在房地產的領域中，建立多重收入來源是非常重要的概念，包括設置一到三種可以隨時管理的收入來源（資產類別），如何建立系統化管理和發展方法，以及何時應該在獲利組合中增加新的收入來源（正確的時機就是系統化管理最新的收入來源，並且完整測試新的來源）。**你應該準備完全獨立的收入來源，避免其他來源遭到影響，也要讓不同的收入彼此接合，創造既有收入的槓桿效應**。例如，如果你擁有足夠的房地產，可以聘請租賃仲介人，增加你的獲利組合。

想要建立、維持巨大的財富，資本、淨值和收入是三個重要的關鍵因素。這三個因素具備不同的功能、優缺點、以及內在循環的高潮與低谷，也可以彼此照應，達成平衡。只要能夠維持平衡，發展三種不同的金錢類別，就可以創造更多金錢，在你周圍建立堅強的堡壘。你擁有更多資產，也能夠照顧更多人，例如一位房地產物業主，可以聘請更多仲介商，讓裝修團隊、水管工人、瓦斯安全工程師、維修技術人員還有其他人得到工作機會。

1 刮脂定價法是指廠商（賣方）一開始將定價提高至「消費者願意購買的最高金額」，再逐漸降低定價的特殊作法。

2 川普大學是川普在十多年前成立的教育機構，由川普親自遴選教師，教導學員房地產知識。多名學生控告川普大學詐欺，川普大學也在二〇一〇年時關閉。川普競選總統時，此事件再度成為話題。最後，川普決定賠償兩千五百萬美元。

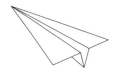

第5部

金錢價值、信念和情緒

在這個部分，
我們探索一個人的成長背景如何影響他的金錢觀。
哪些信念無法幫助你追求財富，更糟糕的是，阻礙財富成長？
又有哪些完全相反的信念，能夠協助我們成長？
我們如何控制金錢情緒，
重新建構新的理念，擺脫遭到批評的恐懼，創造更多金錢。
我們將仔細探討常見的特定金錢信念，
也讓讀者理解能夠幫助財富成長的觀念。

CHAPTER 19

價值和願景

你的價值就是你生命中最重要的領域。價值的概念很抽象，但它指引你的生活，例如自由、誠信、平等、家庭、樂趣、智慧、教育、旅遊、高爾夫、商業、認同、職業發展等等。

價值觀就像濾鏡，影響你的認知、思考、決定和行為。你的價值將形塑你身處的世界。經過一間購物中心，你會注意到與自身價值有關的商店、行人、招牌和營業場所。與內心價值無關的一切，你都會視而不見。

從個人和全球成長的角度而言，關鍵的問題在於許多人不理解自己，或至少無法有意識地認識自我。

他們的內心充滿太多衝突的想法，無法忠於自我，難以實現獨特的自我價值。他們故步自封，臣服於其他更清楚自我價值的人。因此，**實現自我價值的第一步，就是認識**

價值。

探索自我價值，並且依照價值信念生活，能夠讓你獲得解放和啟發。我可以斬釘截鐵地說，這種探索足以改變你的人生。只要你發現自己與親朋好友都願意忠於自我，實現命中注定的潛能，整個世界會瞬間成為充滿意義和啟發的生活。想要喚醒內心的天才（你早已擁有這些才能，根本不需要額外「矯正」），第一步是相信自己，第二步則是採取正確的步驟。

第一步，你願意相信自己嗎？

倘若如此，第二步就是尋找正確的方法（請見第二十五章，理解「積極正面的健康警告」）。

願景

你渴望的人生目標是否清晰可見？你想留下什麼傳承？你又希望後世如何記得你？你想在地球上創造改變嗎？大多數的人不曾思考這些重要的問題。讀者應該花點時間，仔細思考，並且明白所有人的生命都有其意義，包括你的人生。如果生命沒有意義，人類就不會存在。不要用「找不到生命意義」作為藉口，也不要讓其他人澆熄你的偉大目標。

眼界清明

清楚理解自己的願景非常重要。如果連你自己都搞不清楚你的志向，其他人更是沒辦法。倘若你不清楚自己能帶來什麼改變，其他人也不會明白買你的東西有什麼好處，那麼你就無法鼓動他們購買你的產品或服務，完成你的使命與目標。你內心的務實想法會成為現實生活，你必須對未來的願景一清二楚，日復一日地努力實現。

你最終極的人生願景，應該是透過許多靈感而建立起的生活價值。你的願景就是你的生活指引地圖。

面對人生每個十字路口、艱困的選擇、挫折、轉捩點和變動的時刻，當你無法釐清思緒，經驗不足而迷惘時，願景可以作為你的嚮導。我們都有偏離軌道、被擊垮或是感到混亂的時刻，只有清澈的目標能減少途中的阻礙。

地球上大多數的人都沒有真正的夢想，這說明了為什麼他們感受不到生命的目標、啟發和成就。

倘若你不清楚內心的目標或你的目的地在哪，就會一事無成。我們可以將願景視為人生的藍圖，實現有目標的人生。

缺乏願景和目標，你就沒有方向，宛如在旅途的過程，仰賴沒有設定終點的衛星導航。一旦人類失去目標，就無法促進演化和保持生存。上述的情況也部分解釋了為何許多人費盡一生尋找生命的意義。我相信生命的意義就是找到獨特的生命目標，才能增進人性的價值並且促進種族的演化。

> 找到生活的目標，就能有目標地實現人生。
>
> ——羅賓・夏馬

擁有宏大且清晰的目標的人，也可以實現成就，促成人類種族演化，留下鼓舞人心的傳承，享受自己創造的巨大財富。缺乏願景、方向或目標的人則空虛壓抑且脆弱貧困，有時甚至會萌生自殺的念頭。

維克托・弗蘭克是一位存在主義心理治療家，他在一九五九年出版的書籍《活出意義來》（*Man's Searching for Meaning*）中提出感動人心的「意義治療」（logotherapy）理論。佛洛伊德認為人類的主要動力是性與攻擊，但弗蘭克相信生命的主要動力則是「追尋意義」。

弗蘭克承受了佛洛伊德不曾面對的經歷。一九四〇年代，弗蘭克曾是納粹集中營的俘虜，目睹難以理解的現實，害怕失去一切，只能遭受恐怖的虐待。

弗蘭克被苦痛和殘暴包圍，但生命的目標使他繼續奮戰求生，忍耐無法想像的折磨。逃出集中營之後，弗蘭克創作《活出意義來》一書，分享自己的經驗，提出意義治療的綱要。尼采的一句名言能夠簡潔描述集中營的俘虜如何堅持奮鬥，永不失去求生意志的理由：「明白生命意義的人，幾乎足以承受所有的境遇。」

從某些角度而言，找到生命意義的一瞬間，所有的折磨，也就不再是折磨了。

生命目標和願景的力量，足以擊敗無法想像的非人道虐待。目標讓我們獲得繼續生活的力量，追求巨大財富的旅途中，我們因而能夠面對急迫的危機、艱困的生活變遷、人際關係問題以及各種變動。

用生命的目標推動願景，我們的心靈清澈且專注，期待環境變得更好、更寬闊。

如何流芳後世？

歷史上最富裕的人，大多都名垂後世。只要擁有宏觀的願景，自然而然會留下傳承。對想要追求永續的巨大財富的你來說，傳承和願景的關係相輔相成，密不可分。

想要締造比自己本身更偉大的壯舉，讓你的願景不再只是關心個人或地方發展，而是關懷整個國家或全球未來。

或者，我們也可以從另一個角度思考，偉大的願景可以推動你的行動，讓其他人願意支持你，創造比個人生命更長久的傳承。

所有人的內心都希望創造不朽的精神傳承，在地球上締造永恆的改善。畢竟，沒人想要人生什麼也不留地白白走這一遭。

我們累積的個人財富，能夠創造超越生命且留給下一代的資產。人性傾向如此，如果你成為家長，就會明白這種想替孩子留下財富和知識資產的心情。當我們的生命結束時，知識和財富也隨之凋零，這是何其遺憾的浪費。

如何建立極為偉大的願景？

有些人甚至還建立了征服宇宙的願景。馬斯克、彼得・戴曼迪斯（Peter Diamindis）[1]和布蘭森想要帶領人類踏上新的星球。

他們把全世界當成一座遊樂場，因此他們的抱負甚至遠大過於地球。

願景愈大，你所創造的服務就能替自己和他人帶來更多益處。增進個人福祉和財富的最佳方法，就是拓展你的抱負，從個人、家庭、地方、國家、全球，甚至到放眼宇宙。

當你的財務目標和夢想，已經不再侷限於滿足一己之私或物質需求，而是著重在全世界所有人的需求，就會看見一股充滿魔力的財務磁鐵效應，因為所有人都被你吸引了。

微小的目標只能帶來少量的財富，宏偉的志向則會帶來巨大的財富，不朽的目標吸引永恆的財富。

1 彼得．戴曼迪斯出生於一九六一年五月二十日的紐約布朗克斯，他是一名企業家、作家和工程師，聯合建立了獎基金會（X Prize Foundation），同時也是數本勵志暢銷書的共同作家。獎基金會設立於美國，為非營利組織，藉由贊助形式，鼓勵且組織對社會有益的技術創新競賽，知名的競賽包括「GOOGLE 月球大獎」。

CHAPTER 20

信念和它們的起源

信念就是我們信以為真的事物。信念會驅使你贊成或反對某些事物。它們就是你判斷事物的道德準則。

信念是存在於我們內心深處的想法，幾乎沒有任何方法能讓你大張旗鼓地表達你的信念，除了金錢。

金錢的價值受到普世認同，不但把所有人類連結在一起，也會影響眾人的生活。「金錢使人變質」其實是種迷思，金錢純粹只是放大我們的性格而已。金錢只會讓我們的特質變得更為顯著，而且總是如此。

如果你的金錢觀與其他信念有關，金錢就會放大其他信念。倘若你決定致力於偉大的目標，就會吸引更多的金錢捐贈，然而，假設你嗜物成癮，金錢也會讓你更惡化。

信念從何而來

以下各種條件，或多或少對你的信念有至關重要的影響：

- 家庭。
- 居住環境。
- 經濟和政治環境。
- 學校。
- 啟蒙導師和學校老師。
- 宗教、信念和靈性觀。
- 朋友。
- 媒體。

你曝光在這些元素的程度，將影響你的信念。你可能會把某位朋友的觀點或媒體報導，看成非常有說服力的證據，最後形成特定的信念。某個單一事件或連續事件帶來的喜悅或痛苦感受，也會造就你的信念。你的信念最後變成了現實。

所有的外部環境塑造你信以為真的觀念，但這些信念和觀念並不真實。

雖然「眼見為憑」沒錯，但光是「看見」不足以建立正確的信念，因為你無法看清事物的本質，而是看見你想看見的一面。

每個人都相信自己的信念，但這些信念並非外界的真實模樣，而是我們個人經驗和視野濾鏡所創造的獨特認知。

金錢也適用於上述道理。你的家長或生命中重要的父執輩人物，一生努力工作，並沒有因此發財。他們與金錢的關係非常惡劣，搞不好還負債累累，一生都為錢所苦，甚至仇視有錢人和整個社會系統。

你可能因此採納與他們相同的金錢觀。你無法克制自己的想法，這也不是你的錯，因為你形成信念時，只能看見他們提供的「證據」。你的金錢觀念和信念，就是你如何理解金錢的故事，而許多人的故事都不真實。

許多人責怪自己，或者因為個人財務狀況而產生罪惡和羞恥感。當然，很多人也責怪其他人。

我必須強調一個重要的觀念：你根本不會知道自己有多無知。倘若成長背景讓你習慣貧困的心態，或者受到匱乏、嫉妒、罪惡感、厭惡和其他攸關金錢的情緒影響，你當然情不自禁地形成相應的信念。因為上述的條件就是你唯一的證據。

我們絕對不能苛責或為難自己，也不應該像其他人一樣，怪罪傳遞錯誤信念的朋友或長輩，因為他們也不清楚自己的金錢信念是錯的，更不知道還有其他更好的金錢觀存在。

探索世上所有的貧窮金錢觀縱然有趣，也十分重要，更重要的是不要留戀過去，應該立刻往前邁進。下一章，我將挑戰你說服自己相信的舒適金錢觀，顛覆你的觀念。

CHAPTER 21

貧窮的金錢觀 VS 富裕的金錢觀

每種信念都有完全相對應的信念。你相信的每件事，都會有另一個人認為是錯的。即使你無法同意，但你抱持的每一種信念，也有另一種完全相反且確實成立的信念。

大多數人用更多的時間擔憂金錢，而不是夢想金錢，而他們幻想金錢的時間，多過於實際去思考怎麼賺錢。

基於某些理由，許多人將貧窮的金錢觀視為榮耀的徽章，彷彿貧窮能夠創造自尊和驕傲。在本章，我們思考且比較第一世界的極端富人和極端窮人擁有、堅持且相信的金錢觀，希望讓讀者得以理解光譜兩極的觀點，在資訊充分的情況下，做出自己的決定，選擇你相信的金錢觀，並且服務你的人生。

「一無所有」和「貧窮」之間的差別非常重要。許多人都曾經體驗「一無所有」，但短暫的缺錢不會讓你變得「貧窮」、一文不值或毫無用處。一無所有只是一個名詞和學習經驗，也是提升富裕水準的必要階段。

如果你採納「貧窮心智」，很有可能永遠貧困；倘若你只是暫時一無所有，那麼你還是能夠改變人生，翻轉金錢逆勢。許多百萬富翁都曾一無所有，而且不只一次，最後依然重建巨大的財富，甚至更勝以往。他們絕對不會變得貧困。你可以取得他們的金錢，但永遠無法奪走他們的知識和人格特質。

請讀者試著想像在成長的過程中，不需受限於特定極端的信念，能夠同時清楚地理解兩種不同的想法，挑選最適合自己的選項。我們雖然無法改變過去，但可以影響未來。我將在以下的內容提出各式各樣的信念，來自十餘年的研究和面對面的討論，足以代表數十萬人的兩極價值觀。你甘願將就「不貧困」的狀態，還是渴望「變有錢」？親愛的讀者朋友，請睿智地選擇。

◎貧窮的觀念：「金錢是萬惡淵藪」；富裕的觀念：「金錢是萬善起源」

「金錢是萬惡淵藪」是最常見的錯誤觀念。金錢不是萬惡淵藪，邪惡才是萬惡淵藪。

如果「金錢是萬惡淵藪」為真，或者聖經原文提到的「熱愛金錢」真是萬惡淵藪，在金錢出現之前的時代，人類的世界就不該有惡，但事實並非如此。雖然未有定論，但我們甚至可以主張，金錢和科技發展之後，人類種族變得更不野蠻暴力。影響人性發展的一切根源，就是人性本身。因此，萬惡淵藪其實是人性，而金錢只是無關道德的載體。

反之亦然，金錢也可以是萬善起源，因為人性就是萬善起源。金錢可以治癒疾病，創造慈善事業，爭取幫助他人的時間。

金錢可以解決貧困無法處理的問題。某個人確實可以花費二十英鎊，將子彈填入彈匣後，射殺二十位無辜的學童，但另一個人也能夠用二十英鎊支付價值二英鎊的漢堡，其餘十八英鎊作為小費，或者資助第三世界國家的某個家庭，提供數天甚至數週的糧食。

金錢只是服務人性的單純載體。你決定選擇何種金錢觀，金錢就會發揮相對應的作用，無論是善是惡，並且影響金錢的使用方法，以及金錢吸引或驅散的其他元素。

我曾經以為金錢大多數的用途都不道德，我不希望自己成為一個不道德的人，所以拒絕金錢。

然而，金錢其實能夠協助實現並且拓展道德目標，卻因為我的片面觀點而遭到拒絕。弔詭的是，我的觀點並非來自實際的經驗：我不認識任何一位百萬富翁，更不曾將金錢視為萬善的起源，或者用於促進良善。光是想起自己曾經浪費七、八年的時間自艾自憐，我就覺得悲傷，我希望各位讀者不需要經歷這種感受，你的孩子也不需要。倘若你和我一樣，今天就來終結你的錯誤金錢觀。

○貧窮的觀念：「你必須用錢創造更多金錢」；富裕的觀念：「你只需要觀念、能量以及提供服務，就能創造更多金錢」

雖然我們可以用利息、複利和槓桿效果，讓金錢發揮吸引力，創造更多金錢，但倘若觀念不對，錢就會迅速蒸發，變成消費產品和負債。因此，「你必須用錢創造更多金錢」不是準確的說法，正確的觀念應該是「如果管理妥當，金錢可以讓你賺到更多金錢」。

根據 Enterpreneur.com 網站的資料，六十二%的億萬富翁都是「白手起家」。這代表第一代的億萬富翁並沒有得到價值上億的遺產或餽贈。湯瑪斯．史坦利（Thomas J. Stanley）曾說：「我發現八十%至八十六%的富豪都是白手起家，身家高達數十億的頂級富人亦是如此。」

如果這些說法為真，創造金錢的基礎並不是金錢和鉅額遺產。我個人相信，所有的金錢來自一個想法，想法轉為觀念，觀念形成決策，決策造就行動，行動孕育成果，經過反覆測試、修正、改善，最後提升規模。

一切有形的物體都來自無形的觀念。思想和觀念可以轉變為照護、服務、解決問題、減輕生活負擔、加快進步速度、改善生活、緩和痛苦、治癒疾病、提出新資訊、創造智慧財產權、專利、著作權、產品、服務、訂閱、專有經營、使用執照、資產和更多形式。想要開創上述所有的財富，都不必仰賴巨大的起手資本，而是需要願景和行動。只要願景清澈，啟發他人相信，你就可以找到足夠的資金。

我也曾經認為一個人必須用錢，才能創造更多金錢——因為我沒有錢，於是我放棄賺錢的能力。我不願敞開心胸，上述提到各種創造金錢的財富資產，就不會來到我身邊。

如果回到二〇〇五年，當時的我遇見現在的我，肯定會猜測「這個人必定得到了一大筆金錢」。為了讓自己感覺良好，我能夠輕而易舉地用這種方式說服自己。我甚至還會認為：「這人真是個討厭鬼！」諷刺的是，現在的我已經變成當時憎恨的模樣！

◎貧窮的觀念：「金錢系統非常邪惡、不公而且腐敗」富裕的觀念：「金錢系統很棒，能夠有效地量化評估價值並且加速金錢流動」

資本主義是一種系統，讓每個人都可以創造公平的生活，用完美的平衡，結合自利和服務。賺錢創造了經濟市場、服務、就業、稅賦，以及對他人的益處。公平和完美的競爭變得繁榮興盛，價值也可以在全世界順暢流動。管制法案和反壟斷法案讓人類的貪婪與給予達成平衡。企業的「有限負債」約束了公司行號的負債額度，但不會限制企業家本人的理念，如果你願意承擔額外的風險，大膽投資，也不會因此受到懲罰。除了自我設限，資本主義社會幾乎沒有任何事物會妨礙你發揮理念，創造服務和金錢！

貧窮的觀念：「負債很不好。」

富裕的觀念：「（對人生有幫助的）負債很好。」

從我個人的經驗而言，一般人對負債的觀念如下：

（一）許多人舉債購買負資產，而且花費他們並未擁有的金錢。

（二）許多人完全不願負債，只購買或投資「可以負擔」的物品。

（三）還有人發揮良好負債的槓桿效果，購買創造收入的資產。

按照睿智的程度依序評論上述觀念，（一）代表「愚笨」，（二）是「安全和保險」，（三）則是「聰明且發揮槓桿效果」。舉債購買消費產品、消耗品和負資產，會先讓你變得一無所有，最後淪為貧困。從「一無所有」邁向「富裕」的第一步，就是明白「我只能使用自己現在擁有、能夠取得，以及能夠負擔的金錢額度，購買日常生活必需品」。絕對要避免舉債添購容易貶值的負資產，承受負面的複利危機，你可能會因此陷入三種困境：

（一）負債造成金錢負擔，並且吸引更多負債。

（二）舉債購買的負資產也會貶值。

（三）你必須失去投資金錢的「機會成本」。

只要清除了負資產債務，遵從「只舉債購買資產」的原則，你就能夠開始投資創造收入、自行填補日常支出的資產。我將在第六部分詳細介紹。

貧窮的觀念：你必須努力工作才能賺錢；富裕的觀念：你必須讓金錢替你工作

沒錯，必須先努力，才能享受成果。夏天努力耕種，秋天才能收穫豐碩的果實，甚至會讓你忘了夏天的辛勞。

但我的重點不是「你只需要坐著休息冥想，毫無作為，宇宙的財富就會降臨在你身上」。即使強調靈性修養的人，都會明白「靈性」和「物質」都需要「信念」與「付出」。非洲的古諺語曾說：「祈禱時，記得腳踏實地。」

然而，努力工作的成果也會有上限。此時，你愈是努力，收穫反而變得愈少，因為你每小時的產量已經到了極限，你一天也只能付出有限的工作時間。你的薪水不會成長，但你工作的時間愈來愈多。即使薪水增加，也不能彌補你付出的所有時間。

許多支領高薪的人，他們的工作時數少，每小時的報酬很高。時間和付出無法直接轉換為價值和收入的潛在效能，如果你是一位創業家，情況更是如此。用正確的方式打造事業和營利能力之後，我們投入的時間，就會以等比級數的方式創造價值。藉由資產、事業系統、軟體開發、槓桿效果、資訊和智慧財產權、專利和著作權、人力和發展過程等形式，只要付出幾個小時的高價值「工作」，就能夠創造數百萬的生涯資產。努力且聰明的工作才是正確的說法。善用願景和知識，不必辛苦舞動雙手，揮灑汗水。投資能夠讓你節省時間的資產，而不是浪費時間交換金錢。用別人的時間發揮槓桿效果，不要付出自己全部的人生。

貧窮的觀念：「如果我賺錢，代表別人損失金錢」；富裕的觀念：「如果我賺錢，就能夠服務別人」

只有經由偷竊和欺騙行為賺到的金錢，才代表你害別人損失金錢。如果你賺錢的方式並非上述那些偏門，其他人是因為接受你提供的價值，選擇將金錢交給你。他們希望得到你提供的事物，認為這些事物的價值高過他們交出的金錢。這樣的話，你是在服務他們，而不是欺騙他們。

如果你希望增加金錢收入，就應該改善服務，提升價值，就會有更多人心存感激，心甘情願地掏錢給你。

然而，倘若其他人後悔，你必須將這些訊號視為他們覺得自己遭到強迫或被當成惡意的槓桿籌碼，才會有這種負面反應，讓你付出代價。

我們必須提供服務，細心關懷，並且根據公平的交易價值調整售價，如果服務價值提升，也可以增加售價。這個世界上，確實有人會藉由惡意行為，壓榨他人的金錢。或許你因此形成了錯誤的金錢觀，但惡意的賺錢方法無法維持，就像繁榮和蕭條的景氣循環，財富和金錢也要經歷調整與重分配。只要你長久觀察，就能看出這個道理。安隆（Enron）、馬多夫[1]和李森雖然金玉其外，但不曾長久。只有公平交易才能真正服務他人，並且持續成長。

這種觀念的另一個版本是「施比受更有福」，但這個說法其實是不良的數學觀念，任何給予代表有人接受。沒有接受，就無法給予。所以給予怎麼會比收穫更好？不可能更好，因為施和受只會相等，各占一半，而且是簡單的數學觀念：付出的人數一定等於接受的人數。

在現實世界中，社會輿論、家長和媒體想要讓我們相信「施比受更好」的迷思。讓我們一起破除迷思。

施和受同樣有福，而且是公平交易的必須條件。許多人需要學習如何成為一位更好的接受者。貧困的人必須學會如何成為更好的接受者。

如果有人想要給予，為什麼不能心懷感謝地接受？倘若你付出時間、精力和愛，選購物品，或者提供溫暖的服務，想要照顧你在乎的人，他們卻交還物品，或者拒絕接受，你又作何感想？你一定會叫他們「滾開」，或者內心產生了這種不悅的想法。很多人拒絕接受照顧，向全世界釋放強烈的訊息：「我們不值得」。如果有人費盡心力，只為了讓大家知道「我不值得」，他會得到什麼？什麼都沒有。

貧窮的觀念：「我沒有時間賺錢」；富裕的觀念：「我沒時間處理低價值工作」

比爾．蓋茲和任何一位無名小卒一樣，一天只有二十四小時。所謂「我沒有時間」其實是一種幻覺，因為每個人一天都有二十四小時。

這句話真正的意思是「我認為這件事情不重要」。如果有人認為自己沒有足夠的時間創造財富和賺錢，代表他們認為財富不重要。

他們或許會反對我的說法，因為幾乎每個人都想要賺更多錢，但在潛意識裡，大多數的人都希望活在舒適圈，渴望得到比錢更重要的價值。每個人都會按照自己的價值，從事各種工作。

一位母親也許希望賺錢，但會將時間和精力集中於扶養孩子。遊戲玩家可能想要致富，但也會將大多數的時間用於體驗主機遊戲。只要我們不再主張自己沒有時間，開始妥善管理時間和優先順序，專注在賺錢的領域，或者灌溉與自己最高價值有關的領域，藉此產生金錢效益，就能夠從時間中解放，得到更多金錢。

你必須把時間用於高價值工作（high income-generating tasks; IGT），否則別人就會讓你進行他們的高價值工作。你是否曾經覺得，在一天結束之後，發現自己沒有完成任何重要工作，而是花了許多時間替別人工作？這是因為你沒有規劃重要性，他們替你規劃了！

你必須自己制訂計畫，否則就會成為其他人計畫的一環。

富裕人士非常嚴謹且充滿戰略地運用時間。他們知道自己的時間價值、每小時應得的薪資，以及能夠穿針引線、創造進展的重大領域。除此之外，他們只會著重發揮上述功能。他們使用槓桿效果、外包工作、委任、拒絕或刪除其他不重要的工作。他們不見得聰明過人或者天賦異稟，只是更清楚時間和優先性的價值。你一天、一週、一個月、一年，甚至一生的時間絕對足夠，可以創造巨大的財富。正如金錢，你認為時間是充裕或稀少的資源？

○貧窮的觀念：「我做不到，因為我不夠好」；富裕的觀念：「我擁有世界需要的珍貴價值，我非常擅長某件事情，可以創造金錢」

你當然可以。你也絕對夠好。如果任何人做得到，你當然也可以。你是一個獨特的天才。如果你懷疑自己，這本書無法幫助你，請你閱讀或傾聽任何一位心儀或嚮往名人的傳記。我喜歡聆聽其他人的成功故事。我聽過數百位名人故事之後，發現一個反覆出現的事實：他們都面對挑戰。在某個時間點，這些名人都非常貧困。

所有名人都是白手起家。這些人在某些領域中也會表現很蹩腳，但卻可能是你擅長的。儘管已經成為頂尖人士，他們都還是在面對挑戰。畢竟，他們都是普通人，他們都和你我一樣。

無論你遇到何種困境，都無法改變你的本質。讓偶像成為你的啟蒙導師，但不必將他們奉為圭臬。站在巨人的肩膀上，而不是臣服在他們腳邊。

向這些導師學習，效法他們的特質，但仍舊欣賞自己的獨特才能。偉大的前輩追尋各種理念和啟示，你應該學習他們，建立浩瀚的財富和金錢。效法發光發熱的偉大特質，並且向前輩尋求建議。你現在面對的難題，他們過去也必須處理。一開始，他們同樣費盡心力，現在才能輕鬆面對。各位讀者朋友，很快的，你就會和他們一樣優秀。

◎貧窮的觀念：「我不值得富裕」；富裕的觀念：「我的使命和召喚就是變得富裕，並且向他人分享財富」

你絕對值得更富足。富足除了代表有錢，還要自動自發地與他人分享。你同意讓自己變得富裕，就可以提升自我價值。

請你務必接納財富，並且分享財富。你必須相信致富是自己的使命和召喚，就像其他的財富巨人一樣欣然接受。

貧窮的觀念可能來自父母，或者你內心深處認為自己沒有能力，痛苦的經驗粉碎了你的自我價值。但是，你真正的召喚和使命不會因此消失。心懷感激地接納，允許自己變得富裕。

我的一生犯下許多愚笨的行為，特別是金錢上的錯誤。我做了非常多糟糕的財務決定。我有時付出太多，有時又過度貪心。

我甚至好幾年都在自我厭惡，為了那些我犯過的錯責怪自己。想要改變自己，必須付出無窮的自我努力，甚至參加熱忱奉獻的課程，但如果像我這種糟糕的混蛋都可以改變，你一定也做得到。

◎貧窮的觀念：「我支付帳單和生活費用之後，就沒有錢了」；富裕的觀念：「我會先投資自己，再用剩下的錢，支付帳單和生活費用」

第一世界的窮人總是先支付帳單和生活費後，才會花錢投資自己。然而，他們發現自己付完帳單後，什麼也不剩，正如吉姆．羅恩（Jim Rohn）[2]所說：「每個月都要支付生活費，要支付的太多，金錢卻太少。」

生活一定會衍生出花費，永遠沒什麼儲蓄的機會，我們必須逆轉這個惡性循環，開始學習「先投資自己」（Pay Yourself First; PYF）。

如果你願意「先投資自己」，會強迫自己適應剩餘的金錢，日常生活支出也會相對減少。這個過程比一般人想得更簡單。

他們可以開始逆轉惡性循環過程，改變金錢的方向，不再只是「往外支出」，而是「往內投資」。無論改變多麼微小，都能創造具體的進步。舉例而言，如果你投資自己五十英鎊，作為「絕對不能挪用的儲蓄」（Save and Never Touch; SANT）。只要開始賺到更多錢，就可以提升「絕對不能挪用的儲蓄」金額比例。你的行動其實正在改變觀念和行為，創造更好的結果。

如果你的事業無法創造金錢，支持你的生活，就不是真正的事業。一般人認知的事業經常開銷其實並不正確。事業的成本應該包括支付你本人的薪資，所以會更高。倘若你離開自己的事業，沒人會進入你的事業，免費地替你工作，但你為什麼要免費替自己工作？

許多企業的主人，為了減少公司成本，多年來並未領取薪資。他們認為「不領取薪資」（不投資自己、不支付自己）是一種榮耀勳章。但是，如果一個事業（一間企業）

沒有公平的薪資、股利或創業主的利潤，就沒有人願意投資，或者，他們會降低投資金額。如果你是創業家，在某個時間點之後，你很有可能會賣掉自己的公司，將位置交給優秀的執行管理人員，這些人領取高薪，甚至連招募他們都必須付出昂貴的手續費，還要支付大筆金額，讓他們接受訓練。因此，倘若你希望創造真正的事業，賺取真正的金錢，你應該立刻開始投資自己，支付自己的薪資。你絕對值得這些錢，而且這是公平的作法。你無法接受的原因可能與其他觀念有關，例如你的內心一直認為自己不值得，或者相信你賺到錢，代表其他人失去金錢。

◎貧窮的觀念：「別人會批評我，認為我因金錢而變質」；富裕的觀念：「無論如何，別人都會批評我」

不管你做什麼，別人都會批評你。你駕駛生鏽的老車，他們批評你，你駕駛一輛閃亮的紅色跑車，他們也會批評你。

然而，你的財富可能會鼓舞他們，你的貧困也可能讓他們覺得自在。別人會憎恨你最偉大的特質。在人生的任何時刻，無論你做什麼，都會有人愛你，也會有另一個人同樣恨你。

舉例而言，許多人都討厭我的紅色鬍子，除了我的母親。但是，你必須明白，重要的事實是他們批評的不是「你」，而是受到生活經驗、信念、態度和價值的影響。換言之，他們其實是藉由你，批評自己。

我以前總是相信，只要自己變得更好，別人的批評就會變少。哈哈，我真的太傻了，才會有這種想法。你愈偉大，別人就愈喜歡批評你。你變得更好，他們也會用更嚴苛的標準評論你。只要你不再渴望讓所有人都喜歡你（或討厭你）的片面幻想，就可以找回所有浪費的時間和能量，不必滿足別人的期待，坦率地做自己。我認為，你內心真正的期待，就是變得富裕。

如果妳是一個職業母親，家庭主婦可能會批評妳，認為妳把賺錢看得比養育孩子更重要。如果你是一位藝術家，創造音樂、電影或藝術創作的風潮，並且名利雙收，還沒成功的藝術家也會批評你，抨擊你「為錢出賣靈魂」。如果你是一名企業主，必須完成艱困的決策，開除員工並且協調重大合約，其他人也會責罵你冷血或貪婪。

他們只能看見你的表面，而不是內在，並且用表面行為批判你。只有你知道自己必須承受的掙扎，以及自己犧牲了什麼。

你應該欣然接納批判和支持。只要有支持，就會有批判。讓他們用任何方法批評你，不要讓他人的毀譽影響自己的判斷。誠實面對自己，並且努力不懈。

上述貧窮觀念的另一種形式是「朋友認為我變了」。但是，我只擔心自己毫無改變。世事無永恆，我們必須成長，否則只能等待死亡。想要維持成功，改變是健康、自然且必須的作為。你絕對能夠，也應該努力改變，成為一個更富裕的人。如果你的朋友是真正的朋友，他們會和你一起成長，或者接受你的改變。倘若他們不願接受，沒關係，溫柔地讓他們離開吧。不要覺得受傷，讓他們選擇自己的人生，而你繼續努力追求成功。

金錢可以改變大腦的化學反應

金錢和大腦相關的研究已經提出愈來愈多強烈的證據顯示，金錢確實可以讓人變得快樂，其中的關鍵就是神經傳導物質「多巴胺」（dopamine）。

許多人都知道，多巴胺是人體的自然獎勵系統，能夠創造許多快樂的感受，特別是「調皮」的感官，例如性慾、權力和上癮。《幸福的科學》（*The Science of Happiness*）的作者、科學家大衛・李伯曼（David Lieberman）曾描述幸福是「一種持續追求有意義目標的過程」。幸福的四種主要化學物質是多巴胺、催產素（Oxytocin）、血清素（Serotonin）和腦內啡（Endorphin）。

當你成功邁向有意義的目標，大腦就會釋放上述物質。金錢就是一種進展。持續賺錢也是一種進展。

金錢可以是生活的目標，或者協助完成生活的其他目標。金錢能夠購買讓你快樂的物品，促進大腦的化學反應。金錢充滿意義，因為金錢可以讓你負擔有意義的事物。大腦的化學反應使你上癮，金錢也會讓你上癮。你經常聽見非常富裕的人暢談金錢和賺錢的事業，就像運動或成癮。許多人因此認為金錢成癮非常惡劣。然而，金錢只是金錢，就像李伯曼提出的定義，金錢只是追求幸福的工具。

想像自己依然一貧如洗

試想你的餘生都要貧困度日，成為周遭好友的負擔，迫於環境無奈，必須央求他人幫你支付生活費，即便努力工作，也永遠賺不到足夠的錢，不能和自己喜歡的人一起從事喜歡的事物。你必須成為公司的奴隸，就算不喜歡公司，還是必須替討厭的老闆工作。你慢慢成為自己不喜歡的人，未來沒保障，小孩沒有教育基金，沒有退休金，也沒有儲蓄和希望。

不，這不是你註定要走的路。但是，如果你還在相信第一世界窮人主張的那種似是而非的貧窮觀念，可能就會讓上述某些或全部的狀況成真。

缺錢導致世上許多痛苦，或至少加劇某些痛苦，影響我們的情感生活，甚至成為離婚的主因。

缺乏金錢使我們無法追求重要的目標，因為所有的目標都需要現金開銷，或者需要金錢才能爭取追求目標的時間和自由。

缺乏金錢造就了一種惡性循環，我們必須努力工作才能生活，卻無法真正地享受生活。缺乏金錢引發的問題，加上債務與種種不快樂，共同形成可怕的惡性循環，以及恐懼、嫉妒和悔恨等負面情緒，甚至引起危急生命的健康議題。

我們絕對不該陷入鴕鳥心態，以為無視就能解決缺乏金錢的問題。我們應該挺身而出，努力解開過去相信的錯誤貧窮觀念，直到形成健康的新觀念為止。

如果有需要，請你重新閱讀本章的內容。你應該為自己，還有地球的其他朋友而努力，因為你必須理解更多、賺得更多，並且給予更多。

---

1 安隆是一間位於美國德州的能源公司，曾是世上最大的電力、天然氣和電訊公司。二〇〇〇年時，安隆的營業額高達一千億美元。二〇〇二年，安隆宣布破產，並且爆發財務造假醜聞。安隆遂成「公司詐欺」的代名詞。馬多夫是美國金融經濟商，曾任納斯達克主席，設立自營的馬多夫對沖避險基金，成為投資騙局的上司公司。二〇〇八年，馬多夫的龐式騙局曝光，遭到逮捕並且認罪收押。二〇〇九年，美國聯邦法院判處馬多夫一百五十年有期徒刑。

2 吉姆・羅恩（一九三〇年—二〇〇九年），美國商業哲學家，代表作品為《成功生活的哲學》、《財富和幸福的七個策略：美國最重要的商業哲學提出的能量觀念》

CHAPTER 22

主宰你的情緒

是你在控制錢，還是錢在控制你？

巴菲特是世上最富裕的人，他曾說過：「直到可以控制情緒之前，不要期待自己變得富裕。」除非你能控制擁有的一切，否則無法掌握更多金錢。追求富裕和金錢最大的障礙就是不認識、不瞭解並且不能控制自己的情緒。

過度的痛苦和喜悅是靈魂最大的疾病。因為，一個沉浸於極大喜悅或極端痛苦的人，懷抱不合時宜的渴望，想要趨樂避苦，無法正確凝視或傾聽，陷入瘋狂，最後失去理性。

——柏拉圖

極端的情緒會摧毀財富。

過度迷戀或厭惡某物，都會影響你的情緒。你變得興奮或沮喪，被情緒控制。睿智的解決方法，就是擬出控制極端情緒的策略。

策略可以賺錢，讓你的財富增加，而情緒則不能。

許多人會說，生命的目標就是追求幸福，但如果過度陷入這種情緒，幸福就會淪為情緒，讓你損失金錢。

極端的情緒，無論積極或消極，都會讓你損失金錢。你覺得沮喪，希望藉由購物或飲食改善心情；你很快樂時，也會想要購物或者暢飲歡慶。你以為自己在用購物填補或修復情緒，卻只是用另一種情緒，取代現在的情緒，最後依然空虛。

舉例而言，你希望迅速賺到更多金錢，於是倉促購買房地產，因為不想等待，決定支付更多金錢，完成交易。房地產經紀人和經銷商可以感受你的焦慮不安，藉此賺取更多利潤。你不想錯過機會，不想被別人搶走，於是願意出比別人更多的錢買下這個房地產。隨後，你用偏見說服自己相信，這是一個正確的決策，或者主張，因為房子是項投資，所以沒有關係。

然而，你這些說法只是為了讓自我感覺良好，或者說服自己沒那麼愚蠢。

你因為失心瘋而汲汲營營，太快出手，花了太多冤枉錢。最後，這一切沒有讓你得到理想的結果，反而讓你開始責備、抱怨甚至合理化以前所有的決定，甚至得放棄一切，砍掉重練。

再看看另一種極端的情緒：因為你不想犯錯，不曾採取任何行動或添購資產。你不希望讓別人以為你很愚笨，所以從不行動、嘗試或購買。你打擊自己的信心，不願努力，用各種理由說服自己相信「我還不夠好」，也不願開始行動。你害怕失敗，一事無成，原地空轉。

上述的情緒極端都來自「我覺得應該如何」，而不是「什麼對我最好」。你想要「贏」，而不是找出「最好的決定」。你希望「看起來很美好」，而不是「完成正確的行為」。你出於報復心態，想要改變別人的想法，而不是得到最好的結果。無論你內心產生何種情緒，都只會引發錯誤的反應，無法滿足內心的目標。這就是情緒造成的結果。於是你開始後悔、羞愧、滿懷罪惡感，甚至否認。在投資和商業行為中，有兩種金錢的基礎情緒原則：

第一：過於興奮，無法做出良好的購買決策。

第二：過於擔憂，無法做出良好的銷售決策。

許多人經常打破上述兩個規則，所以他們不屬於人類社會中〇・二四二％的百萬富翁。簡言之，正確的投資方法就是觀察群眾的行為模式，然後反其道而行。所有人只要沒受到強烈情緒的干擾，都可以提出偉大的計畫。

讀者應該致力增強控制情緒的能力，排除偏見和情緒化。如果你正在調整飲食，就應該清理冰箱；倘若你對金錢產生情緒，就不要購物。除非事前徹底做好功課，否則不要用現金或信用卡購買任何東西。在「情緒影響」下所做出的金錢決策，很有可能會令你後悔，或導致其他不良結果。

我可能是最容易受到情緒影響，或者產生「情緒決策上癮症」的例子。我很偏執，甚至已經有點強迫症了，很追求心情愉快這件事，也喜歡金錢和金錢帶來的美好。從前，這種情緒導致我一無所有。我總是浪擲千金，購買衣物，只為了讓自我感覺良好。現在，我終於可以買得起高級衣物，但情緒問題依然毫無改善。

我還沒解開孩童時期形成的所有心理缺陷，這些東西無法向大眾解釋。不知道為什麼，我對高級漂亮的物品非常著迷。

我熱愛接觸藝術品和高雅的物品，例如家具，或是其他散發熱情和創造力的商品。我覺得我因此深獲啟發。

我將這些靈感和熱情投入百達翡麗、愛彼（Audemars Piguet）等知名手錶、鉑傲音響、義大利卡特爾（Kartell）家具或英國湯姆．迪克森（Tom Dixon）家具，再將這些情緒蛻變為自己的行動。

當我還喜歡寫詩的時候（沒錯，我以前很嬉皮），我總是受到偉大的音樂和電影作品鼓舞，這種情緒也幫我精進我的作品。欣賞美麗與富足是可以的，只要不上癮，或者是能夠妥善管理，就不會陷入危害財富的負面情緒。

在這種症狀最嚴重時，我家中只有兩間寢室，卻放置了五臺電視機，以及一部非常昂貴的音響系統，規模過於龐大，可能不太適合當時的住家。我甚至購買了豪華的設計師家具，卻不小心將中國菜灑在家具上。我積欠了將近五萬英鎊的消費卡債，利息高達十八％至三十％。

當時這些負債就像在拖累我的人生的腳步，我只能繼續花錢，讓自己獲得短暫的快樂。債務和負面情緒讓我陷入了惡性循環。

我知道這個故事聽起來很荒謬，就像減重的人居然靠吃冰淇淋來改善情緒。過了十年，我才明白許多人都有和我相似的經驗。將時間快轉到現在，我依然對「快樂的感覺」上癮。但是，我向睿智處理金錢的前輩效法，學習特定的規則和策略，藉此控制並且管理情緒。以下就是各位讀者可能體驗的金錢情緒：

金錢憂慮

許多人都說，滿腦子想著錢的人是惡劣的。但缺錢時，我反而更常想到錢。我經常擔心缺錢，因為缺錢會讓我無法實現目標。

你愈欣賞某個事物，就愈容易得到。你愈思考某個事物，就愈容易實現。因此，擔憂債務只會引發更多債務。我愈去想我的債務，債務狀況就變得愈惡劣，最後甚至像是自我懲罰般開始打擊我的自信，甚至影響我的人際關係、自尊心和生活自由。

我開始煩惱分期付款之後，甚至對健康和財富造成劇烈的影響。根據美聯社

（Associated Press）和美國線上（AOL）提出的研究報告，如果一個人擔心自己的財務，包括影響生活幸福的各種狀況，承受嚴重健康問題的風險就會提高。

相較於不必擔心債務的人，那些因債務產生緊張壓力的人，罹患心臟疾病的風險是其兩倍，其他容易出現的健康問題包括發炎和消化問題——根據統計，因為財務狀況而承受緊張壓力者，罹患消化問題的比例是二十七％，而沒有財務壓力者罹患消化問題的比例只有八％。財務壓力緊張者承受偏頭痛的比例是四十四％，而財務壓力較低者承受偏頭痛的比例只有四％。財務壓力緊張者罹患憂鬱症的比例是二十三％，而財務壓力較低者罹患憂鬱症的比例只有四％。

想要避免因為財務緊張而產生的身心健康問題，確實有一個好方法。其他研究報告指出，積極參與財務規劃，並且學習財務的人，能夠有效降低財務壓力，對財務未來更有自信，也可以減少身心疾患。

美國教師退休基金會（TIAA-CREF）的報告認為，曾經接受財務教育的人，更容易儲蓄退休金。美國大都會人壽（MetLife）指出，參加財務訓練計畫，可以提升二十五％參加者的信心，相信自己能夠掌握財務狀況。學習並且規劃金錢財務，可以確實減少我們的擔憂和壓力，增進整體幸福感，並且創造更好的財務結果。聽起來很像一般常識？沒錯，但不是人人都做得到。

減少及時行樂

一開始，我們都很容易受到「及時行樂」的誘惑，因為缺乏長遠睿智思考的經驗。一般而言，如果某個事物聽起來非常完美到不真實的地步，那麼它就不會是真的。

在一些無傷大雅的情況下，我們都渴望及時行樂。

讀者朋友可能嘗試過治標不治本的激烈手段，希望克服失心瘋的狀況，例如打自己巴掌、鎖住冰箱、聘請教練或者四處貼上便利貼。刺激只是一時，唯有啟發人心才能永恆。

經濟學家一般相信，如果某個單位與金錢具備「相互替代的能力」，就能夠取代金錢。例如，一盎司的純金，可以用其他重量單位的純金取代，所以純金確實具備「替代性」，金錢也適用於這個道理。

觀察許多人的行為之後，我個人反對經濟學家的想法。經濟學是純粹邏輯的學科，但人類的行為必須將情緒考量在內。

十七歲時，我遇到一場非常嚴重的摩托車交通意外，手臂和腿都斷了，甚至腦震盪，住院療養數日。我的左手幾乎無法動，用數個月時間進行復健，因此錯過了大學預科二年級。

保險公司理賠的速度很慢，將近八個月之後，我才拿到一萬五百英鎊的意外傷害理賠金。由於這筆金額很大，有人建議我將金錢交給專業人士處理，我卻在一年之內花光所有的錢。我用一千五百英鎊購買一架數位攝影機，還有幾套西裝——大學生活最需要的就是漂亮的西裝！我雖然將剩餘的金額存在帳戶，很快就用完了。

當時的我非常窮，也不知道怎麼理財。事後思考，我之所以如此迅速揮霍金錢，就是因為那筆錢並非辛苦賺來。

交通意外發生之後，我等了很久才拿到理賠金，那筆錢就像一種獎勵或禮物，完全無法與努力工作得到的錢相提並論。換言之，理賠金和薪水之間完全沒有替代性。

就讀大學時，我每週六早上都會用兩個小時開車回家，在父母親經營的酒吧打工，連續輪班三次。一個週末，我就可以賺到七十五英鎊的薪水。雖然我當時不懂如何妥善管理金錢，但非常謹慎看待薪水，因為我努力工作，而且揮灑汗水，才得到這筆錢。

觀察別人如何理財、做商業決策和自我教育時，我發現許多人都產生了相似的情緒和「金錢的非替代性觀點」（雖然我不確定這個詞正不正確）。

二○○○年代初、中期，每隔兩年，民眾就會抵押房屋，申請貸款。他們相信這是一筆免費資金，不必辛苦工作或者提高收入，只需抵押房子，就能得到一筆錢。相較於儲蓄，他們看待次級房貸資金的態度非常隨興。不費吹灰之力，就能說服他們支付大筆金額，購買海外資產、看起來非常可疑的預售屋計畫，或者內容空洞的個人成長課程。他們也幾乎不會進行任何事前調查。更有趣的是，他們得到的資金其實是「負債」。

就像當初我得到的那筆「禮物」一樣，這些人的錢來得快，去得也快，完全比不上辛苦工作得到的稅後薪資。許多人揮霍遺產的原因也非常類似。

根據「商業內幕」網站的調查結果，相較於現金消費，一個人使用信用卡消費時，金額會提升十二%至十八%。因此，不是所有的金錢都具備相同的價值（替代性）。請讀者必須謹慎注意，並且小心管理所有輕鬆取得的金錢。切記：來得快，去得快。

缺乏耐心

倉促追求某個事物，通常代表這個人沒有清晰的願景和價值觀。恐懼、擔憂、貪婪，或者舒緩痛苦會導致缺乏耐心，想在別人面前變得光鮮亮麗，害怕自己沒有存在感等等。

許多人高估自己能夠在短時間達到的目標，卻低估自己一輩子能夠創造的成就。你擁有的時間遠超過自己的想像。

缺乏耐心，可能會讓你花不必要的冤枉錢去置產或亂買消費品，還會讓他人有機會趁虛而入。一生中有許多良好的交易機會，如果你錯過這次機會，一定還會有下次，甚至遇到更好的條件。

• 零售處方

許多人藉由消費物質商品來改善心情，這是很經典的用錢問題，容易讓人陷入無法自拔的深淵。仔細留意自己的情緒變化，如果你想要藉由瘋狂血拚來改善心情，請遵守以下規則：

（一）設定最高預算。

（二）只用現金或者額度有限的信用卡付款。

（三）創造一種特殊的「陪伴消費經驗」，意思是陪伴一位非常喜歡花大錢的朋友（例如我）購物，但自己只看不買。

（四）設定「絕不當場購買」的原則。理解所有資訊之後，再購買。

（五）購物之前，絕對不喝咖啡，或者進行任何導致情緒亢奮的行為（我也要提醒自己！）

（六）記住商場的價格，回家以後比對網路店面的價格。

買東西犒賞自己

如果謹慎運用，用購物來犒賞自己完成目標不失為一個好方法。但是，許多人經常因為「今天是週五」之類這種平凡的藉口，一個晚上就花掉一百五十英鎊。你應該仔細衡量自己的良善努力（而非結果）值得多少獎勵，節省不必要的支出，等到真的值得慶祝的事情發生再說。

虛榮消費

想要自我感覺良好、獲得關注、變得更重要，或者尋求關愛而花錢，這些都算是虛榮消費。許多人入不敷出，只為了得到更多關愛、注意、吸引力或安撫痛苦。化妝品產業的產值驚人。巴黎萊雅集團（L'Oréal）在二〇一四年的收益將近三十億美元。前二十名的化妝品生產公司總值將近一千五百六十億美元。如果你也是虛榮消費者，你並不孤單。倘若你希望節省金錢，就要學會愛自己的本質，欣然接納自然的美好。你不需要用化妝品「修復」自己。

罪惡感

為了掃除內心罪惡感而產生的消費行為，這種現象其實出人意料地普遍。受到罪惡感的制約，我們被迫掏錢緩和激動的內在情緒。

這些內在情緒可能是你傷害了某個人，希望買東西來彌補他們的心情。然而，真相是你希望藉此安撫自己的罪惡感。

你有沒有遇到什麼慈善活動，觸發了內心深處的回憶或情緒，因而強迫自己捐贈？畢竟，一個月十英鎊只是小數字。也或許你無法花時間陪伴深愛的親朋好友，決定用消費或禮物，填補他們的感情？藉此向他們道歉？許多人日復一日地進行罪惡消費，只為了彌補二十年前的過錯。

但是，這種行為會讓你一貧如洗。即使你曾犯過錯，也請原諒自己和別人。為了自己，也為了別人，用心尋找隱藏在深處的意義，才能消除反覆出現的罪惡消費。

我有個朋友，多年來，他活在賺錢和罪惡消費的惡性循環中。他非常聰明，只要受到新的事物吸引，就會全心投入其中，閃爍著認真的光芒。畢竟新的事物還沒有受到現實生活的影響，他剛轉換心情，尚未遇到挑戰，而且非常興奮，只能看見願景和金錢夢想，無法感受（過去面對的）任何問題。

他甚至可以把冰塊賣給住在冰天雪地的愛斯基摩人。事業發展蒸蒸日上之後，終於變得無聊，而追求進步也更為艱困。雖然賺了大錢，但營運和管理並不有趣。到了這個階段，他已經達成窮人難以企及的成就，卻開始自我毀滅的過程。罪惡感、羞恥心、害怕遭到批評，以及其他的情緒浮現，他決定背棄合夥人與顧客，將事業交給他人，搬到另一座城市，尋找下一個商業模型、觀念或策略，希望再次得到新鮮感。

他花錢來緩和痛苦。即將一無所有時，絕望、匱乏、恐懼、害怕等等情緒浮現。面對新的事業，他做出更草率的決策。每一次，這種循環的週期都會變短，精神的磨耗與傷害則愈來愈嚴重。這是一種充滿諷刺的惡性循環。在過去的十年之間，他已經承受了十餘次，甚至更多的傷害。或許，他知道自己應該戒除惡習，只是做不到。

◎慈善行為（和罪惡感）

如同以上所說，不過我們現在要深入探討慈善行為。有些人捐贈一切，自己卻活在貧窮的環境中，只為了減輕內心深處糾結的罪惡、羞恥或害怕。過去會影響未來。到最後，我們可能變得尖酸刻薄，並且充滿悔恨。

我得提醒各位讀者仔細思考，你必須寬恕並且放手。為什麼不成立一個基金會，創造更大的財富，善用賺錢的能力，超越單純的「給錢」，打造完整的組織架構，提供教育資源，真正地改善其他人的生活呢？

◎為什麼我們會見不得別人好？

如果你因為金錢，對其他人產生更多的負面情緒，就會開始影響自己。你用負面的方式看待其他人，你拒絕和他們一樣，因為你不喜歡別人也用同樣負面的方式看待你。

更糟糕的是，你在這段過程中浪費時間，凝聚充滿毀滅性質的能量，時時刻刻懷抱尖酸刻薄的想法，無法專注發展自己的人生。

事實上，許多人都會陷入同樣的負面模式，雖然不自覺，卻刻意地陷入尖酸刻薄和嫉妒情緒，變成非常嚴重的缺點。

難過的是，他們的想法通常不正確。上述的問題就是我寫作這本書的主要動力：我希望讓讀者明白另一種金錢觀念和益處。停止尖酸刻薄和嫉妒的想法就是最簡單的步驟。但我們不能紙上談兵，必須立刻開始身體力行。索普（J.R. Thorpe）在Bustle.com網站提供的研究成果，可以幫助我們：「嫉妒其實與一種特定的負面情緒相互影響，也就是認為『其他人非常善於某件事情，但他們在本質上不值得信任或不真誠』。」

嫉妒是一種針對極端富裕的偏見（所以猶太人和亞洲人遭到嫉妒），我們嫉妒他人極為優秀的能力，認為他們「沒有資格」。

嫉妒的基礎心理則是「我希望得到其他人擁有的事物」。這種情緒來自人類的基礎演化能力，稱之為「自我評估」：我們比較自己與他人的差別，甚至相互競爭。在人類心理學的研究中，嫉妒理論認為「自我評估」是人類競爭趨勢的基礎。嫉妒促使我們產生「為什麼我沒有」的情緒狀態，激勵我們尋求「更公平」的處理方式，讓自己擁有更多事物，不亞於其他人，改善我們的情緒。嫉妒創造了一種欲望，使我們希望奪走他人的物品，努力追求成就，甚至勝過他人。

但是，嫉妒也會導致疾病或痛楚。如果我們陷入嫉妒情緒，大腦將產生真實的疼痛感，就像經歷心碎或遭到社會大眾排斥的經驗。因此，我們是否應該立刻停止嫉妒？

迴避損失

人類希望迴避損失的情緒，就像我們不希望承受痛苦。這種情緒非常強烈，可以讓我們陷入錯誤的金錢觀念，或蒙受惡劣的財務結果。迴避損失和金錢上癮是兩種極端的情緒，非常節省的守財奴更容易受到迴避損失的影響。

在經濟學和決策理論中，迴避損失是指人在面對抉擇時，更容易選擇「迴避損失」而不是積極取得相同分量的收穫。換言之，人傾向於「不要虧十英鎊」，而不是「賺到十英鎊」。

阿摩司·特沃斯基（Amos Tversky）和丹尼爾·康納曼（Daniel Kahneman）[1]的研究結果認為，相較於「收穫」，相同分量的損失會在人類心理造成兩倍的影響。當我們思考可能創造利潤或承受損失的決策時，上述心態導致過度極端相信或誇大迴避風險的效用。你願意追求十英鎊的折扣，或者迴避十英鎊的超額支付？雖然傳統經濟學家認為「稟賦效應」（endowment effect）和迴避損失效應[2]都是不理性的行為，但行為金融學的想法並非如此，你也不應該小看相關效果。

保險業界改變定價策略之後造成的消費者反應，可以清楚呈現迴避損失的效果。根據相關研究指出，相較於調低保險售價，提高保險售價對消費者購買意願的影響效果高達兩倍。

由於人類在「演化的過程中，以不對稱的方式看待收穫和損失」，因此深刻地受到迴避損失的影響。舉例而言，如果人類的器官運作已經瀕臨失能，失去一天的食物就等同於死亡，但得到額外的食物只能安撫情緒，不等於延長生命。

讀者務必謹慎留意自己的判斷和思考是否受到迴避損失的影響，必須按照邏輯和理性進行財務決策，而不是淪為情緒用事。

恐懼損失的情緒非常強烈，將與錯誤的經濟觀念形成複利效應。經年累月之後，你可能會因為固守財富而損失數百萬元的收入。

● 控制和掌握情緒的策略

擁有財富的人，在成長的過程中，已經學會如何減少金錢情緒，或者理解控制情緒、欲望和避免成癮的方法。他們至少可以杜絕入不敷出。他們更容易創造財富，或者具備高價值的金錢相關企業，甚至藉由賺錢和創造財富，服務他人且實現生活目標。重點不只是克服情緒，而是實現潛能，並且取得長期勝利。

控制情緒的方法並非否認情緒或者關閉自身感受，而是觀察並且理解。我們為什麼會產生情緒？以下是一些策略，協助讀者測驗自身情緒，藉此理解、管理並且主宰情緒：

（一）觀察情緒，暫時將自己抽離情緒，將自己當成客觀的第三者，仔細觀察，但不要批評。我經常告訴自己：「羅伯，真有趣，讓我們看看你做了什麼。」

（二）理解情緒和反應背後藏著什麼。我們的情緒和反應從何而來？為什麼你會產生如此反應？

（三）為什麼情緒如此強烈？我們是不是還沒學到重要課題，所以無法撫平情緒？

（四）我們應該藉由情緒學會哪些課題？你應該如何改善？

（五）情緒能夠產生何種益處？

（六）孤立自己。直到情緒平息之前，前往安靜的地點，讓情緒暫時無法影響你或其他人的生活。

（七）尋找一位真正的好朋友，請他擔任你的「出氣筒」。一位誠摯的好友，不會批評你，讓你傾訴情緒。友善地詢問朋友：「我能不能發脾氣？」獲得同意之後，盡情宣洩。只要找到情緒出口，你的感覺就會變好。壓抑且累積強烈的情緒會創造消極的攻擊行為，導致你完全崩潰，甚至生病。

（八）尋找你信任的諮詢者、顧問和導師。他們的能力足以提出睿智的建議，向他們請益。

（九）做出草率或情緒化的決定之前，務必三思而後行。

（十）如果你面對挑戰，請仔細閱讀、聆聽或者實際參與各領域專家的課程。

（十一）所有的消費和投資行為，都應該與你的最高價值有關。如果投資（消費）有助完成目標，請盡力而為；倘若無關，則立刻收手。

與其被動地受到情緒影響之後產生反應，不如事先擬定處理策略，並且保持神智清醒和耐心。心懷感激地傾聽、學習和接受他人的回應，妥善判斷，理智思考最好的結果，而不是受到情緒狀態的影響。請記得，財富代表幸福的人生，只要可以管理情緒，就能夠管理金錢，順利成長致富，給予他人更多協助。

1 特沃斯基和康納曼都是以色列裔的心理學家，兩人長年合作探討人類的認知偏差以及風險處理理論。

2 稟賦效應與迴避損失非常類似。傳統的經濟學相信，「得到某個商品而付出的金額」等於「失去該商品的損失」，但稟賦效應認為，擁有某個商品之後，人類的心理會自然增加該商品的價值，於是「失去該商品的損失」就會變高。稟賦的英文來自 endowment，意指增加價值。稟賦效應與迴避損失兩者可以共同解釋為什麼人會傾向於迴避「損失」。

CHAPTER 23

自我價值和淨值

經濟環境變動的重要性，比不上你的情緒變化。整體經濟環境的重要性，也比不上你個人的經濟觀念。

「經濟」（economy）原本的意義是「善於管理家庭或國家」，因此，也代表「善於管理個人」。如果你的自我價值低落，永遠都無法提高個人淨值。你是個謹慎思考的人，還是絕望消極的人？你只是暫時身無分文，還是永遠懷抱貧窮的心態？如果你不相信自己，誰又會相信你？

你是值得的

個人淨值就是個人價值的總和結果。自我價值是一種內在的心理狀態，相信自己

「值得」。大多數的「自我價值」起源於我們如何認知自我，以及我們愛自己的程度。你必須知道自己值得愛，無論自己愛自己，或者讓其他人愛你。你也值得成為富裕的人，就像其他人一樣。

你為什麼認為自己不配？誰能夠決定另一個人配還是不配？這個世界上，沒有任何超越人類的崇高力量，可以不經過你的同意而決定你自己值不值得。

其他人如何看待你的價值，其實不重要，因為他們的評論來自他們的價值觀，根本與你無關。你過去的錯誤也不重要，因為每個人都會犯錯。過去不會決定未來。從前傷害你的人更不重要，你必須盡快踏步向前。

如果你希望增加自己的個人淨值，就要提升自我價值。我還是藝術家的時候，這個觀念非常有用，但我當初太無知，並未連結自我價值和個人淨值。以下是一些策略，協助讀者提升自我價值和個人淨值：

寬恕

原諒他人對你的過錯，原諒你自己犯下的錯。放寬心胸。如果你還沒有原諒自己和他人，請回頭看看第二十二章。一開始，你的內心或許會產生抗拒，但只要在原諒的過程中發現益處，就會開始創造良好的效果。生命中的每次事件，都會同時帶來益處和壞處、支持和挑戰。

感恩

為生命中所擁有的一切感到感恩，並且珍惜每一次的好運。感激你想感激的一切。無論你內心渴望追求何種目標，都要明確地列舉自己感激的事物。你可以透過紙上記錄、祈禱、用視覺化呈現，甚至化約成一句咒語都沒關係。

自從我讀過拿破崙·希爾（Napoleon Hill）在一九三七年出版的《致富思考》（*Think and Grow Rich*）後，十一年來，我都會在睡前「練習感激」。

我列出所有大大小小我所感激的事物，除了座右銘和勵志小語外，感恩已經成為我日常生活的一部分，有時我甚至會在毫無自覺的情況下，開始感激生命中的種種一切。

一個人只要懂得感恩，就會感受到自我價值。你在內心列出愈多感激的事物，「感激」就會變得更有力量，將你的自我懷疑、害怕和低落的自尊一掃而空。

你內心愈常想某事物，它就愈容易實現。除此之外，睡前練習感激的額外好處，就是可以更快入眠，而且睡得安穩（你也可以在每天早上練習感激，但我個人在清晨五點三十分時就會進入自動導航模式，必須飲用咖啡，直到六點十分才會完全清醒）。

期待財富，因為我們都有致富的權利

期待理論（expectation theory）認為，我們都會得到內心渴望的目標，而不是「公平的目標」或「理所當然的目標」。

我們當然都值得致富，這是所有人的權利。期待致富，希望自己可以分享更多，並且賺更多錢，那就打開心胸接納這個目標。

讀者必須改變心態，相信自己值得成為有錢人，就像我在稍早提到畢卡索於餐巾紙作畫的故事。你定出的價格、收費或薪資，是否與你的努力和付出相符？

你在生活中完成的種種一切都要反映出自己的價值，也會創造巨大的自我淨值。請重新梳理生命中體驗過的種種成就，盡力地思考，再盡力列出可以提升自我淨值的目標，包括增加個人自我價值感受以及促進他人生活福祉的事物。

專注自己擁有的一切，而非匱乏。專注自己的能力，而非不足。

只要能夠看見自我的價值，欣賞自己，不在乎他人的恣意批評，你就可以建立深厚的自我價值。這個世界是一面鏡子，反映你對自己的感受。只要擁有健康的自我價值，就不需要害怕鏡中的倒影。

• 減輕痛苦法則（The Law of Lesser Pissers）

關於自我價值和人際關係，我非常喜歡導師約翰博士（Dr. John）提出的「減輕痛苦法則」。他相信：「在惹怒他人和惹怒自己之間選擇的話，永遠都應該選擇惹怒他人。因為生命充滿過客，只有你會陪自己走到最後。」

保持堅定的態度，就沒有人能夠惹火我們。絕對不要讓他人決定你的自我價值。他們不理解你，不清楚你承受的經歷，也不明白你為什麼會成為今天的模樣。我們必須避免陷入消極攻擊和過於沉溺的情緒，否則就會承受許多毫無必要的傷害。

知識和經驗

許多人自信滿滿地認為，只要得到知識和經驗，就可以改善一切。雖然上述說法無誤，但我們不可以等到自己擁有一切之後，才開始增進自我價值。因為我們不可能擁有一切，也沒有辦法完美安排所有事物。

先求有，再求完美。只要願意學習，努力改善自己，得到更多經驗，自我價值和自信也會逐漸成長，但這個過程非常緩慢，也絕對不是唯一的方法。

我們可以提高學習知識和經驗的速度，並且立刻找到最重要的內心價值。提升自己的重要性遠遠超過其他所有目標。如果你希望成為商場大亨，就應該理解如何主宰自我。如果你渴望得到巨大財富，就應該建立健康的心理財富。從今天開始，找到你內心嚮往的目標，立志終生學習。向頂尖專家請益，閱讀他們的書籍，收看他們的網路廣播節目，聆聽他們的有聲書，參加他們舉辦的講座和活動，觀看他們製作的 Youtube 影片，直接拜訪他們，思考自己能夠在未來與他們建立何種關係，甚至主動協助他們。付出愈多努力學習，就能創造愈多金錢。

設定目標，勇敢追求

你願意謹慎思考，還是陷入絕望？沒錯，你希望得到財富和成功，但絕望的心情會阻止你，因為其他人不會樂於幫助你實現目標，建立財富。設定啟發人心的目標，採用任何一種具體或宛如魔法小咒語的形式，讓生活可以自然而然地實現目標，不要被結果影響，堅定意志，繼續這場旅程。讓我說明經營事業的平衡二分法：一開始，你應該飢渴，充滿動力並且永不休息，上述特質雖然有助於創業，但無法吸引其他人的幫助，也會阻礙建立財富。自我壓力過高，或者過度控制結果，只會導致不切實際的期待，造成內心的抗拒。

提升自己的金錢極限

每個人的賺錢能力都有極限。因此，無論一個人的自我淨值為何，他的價值也有極限。具體而言，就像每個人的顧問費、每小時的工資、薪水、年收入、藝術創作費用（無論是具體產品或藝術服務），或者被動收入的總和。

金錢極限是指一個人賺錢能力的最高點，可能是美金、英鎊、歐元等等貨幣，也是自我價值認知的最高點。

然而，最高點與自我價值觀有關，也會限制我們的收入。我們的內心會產生許多想法，認為自己不該提升薪資費用，才會形成極限，限制自己的能力水準。請讀者融會貫通本書迄今談到的內容，加上第四十三章的定價和價值策略，準確提升金錢極限和定價，才能迎接財富和金錢的洪流。

自我價值就是財富

你愈看重自己，這個世界就會愈看重你。你愈投資自己，這個世界也會更願意投資在你身上。如果你覺得自己有價值，你將擁有財富。

財富可能蘊藏在人際關係、熱情、嗜好或運動、專業知識、孩子，或者任何一種具備最高人生價值的領域，只要你願意在這些領域中努力。

你可能還沒發財，但這只是因為你還沒學會如何將富足化現為金錢。我將在第六部分說明各種助你實現理想的方法和策略。

地球上已經有數百萬人成功了，包括搖滾樂團、藝術家、主廚、巧克力師傅、設計師、投資者、犬訓練師、木偶操作師、樂高積木建造者、飛鏢玩家、動物溝通師。

你可以透過任何領域或任何事物而致富。如果他們做得到，你也可以。不過，我們要先根除妨礙賺錢的一些陷阱。

CHAPTER 24

BCDJ

BCDJ四個字母代表追求財富和金錢時最大的阻礙，它們斷絕金錢和人的流動，讓你白費心力，無法協助你追求目標。你將成為受害者，而不是勝利者。你可以成功創造金錢，或者得到推辭的藉口，無法兩者皆擁有。你應該立刻開始專心致志，擺脫財富的四個阻礙：

- 責備（Blame）。
- 抱怨（Complain）。
- 防衛（Defend）。
- 找藉口（Justify）。

我希望將這些負面因素獨立出來，不要影響整本書的調性，所以只會在以下篇幅獨自討論。就像電腦中毒時，我們必須創造隔離區，以免影響整部電腦。

責怪

你可以責怪政府、經濟系統、銀行、政治人物、政策立法者、父母、獨立財務顧問（IFA）、媒體、消費者和客戶、買家和賣家，甚至是邪惡的土豪，卻依然無法改變現況。而且這些人也不在乎你怎麼認為。

且慢，我修正一下剛剛的說法好了，你的責怪會改變兩件事：其他人對你的看法，以及你對自己的看法。你會變得尖酸刻薄，但不會更好。你還會令人討厭，讓其他人完全不想接觸你。

我們都曾經傷人傷己。我的目的也不是要怪你，而是希望你立刻戒除責備其他人事物的惡習，做好完全負責的準備。

只要在你個人可控制的範圍內，你都應該負全責。如果遇到控制外的狀況，那就放寬心胸，無須在意。倘若沒有能力掌握，卻費盡心思，奢望控制，其實非常浪費時間和精力。

抱怨

抱怨是責備的結果，也是發洩悔恨、憤怒、不平、罪惡感的方法。你對任何事情都不滿意，難道別人接受你的抱怨之後，心裡反而認為「我喜歡聽抱怨，謝謝你將抱怨帶到我的人生，請繼續抱怨」？

我聽提姆．法利斯（Tim Ferriss）[1]的網路廣播節目時，發現其中一位受訪者建議他練習「三十天不抱怨」。這個想法很棒。

有些人甚至會配戴腕帶，發現自己正在抱怨時，就拉緊腕帶，用疼痛提醒自己，並且重新開始三十天的不抱怨挑戰。我鼓勵各位讀者試試看。三十天很長，足以形成一個新的習慣。完成這個挑戰，或許可以戒除抱怨的壞習慣。戒除抱怨可以形成巨大的改變，影響你的外在生活與朋友，吸引財富，也會對內在的幸福和快樂產生良好效果。

防衛

如果你必須保衛自己的立場和決策，其實非常浪費精力。在大多數的情況下，你向其他人提出解釋，捍衛自我立場，但其實別人並不想改變心意。他們只是為了爭論而爭論，你為什麼要花時間對抗他們呢？

無視他們才是正確作法。防衛不只浪費時間，也消耗精力和熱情，讓你無法思考自己的願景。你應該專注地平衡自私和無私，制定公平的決策，對自己和他人都能創造益處，不必在意其他人，任由他們批評吧。

練習傾聽、微笑，並且思考他們的批評，不必反擊，專注前進。仔細注意自己是否想要保衛立場，但保持安靜。你可以節省許多時間，用於賺錢和創造積極正面的影響。

找藉口

想要找藉口證明自己的決策和行為，其實就是質疑自己和相關決定。這就像防衛一樣，浪費空氣和精力。你為什麼需要別人的認可？除非他們是你非常尊敬且在乎的重要人物。只有你明白，哪些行動可以替自己和其他人創造益處。你可以發自內心地知道，你的行為是否忠於自我，這是你唯一需要的答案。一般而言，你最好不要讓其他人知道自己的計畫和目標，就不必處理他人的反對，只要專心前進，無須觀望。

• 逃避財富的負面訣竅

根據本章討論的 BCDJ，我提出「逃避財富的負面訣竅」清單，希望各位讀者避免：

（一）聆聽窮人的建議。

（二）閱讀八卦小報。

（三）將別人的觀點或建議，視為對自己的攻擊。

（四）跟隨群眾的腳步。
（五）找藉口。
（六）害怕忠於自我。
（七）花時間進行不重要的爭論。

你是否任憑恐懼、擔憂或其他人的想法，影響你的思維、行為和決策？許多人之所以受到 BCDJ 的影響，不是因為本性惡劣，而是遭到罪惡感、羞恥心和恐懼的左右，每個人都會有這種問題。

或許這些人害怕未知、荒謬、失敗、成功、批判、改變、壓力，或者擔心自己脫穎而出。我們都會害怕，而他們面對害怕的唯一方法，就是攻擊別人。

你是否也有同樣的恐懼？你願意努力克服，保證自己不會將負面情緒帶給至親好友嗎？倘若如此，代表你已將上述知識發揮出來了，請繼續保持下去。

只要是你的能力範圍所及，就應該負責面對，盡心管理；至於能力範圍之外的種種一切，請安心放手，不必責備、抱怨、防衛或推辭。

1 提姆．法利斯是知名作家和網路廣播節目主持人，曾經登上 TED 演講，主題是擊破恐懼，任意學習。

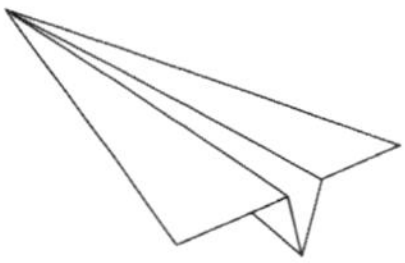

第 6 部

駕馭金錢的技巧

在第六部，我們將揭露那些懂得駕馭財富之人，
他們之所以能夠創造永續且穩定成長的財富，當中有什麼共通的祕密。
透過此章，讀者們也會明白那些超級有錢人其實都在善用這些法則，
促進個人和全球領域的財富狀況，建立良好的運作模型。
本章探討創造且穩定管理金錢的技術，包括教你怎麼賺錢、怎麼存錢，
甚至讓你學會如何用錢財來貢獻社會。

CHAPTER 25

VVKIK

為了懂得更多，賺得更多，做出更多貢獻，我們必須見樹也見林，謹慎思考各項事物的重要性，準確排列優先順序，而這個方法就是 VVKIK，其中包括：

- **願景（Vision）**。
- **價值（Values）**。
- **關鍵成果領域（KRAs; Key Result Areas）**。
- **收入創造工作（IGTs; Income Generating Tasks）**。
- **關鍵績效指標（KPIs; Key Performance Indicators）**。

有些人太愛做白日夢，有些人卻裹足不前。有許多人清楚知道自己的願景，但無法妥善執行細節，還有人瞎忙了大半輩子，卻不知道自己在做什麼。

VVKIK 系統能夠幫我們釐清自己的視野，專注在自己最重要的任務上，創造最重大的改變，同時讓我們得到精密的評估指標，確保自己的方向正確。

本章的內容，是濃縮我在另一本書《生活槓桿》中用大量提及的觀念，並且專注探討該系統和金錢的關連。

如果你希望閱讀完整的內容，想要在生活的其他領域善用 VVKIK 系統，讀完本書後，請記得回頭購買《生活槓桿》，作為自我投資的禮物。

願景（Vision）

所謂的願景，就是清楚知道自己的生活目標。願景會在你生命告終後留下不朽的傳承，也藏在你在世每一天。

你的願景鼓舞著你的生活，讓你能夠充分展現自我價值。願景就是你的生命地圖。當你覺得困惑時，它會指引你穿過每一個十字路口、艱困的選擇、挫折、分歧，以及變動不安的時刻。一個人的願景，就是他在生活中實現的目標。

願景能夠創造浩瀚的財富，也會成為你追求財富的動力。

歷史中最富裕的人，通常都會留下不朽的傳承，這些傳承是宏觀願景所產生的自然結果。

傳承和願景是良好的搭檔，可以驅策彼此，讓你獲得無窮無盡的永續財富。提升視野的高度，想要完成比自己更偉大的目標，不再侷限地方或個人視野，進而關懷全國或全世界。這個宏願足以推動你的一切，並吸引他人的支持，創造遠比人類生命更長久的傳承。

價值觀（Values）

價值觀就是對人生的概念，也是各個領域最重要的指導原則。價值觀會影響我們對萬物的認知、思考、決策和行動。

我們藉由價值觀理解這個世界，唯有排出自己對事物的優先順序，才能有效率地處理最重要的生活領域。

人人都是獨特的，沒有人最重視的價值和另一人完全相同。唯有忠於自我，才能展現最好的一面，在對你而言最重要的領域裡，你會做得比別人更好。尋找自我價值，遵守價值而活，就能解放你的心靈，獲得源源不絕的靈感。

想要喚醒蘊藏在內心深處的天才，第一步就是要打開心胸應允自己變得更好，接下來就簡單許多了。因此，你是否願意卸下心防，展現才能？如果是，請參考以下的練習步驟。

創造理想生活的藍圖

★健康生活須知：請注意，這個練習會改變你的人生★

以下的練習會讓你突然頓悟，獲得清澈的思緒和專注力，協助你珍惜自己的價值，消除所有打擊自信的情緒和幻覺，因為它們對創造財富有害。除此之外，這個練習也會發揮你的直覺，安排行動順序，本能地創造清澈思緒和美好的金錢。請立刻準備就緒，迎接生活的改變和金錢的成長。妥善應用時間，充足且完整執行以下練習步驟。排除一切干擾，專注練習：

（一）寫下生活中最重要的目標，從最抽象的高階目標和觀念開始，例如「健康」、「家庭」、「財富」、「自由」、「學習」、「成功」、「成長」、「旅遊」或「教育知識」等，直到沒有任何想法，或者寫完所有鼓舞心靈的目標了。

（二）謹慎評估表單，根據生活最需要改變的程度，重新安排順序（例如將金錢或家庭放在優先位置）。

為了協助你完成第二個步驟，我提供了一些訣竅：

- 你最常花費時間或金錢從事哪些活動？
- 你最希望自己在沒有外部壓力干預之下，從事哪些活動？
- 你的住家、辦公室或汽車空間中，擺放何種物品？

- 你最常思考哪些事物？
- 你最知名的特質為何？

你生活中最成功和最不成功的領域各自為何（而你是否喜歡這些結果）？

在這個練習中，請遵循第一直覺，不必反覆修正，也不要受到「我應該如何思考」、「我應該對其他人說什麼」或「我應該如何思考未來」的影響。誠實面對自己，尊重這個練習過程，不要批評自己，盡情享受。立刻進行上述思考，花時間妥善練習。

完成理想生活藍圖的練習之後，你會得到一份足以代表自己的清單，就像鏡子一樣，反映出你的生命，也是你的生活指引，你的所有行動都應該遵照這份清單的優先順序。

請讀者想像一下，如果求學時就有機會完成這份清單，能夠早一點知道自己生命中最在乎的計畫，而且每半年到一年，你都重新思考並調整這份藍圖，那該有多好？

想要實現理想生活，擁有充足的財富，實現清單中的生活價值，就必須善用所有的時間，尋找正確輕鬆的方式。

然而，你必須經歷一段過程，將無意識的價值，化為有意識的目標，把無形的觀念，化為有形的練習，甚至時時刻刻提醒自己注意新的生活方向。

想要將無意識的價值轉變為有意識的目標，最好的方法之一，就是在就寢睡醒時閱讀價值清單，只需要兩分鐘，就能夠閱讀三次，並且妥善思考。

在幾星期之內，你的潛意識和本能都會記住重要的價值，你的行為也會開始轉變，接納實現價值的行為，拒絕阻礙價值的行為。

人類的意識會在睡眠時休息，但潛意識則不會。白天發生的事件，或者睡前產生的強烈情緒，經常會變成夢境的內容。

因此，我們在意識中清晰思考的價值，也會進入潛意識。現在，我們可以控制，也有能力重新規劃潛意識的內容。

閱讀價值清單時，你可以看見自己的熱情和痛苦，渴望實現的職涯目標，還有內心嚮往的度假生活，以及受到哪些人事物的啟發，又有哪些目標可以鼓勵自己，這些都會根據你眼前的這張清單而異。

完成清單之後，你的生活都會發自內心追求清單中的最高價值，迴避最沒有價值的目標，按照清單中的優先順序，處理生活中的各種事宜。

然而，如果你不喜歡清單的內容，希望改變，只要重新排序即可。將金錢和相關的價值目標移動到更重要的地位，雖然只是一個快速的步驟，卻能創造更多財富和幸福。

你的價值觀確實會改變生活，可能藉由自然有機的方式，例如年紀增長，健康的重要性也會逐漸提高，或者情感強烈的事件，導致顯著的價值轉變（例如，經濟狀況貧困而造成情感關係破裂），也可能是個人刻意的決定。如果你希望在生活裡創造更多金錢，唯有改變價值觀才能帶來最深刻的影響，迅速創造長久維持的財富，因為價值會驅動生活中的種種行為。

價值判定通常來自於「匱乏」，因為我們重視自己尚未完成或取得的目標。如果一個人覺得自己擁有充裕的金錢，就不會認為金錢是重要的價值。

他們已經填補了「金錢匱乏」，所以其他事物的重要性當然會提高，例如健康、自由或社會責任。這也是減肥的人產生「溜溜球效應」的主因，因為他們決心減肥時，體重處於最糟糕的狀況，痛苦也最強烈。只要體重減輕，或是節食成果良好，這種痛苦消失後，他們又會開始大啖冰淇淋了。

請各位讀者盡情享受練習，發揮內在潛力，專注實現生活價值。你賺錢的速度會超過自己的想像，我非常期待各位讀者的成就。

每半年至一年之間，重新練習制訂藍圖。我自己會在八月初和十二月初重新練習，這個時間的英國較為平靜，我才能有足夠的空間仔細思考。

我重新修正願景、價值、關鍵績效指標、關鍵成果領域、傳承、任務、理想和個人目標，讓自己重新充滿能量，努力經營往後數個月的生活。

以下是一些很好的問題，請讀者捫心自問，並且註記自己的願景和目標。

先求有，再求好。只要開始努力，就會逐漸改善，所以不要認為自己還沒有資格追求偉大的願景，或者用「我不明白」、「這件事情太難」等藉口來推辭。立刻整理腦海中的思緒吧！

- 你的人生究竟想要實現哪些目標？
- 你的生活願景如何幫助他人，創造不朽的傳承？
- 為什麼你的願景很重要？
- 三年、五年、十年、二十五年、五十年之後，你希望自己的人生變得如何？
- 你希望其他人用何種方式記得你？

只要仔細思考你人生的最大目標，就能與價值觀產生聯繫。如果你希望自己變有錢，但明明財富就不是你最重視的事情，如此一來你的願景和價值觀毫無關連，根本無法實現彼此。因此，請立刻花時間，仔細連結願景和價值觀，妥善修改理想生活藍圖。

VVKIK 讓你按照理想生活藍圖的順序，建立生活的清澈思維、財富和金錢。你只需要依照直覺，隨興生活，就會知道應該在什麼時間從事何種行為，時時刻刻都完成正確的行動。

然而，我們要如何知道自己的行動正確，足以實現目標？你是否曾經覺得不堪重負、沮喪挫折、難以進步、害怕犯錯、懷疑自己的方向？許多人的起點錯了，他們從最後一個K（關鍵績效指標）開始。他們付出許多時間和努力，完成無關緊要的工作，希望藉此覺得自己非常有生產力，賺更多錢。

實際上，他們的時薪其實變得更低。主管、前輩和良知都告訴他們要努力、努力、再努力，於是他們加快腳步栽入錯誤的方向，除了降低賺錢的能力之外，更嚴重傷害自我價值。

想要檢查自己的進度和生產力是否正確，請從VVKIK系統的第一個V（願景）開始。在VVKIK系統中，你只需專注高層級的目標，低層級的目標可以簡單就位，也不必付出太多心力。

關鍵成果領域（KRAs）

想要專注實現自己的終極目標，就必須關心「關鍵成果領域」，也就是所謂的「最高價值領域」。**關鍵成果領域，是指列出你人生中三到七個最重視的領域，你必須在此投入最多時間，創造最大的財富、收入、事業和傳承。**

關鍵成果領域需要思考策略，進行具備槓桿效果的工作和功能，例如發展並且維持良好的人際關係、建立美好的事業網絡、訓練領導者、建立經營系統、提升財務、規劃商業策略、董事會，以及持續精進自我教育等等。

如果你花費太多時間，從事瑣碎的日常生活工作，沒有實際的金錢價值，就無法促進關鍵成果領域的發展。講究細節、重視操作流程以及過度實際的工作，通常不屬於關鍵成果領域，只是一般的「工作任務」。如果你覺得不堪重負、困惑或沮喪，可能就是因為你將時間用於完成其他人的關鍵成果領域。你替他們賺錢，他們非常高興。我想讀者一定明白「辛苦工作」一整天之後毫無成就的感覺。雖然努力付出，卻毫無成就，甚至缺乏金錢。

每天、每週、每月和每年，你都應該反覆查核自己是否將時間和精力用於關鍵成果領域，確保你的收入價值能極大化，追求夢想，讓生活的步調符合最高價值。

請立刻檢查行事曆上是否還有其他人提出的「工作任務」和「要求」違反你的關鍵成果領域。如果工作任務符合你本人的關鍵成果領域，立刻完成；倘若不能，就委任他人或直接放棄。請保持堅決的態度。關鍵成果領域讓我們的心智清澈，建立追求最高可能收入的最短途徑，並且持續預防不堪重負和沮喪等心情。由於我們知道自己的方向正確，關鍵成果領域甚至能夠促進腦內啡分泌。進步和動力使我們快樂，建立自我價值與賺錢的能力。

倘若你已經是主管階級，或者開始聘請員工，請務必建立員工職責的關鍵成果領域。以下是員工常見的抱怨，他們可能因此討厭工作，甚至決定離職：

- 我覺得自己不被賞識。
- 我缺乏清晰的個人目標與公司發展目標。

- 我不認為自己創造了正面的影響。
- 我的主管不在乎我。
- 工作要求不切實際。
- 我必須同時處理太多項工作計畫。

在上述因素中，至少四項與關鍵成果領域有關（雖然也有人認為全部都有關係）。你的員工和團隊需要清明的思緒，明確知道自己的職位目標與公司的目標相關。他們的責任也應該符合實際的期待，工作內容要有極高的價值，才能具體影響公司發展，並且理解什麼是高優先的重要事項。

如果他們可以替自己的職業生涯和公司發揮高價值的效能，就會認為自己正在創造正面積極的改變，得到重視和鼓舞，願意用時間替自己和公司取得雙贏。

聘請員工時，為了團隊和你自身的發展，最該首先要求的工作內容，就是請對方列出關鍵成果領域，不必遵守傳統的「工作任務」和「需求技術」表單。

用簡單的一句話描述職位之後，立刻列出三到七項關鍵成果領域，才能符合工作要求的必須條件，也可以明確指引員工，要如何替個人和公司創造最大益處。

你也應該將關鍵結果領域放在個人目標和願景藍圖的重要位置，僅次於願景和傳承之下。

◯收入創造工作（IGTs）

對你個人（或你的公司）而言，能賺錢的工作即具備最高的金錢價值，必須與關鍵成果領域有關，也要促進關鍵成果領域的績效表現。

收入創造工作發揮槓桿效果，實現最好的個人財務結果，每小時的收益也會因此最大化。收入創造工作就是實現最佳槓桿效果的任務，在最佳時間之內，使用最少的資源，創造最大利潤。你完成愈多收入創造工作，就可以用愈少時間，得到愈多收益。

如果待辦事項使你覺得不堪重負、思緒混亂和沮喪，主因就是並未專注於收入創造工作，並且犯了「將時間平等分配給所有工作」或「並未優先進行收入創造工作」的錯誤。

請切記，**並非所有的工作任務都是等價的**。

在高爾夫球場上，職業球員有四十％的時間，只會用七．一四％的推杆技巧。因此，將時間用於練習推杆，能夠用最短時間，實現最好的槓桿效果，立刻改善高爾夫球員的成績。同理可證，將收入創造工作視為最重要的任務，可以在最短的時間，創造最大利潤，讓你得到更多空閒時間，進行更多收入創造工作，或者從事自己熱愛的「非工作」計畫。

我會在本書稍後的內容，教導讀者如何用金錢的角度思考自己目前的收入創造工作。除此之外，我也會討論一個簡單的演算法，讓你可以立刻獲得將近十六倍的收入。然而，請讀者記得，如果你並未妥善利用時間進行收入創造工作，你的時間就會自動用在低優先的瑣碎事項，或者處理其他人的優先工作，而他們就是利用你的時間，發揮槓桿效果，替他們賺錢。

關鍵績效指標（KPIs）

「關鍵績效指標」是非常重要的觀念，可以客觀評估你的事業、企業或個人目標，督促你追求進步，減少失誤，並且提升效率。

如果你無法客觀評估某個事物，就不能成為箇中好手。關鍵績效指標是重要的資料數據，讓你盡可能立刻明白目前局勢，或者理解事業失敗的原因。隨著個人事業規模提升，你可能會將管理職權交給專業人士，退居幕後或者專注思考事業策略，此時關鍵績效指標就會變得更為重要。

太晚設定關鍵績效指標，或者根本沒有關鍵績效指標，導致並未投入時間進行更為緊急關鍵的工作，都是常見的錯誤。然而，這種錯誤非常不應該，就像一個人說他太忙了，所以忘了吃飯；太忙了，所以沒有時間學習；太忙了，所以忘了將支票帶到銀行兌現。

關鍵績效指標提供即時回應，評估關鍵成果領域和收入創造工作，讓你知道自己的計畫有沒有成功創造收入，進而促進關鍵成果領域的表現。

藉由關鍵績效指標提供的反饋，你可以測試、修訂或改變關鍵成果領域和收入創造工作。一個人無法理解他不明白的道理，因此，缺乏關鍵績效指標，很有可能導致錯誤，損失金錢，努力工作卻毫無進展。

請讀者想像一下，如果你任職於銷售公司，沒有任何評估方法或績效指標。你努力賣出許多商品，完全不知道自己其實失去了許多利潤，這一定會造成非常嚴重的自我挫敗，因為你做了這麼多，卻徒勞無功。但是，許多的小企業都沒有足夠的關鍵績效指標。九成的新創企業會在第一年失敗，八成的新創企業會在三年之內倒閉，就是因為缺乏關鍵績效指標。

從現在開始，謹慎建立個人和企業的關鍵績效指標，特別是與收入相關的指標。從腦海最先浮現的指標開始，設立經常查核的關鍵，包括評估銷售額度、行銷結果、財務情況的標準，並且建構完整的評估系統，用更少的時間處理更少的操作業務，達成更好的結果。

● 發展個人關鍵績效指標

為了更進一步發展關鍵績效指標，我提供了一些練習方法：

（一）閱讀關鍵資料和商業成長的書籍。
（二）詢問規模更大的企業主如何評估自己的事業。
（三）分析個人事業問題，尋找解決問題的方法。
（四）分析現有關鍵績效指標。
（五）調查團隊成員和顧客意見。

讀者可以向其他企業主請教，他們也經歷過相同的階段，處理你現在正在面對，或者即將遭遇的各種問題，你能夠藉此想出更多有用的關鍵績效指標。請教他們如何評估自己的事業。倘若你向團隊成員和顧客提出正確的問題，也能夠得到正確的答案。「我們的阻礙是什麼？」、「他們缺乏了何種關鍵資訊？」、「你應該立刻開始進行什麼、停止什麼，又該保持什麼？」在自己的生活和事業發展中，竭盡所能解決上述問題，找出正確的指標，避免問題再度發生。仔細閱讀並且思考現有的績效指標，建立更好的新指標。如果現有的關鍵績效指標失效，代表你需要創造更好的關鍵績效指標，找到有價值的數據資料，例如員工士氣低落、健康狀況不佳或者工作出勤狀況等問題，或者員工流動率過高，離職員工數量超過遭到開除或退休者。所有問題的答案，都藏在你的眼前。

◎VVKIK系統的結論

妥善建立VVKIK系統後，你就有等於建立了一個不斷循環的回應機制，從最抽象的終極願景，到最具體的績效指標。

打造這個系統能讓你事半功倍，列出各種目標和任務的優先順序，提供明確的方向，讓你可以從事最重要的工作、服務更多人，賺更多的錢。

你值得擁有時間，遠離那些雜事，隔絕各種噪音，率先關注最有價值的事物，想更多事情、獲得更多財富，並且對世界付出更多。

CHAPTER 26

創造財富的公式

世上的確存在著駕馭金錢的法則，有錢人懂得這些法則，知道怎麼借力使力讓財富最大化，而窮人只能被犧牲掉。這些都是因為，金錢會從最不珍惜的人手中，流向最珍惜的人手中，而財富也會匯聚在懂這些法則的人手中。

我花了很長時間想出以下這個公式，它禁得起時間的考驗，不管經濟發展怎麼變化都適用，在人類六千七百年的歷史中不斷被驗證。

我很熱衷於觀察並研究歷史上的有錢人，因而得出這個公式。我將財富公式列於下方，內容非常簡單。

你可以和其他人一樣，善用這個公式來發揮以小換大的槓桿效果。

W＝（V＋FE）*L

財富＝（價值＋公平交易）*槓桿效果

價值（V; Value）

價值即是你向他人提供服務時，對方對你這項服務的評價。

如果你真的有服務到他們的需求，幫對方解決問題，並表達關心之意，他們就會從中得益。之後，他們就會更想付錢得到你的服務，甚至還會把口碑傳出去。

這些人希望能夠解決問題、減輕痛苦、快狠準地完成所有事情。時間是最寶貴的財貨，只要能夠用最少時間換取最大效果，或是有辦法節省時間，這種服務就能轉換為現金收益。

如果你在財務或情緒上感到困頓，請仔細想想要怎麼服務他人、替別人解決問題，這樣就成立了這個公式的第一個條件。

公平交易（FE; Fair Exchange）

交易是指提供服務後，你拿到對方給你的金錢。

製造產品、提供服務或觀念，讓其他人願意掏錢購買，建立你的自我價值，得到公平的收入。

你心懷感激地接受任何金錢或以外的報酬，完成一筆公平交易，然後繼續擴展事業，累積口碑。你的感激之情也會轉換為具體的價值，買家將感受到你的誠意。缺乏公平交易條件，會在你的人生中創造一種財務空洞，因為你只有付出，卻沒有回收。除此之外，還會導致「不公平交易」。

由於你負擔過高的日常成本，因此降低了獲利比例，無法維持事業發展和收入，更會導致不滿和憤恨。罪惡感、缺乏自信、被迫接受的宗教或社會觀念、市場發展受限以及極端的負面情緒，都會促使交易迎合買方，削價競爭，導致事業撐不下去，價值被限縮，很難進一步去實現你個人的生活目標。

另一種極端狀況是，如果你收取過高的費用，超過服務／產品的價值，那麼人們就會覺得你太貪心，甚至會覺得你在敲竹槓。

對顧客畫大餅，或許能夠暫時衝高銷量，但只要消費者發現你的服務／產品缺乏價值，就會產生反效果。

為了處理客訴、退款、甚至修復公共關係以及控制損失，你的成本會增加，從長期的角度而言，根本無法維持運作，甚至會造成難以解決的困境。

也許你會心存僥倖，認為「其他人都沒事」，但價值終究會恢復平衡。想要達到公平交易的平衡，必須先試試水溫，看看市場反應怎麼樣。

「價格彈性」（price elasticity）是一種評估產品／服務該怎麼調價，或決定供給數量該有多少的工具。

在「消費者願意支付的最高金額」和「生產者能創造最大利潤的價格」之間，可以找到平衡的甜蜜點。

有趣的是，價格的甜蜜點有時比你設定的價格更高，甚至超乎你的想像。除此之外，我們也要測驗產品／服務的價值。

提升價值會造成價格上升，但想要增加消費者得到的價值，也有比較省成本的方法，例如透過網路建立口碑。

我們應該持續傾聽理想客戶的回應，保持價值和價格的公平交易平衡。只要正確完成公平交易，客戶將認為自己獲得的價值，超過產品／服務）的價格，也不會認為你是貪婪的生產者，願意將你推薦給朋友，降低你的行銷成本。你非常感激客戶的支持，專注提升產品／服務的品質，創造更多客戶。你重視自己的產品／服務，請慎重維護且提升價值。

槓桿效果（L; Leverage）

槓桿效果代表產品／服務創造收入的規模和速度，以及它所創造的週邊效益。

你提供愈多服務，解決愈多問題，就能賺到愈多錢。你處理的問題愈大，交易金額就會愈高（但必須符合問題的規模和價值，才是真正的公平交易）。你的產品價值愈高，在市場中的流動速度就愈快。如果你的產品／服務具備價值，並且符合公平交易精神，就可以建立長期的槓桿效果和發展規模。

當然，你能夠畫大餅或許下不實承諾，創造一窩蜂的購買現象，但無法真正服務他人或解決問題，只要消費者發現交易不公，市場機制就會導向平衡，讓你名聲掃地，付出代價。

事實上，發展太快是很危險的，也很容易露出破綻。若你還沒準備好，就無法經營大規模的事業，也可能因此產生問題。

除此之外，如果你承諾提供無法實現的價值，事業發展規模擴大之後，日常支出也會因此過度增加，甚至造成負利潤現象。許多睿智的商業顧問建議企業不要太早或太迅速擴張規模，這就是原因。

得到客戶的推薦，代表「財富＝（價值＋公平交易）＊槓桿效果」的公式有效運作，例如藉由影片、電視廣告等媒體製造行銷效果，或者其他人用觸及率更廣泛的媒體替你行銷，創造熱門效應。

在光纖網路的世界，社群媒體和新興科技會有鋪天蓋地的效果，可以更迅速發揮財富公式的槓桿效果。事業和服務的擴展速度更勝以往。因此，我相信現在就是歷史上最適合創造長久巨大財富的年代。你能夠在 Youtube 上得到一千萬次的點閱，在多個社群媒體平臺變得熱門，取得百萬次的點讚和分享，甚至登上全國或全球新聞報導。「從一到多」的槓桿效果非常驚人。在未來，人工智能、虛擬實境和量子效應技術發展，商業銷售速度只會愈來愈快。

缺乏槓桿效果的價值和公平交易

如果價值和公平交易的成績良好，但缺乏槓桿效益，你還是無法賺大錢。客戶的基礎數量和產品的影響力範圍，將決定你的財富成長。你的商業成績可能很好，但規模很小，或者毫無規模可言。如果你希望創造更巨大的財富，必須拓展範圍。

缺乏公平交易的價值和槓桿效果

與上述狀況相反，你可能擁有良好的價值和槓桿效果，但缺乏公平交易。倘若如此，就會造成負成長，結果還是無法有長足的益處。

你必須長時間勞心勞力，產生不平和悔恨之感，只為了迎合客戶的想法。你的熱情與專業將會淪為絕望和幻覺，最後造成崩潰——你本人崩潰，或者銀行帳戶數字崩潰。

缺乏價值的公平交易和槓桿效果

當然，你也可能實現公平交易，建立良好的槓桿效果，但產品／服務的價值乏善可陳。在這種情況下，你的財富還是無法持久。這是最危險的情況，因為你的假設過度樂觀，擴展過於迅速。

到最後，由於你無法在公平交易的條件下，提供相對應的價值，導致槓桿效果放大，造成財富重新平衡。為了改善商業聲譽，你付出更多維護成本，接受客戶退款，提供額外服務，消極承受負面利潤。

財富公式的好例子就是「便利貼」這項產品。它解決了許多人的問題，建立產品價值。許多人無法隨身攜帶筆記本，需要隨時書寫，將內容貼在各處，避免遺失。便利貼可以滿足需求，也不會傷害任何物品。除此之外，便利貼的價格和產品價值相等，建立公平交易環境。發揮槓桿效果之後，便利貼一年的銷售量達到六十億五千萬。

現在，各位已經知道這個能夠發財並能永續利用的財富公式了，請同時專注發展其中三個要素，但是要按照正確順序發展（先是搞好價值、再來追求公平交易，最後才是發揮槓桿效果）。

如果你不擅長其中某些要素，那就聘請專業員工或找好合夥人，自己投入最喜歡且擅長的關鍵要素。

一旦你完善了財富公式中尚未建立，或是還不成熟的某個關鍵要素，就能打開財富的大門。但在拓展事業規模時，你必須持續測試，看看市場反應，並且不斷進行修正。

過去成功的方法可能需要改變，因為市場是不斷在變的，新的挑戰也會持續出現。如果你願意採用上述這個公式，而不是淪為其犧牲者，就能得到夢寐以求的競爭優勢。

CHAPTER 27

時間和金錢的關係

俗話說：「時間就是金錢」，我本人則相信「金錢就是時間」。金錢和時間能夠相互服務，並且保存彼此的價值。大多數的人用盡所有時間，只能賺到微薄的金錢，勉強餬口，行將就木時才能享受自由，退休後也還是沒有足夠的時間和金錢。這是一個可悲的弔詭局面，只要理解時間和金錢的關係，就可以解決這個難題。

逆轉工作和金錢的關係（破除努力工作的迷思）

追求成功的最大迷思之一，**就是以為自己得非常努力工作，比別人付出更多心力和時間，才能成為佼佼者**。換言之，就是認為必須犧牲才能換取成就，即使痛苦也不能放棄，不能示弱，要像個男子漢一樣強硬地屢敗屢戰。

如果我們在說的是高等體能訓練，那麼上述說法的確可能為真，但思考個人職業發展和時間投資時，考量的因素就必須更多了。

努力工作的人相信「熟能生巧」，但聰明工作的人主張「先練巧，就能熟」。

首先，我們應該選擇正確的投資時間方式。如果一個職業目標根本無法創造美好的成果和財富，為什麼要日以繼夜發瘋似地投入，為之鞠躬盡瘁？

倘若每個星期工作六十小時，希望三到五年就能升職，但增加的薪水甚至無法應付通貨膨脹，還得延遲退休，不能從事自己熱愛的活動，花了三十年，年薪只從三萬英鎊提升至六萬英鎊，這些努力和奉獻都是浪費時間。

除此之外，有可能升職以後，投入的工作時間變多，薪水的增加卻不成正比，算起來每小時的實質薪資其實不增反降。若你大半輩子都在從事能夠輕易被科技或儀器取代的技術性工作，只能仰賴國家照顧你的下半生，那你更不該付出那麼多努力和時間。這種行為違反了人類的求生本能。你花時間讓別人發財，卻無法親手掌握自己的財務發展，勞心勞力，卻無法給自己帶來美好的結果。

許多人認為（並且將這些觀念傳授給其他人），只要付出時間和努力，就會變得成功和富裕。這是錯誤的想法。建立財富需要完成許多階段的努力，努力工作和付出時間只是起點，能夠讓你更上一層樓。等到你投入策略、願景、領導和解決重大問題階段時，工作和金錢的關係幾乎已經完全相反了。換言之，在後期階段，你付出愈多努力，愈是勉強追求，結果反而會變得更糟。除此之外，努力工作可能造成「邊際效益遞減」（diminishing returns）。

• 寫書的「拚命三郎」模式

讓我用這本書作為例子，說明拚命三郎的工作模式：

（一）建立知識。閱讀許多書籍，參加相關活動和研討會，結識個人發展和金錢知識的導師。

（二）獲得經驗。用十年的時間賺錢，創造財富。

（三）研究。觀看所有影片、財富金錢的書籍、課程、有聲書之後，製作筆記。研究所有的歷史文件、數據、資料、故事和傳記。

（四）寫書。許多人需要數年時間寫作。大多數的人，腦海裡都有一本書的「想法」，但並未付諸行動。生活的種種一切妨礙他們寫作。他們無法專心寫書，甚至產生罪惡感和挫折感。

（五）編輯全書。這個過程非常辛苦，很多人都希望自己可以順利度過，但雖然經過多次校對，依然會有疏失。

（六）自行出版。作家必須自己尋找印刷廠，管理印書事務。我們曾經印過五千本之後，才發現書頁編排出錯。

（七）行銷書籍。一本書如果缺乏行銷，就是浪費數百小時的時間。二〇一五年，光是美國境內就有七十五萬本作者自行出版的書籍。根據波克報告（Bowker report），二〇一六年時，非虛構類書籍的平均銷售數字為兩百五十本。但是，其中二十%的書籍，占了八十%的銷售量，因此剩餘八十%的書籍，每年的總銷售量只有五十本左右。如果你決定印刷一百本，卻沒有妥善行銷，不但損失金錢，也浪費時間。

（八）更新書籍內容。許多書籍在出版的當下，就已經不是最新的資料結果了。每一年至三年，作家必須更新書籍內容，否則讀者不會願意購買。

我們會在本章結尾提出如何善用時間槓桿的聰明工作方法，而上述的「努力工作」模式則是每一位誠實付出的作家都有的經驗。這是我個人的第九本書，我體驗過這種辛苦的過程，當然也犯下各種不必要的錯誤。

超時工作的迷思

超時工作是另一種常見的錯誤觀念。你認為自己加班就可賺到更多錢，實際上，你只是用時間交換不成正比的收入和益處。

那些超時工作的時間一去不回，最後你也只能得到微薄的加班費，用來買一些消耗品，增加個人支出，對財務狀況毫無正面影響。

為了保持現有的財務水準，賺錢的壓力增加了，你必須付出更多時間，卻無法彌補通貨膨脹造成的損失。

傳統的員工，懷抱傳統的工作思維，相信「努力付出和超時工作」。他們確實創造了個人財富並且促進事業發展，但都是企業主或國家稅捐機構在享受最終的益處。一般的員工被貸款、日常開銷、財務焦慮或退休計畫壓得喘不過氣，必須非常努力工作。可悲的是，國家機關可能會擅自挪用你的勞保退休金，只要一個人事改組，你的職位立刻變得多餘，老闆隨便一個決定就能讓你捲鋪蓋走路。

成為企業員工不是壞事，它可能是正確的選擇。

在提倡創業精神的企業裡，即使你只是替人做事的員工，還是能夠進行「內部創業」。你必須理解、珍惜時間的價值，發揮時間的槓桿效果，重視「時間金錢關係」的力量，才能創造最大的收入。我們會在第四十章重新探討創業、內部創業和員工等觀念。

◎金錢價值不相等

即使金錢（貨幣）的面額相同，也不代表價值相同。讀者必須明智地選擇如何使用單位時間，交換單位金錢。以下是我的意見和舉例：

（一）工作價格

如果你的工作價格（薪資）低於每小時可以創造的價值，代表每小時收入降低了。善用時間的槓桿效果，可以在合理的工作價格中，創造更多收入。

（二）每小時的生產力

為了賺更多錢，所以付出更多時間，這樣反而有損時間資源。工作的目標是為了讓你有經濟能力，負擔自己喜歡的事物，因為這些事物同樣需要時間和金錢。如果你已經達到個人生產力的極限，就必須增加每小時的生產力，否則無法創造更多金錢。許多人害怕提升個人生產力，也不清楚增加生產力必須循序漸進，無法一次大幅提升。

（三）月薪和年薪

如果工作時間很長，下班回家還要繼續工作，代表每小時薪資非常低，只能繼續付出努力和時間，降低每小時的薪資，希望公司提高你的月薪或年薪，就像倉鼠庸庸碌碌地在滾輪中奔跑，努力工作、增加工作時間，每小時的薪資不增反減，最後失去時間，無法從事自己熱愛的事物。

上述的例子只是用時間交換金錢，甚至燃燒時間。我們無法取回時間，換言之，我們藉由減少生命週期，交換微薄的收入。實際上，即使繼續擔任小職員或承包商，我們依然可以找到方法最大化工作價格（也就是薪資），提升每小時甚至每個月的收入，因為不是每個人都想創業或實際投入商場。

（四）發揮人力資源的槓桿效果，創造最大收入

如果你的每小時收入或創造價值為一百英鎊，但你決定以每小時三十英鎊的價格，聘請員工或承包商替你工作，他們每個小時替你賺到十英鎊的收入，只要聘請十位員工（或承包商），就能讓你得到一百英鎊的收入。

這就是時間和金錢共同發揮的槓桿效果。於是，你可以減少自己的工作時間，或者繼續工作，每小時替自己賺進一百英鎊，但同樣聘請十名員工，讓他們替你賺一百英鎊。藉由人力資源的時間，你的工作時間雖然相同，收入卻增加為兩倍。

這種擴展規模的方法沒有任何極限，完全不同於上述（一）、（二）、（三）的方法。倘若你聘請一千名員工，每小時的收入就會變成一萬英鎊，一萬名員工創造的收入則是十萬英鎊。聘請的員工數量增加之後，他們會處理各式各樣的工作任務，提升你的每小時收入。換言之，聘請的員工數量增加，代表你的每小時收入也會提升。

一名員工可以讓你的每小時淨收入增加十英鎊，一萬名員工每週工作四十個小時，就會增加四十萬英鎊的每週淨收入。到了這個階段，你的價值已經高達數千英鎊，必須謹慎應用時間，選擇正確的工作，或者減少工作時間，甚至高枕無憂。

當然，你也可以繼續努力，與團隊成員一起成長，賺到更多金錢，提升產品或服務的價值，提供就業機會，增加國家稅收，讓所有人獲益。

（五）善用資產賺錢

為了增加「發揮人力資源槓桿效果」的收益，我們需要妥善管理。由於每個人的情況不同，管理可能非常占用時間。你的事業（企業）規模擴展之後，必須按照不同的層級導入管理，讓高階、中階、低階管理者各司其職，才能減少你個人付出的管理時間。你可以將時間投入資產、事業系統、軟體開發、股市和房地產，創造被動收入。除此之外，相較於人力資源，資產需要的管理時間較少。

在初期的設置階段，資產無法創造收入，所以許多人繼續從事每小時支領薪資的工作，因為他們沒有辦法承受這個階段的成本，或者缺乏足夠的遠見，無法看清資產創造的延後收入。完成初期階段，妥善處理資產的系統化管理之後，就會創造被動收入。你可以設置巨大的獲利組合，得到非常驚人的時間收益比例，因為資產和被動收入沒有任何極限。

（六）工作、每小時收入、薪資、人力資源和資產

事業（企業）開始擴展規模，你也擁有賺錢的經驗之後，就會從標題提到的五個領

域獲得收入。

你還是能夠維持每小時獲得收入的工作，享受快樂人生，用時間交換數十萬英鎊的收入。然而，你也可以開始仔細選擇，將時間投資在大型商業計畫，或者按照賈伯斯的模式，建立優秀的團隊，甚至開創新的事業。

你成功完成各種投資後，即使退居幕後，仍然能夠領取高額的薪資、股利和分紅。讓數百名、數千名員工替你賺錢，所有的資產都拿來創造被動收入。完成所有階段之後，你建立了多重收入來源，發揮多重槓桿效果，減少時間成本。

努力賺錢和享受人生

當然，富足不是只有錢而已。而是在收入充裕的情況下，享受平衡且幸福的人生。只要你成功善用人力資源創造的槓桿效果，就能同時賺到時間和金錢。

你可以發揮複利效果，實現最大化的獲利潛能，或者將時間用於自己熱愛的事物。我沒有立場告訴你應該追求何種目標，但我希望你擁有選擇的自由。每個人所處的人生階段不同，因此想法也會不同。

許多人認為，人生必須面對三種金錢階段：學習年代、賺錢年代和享受年代。或許，我們應該修改為：學習年代、賺錢年代和槓桿年代。

時間管理的模式

以下是三種時間管理的模型，協助讀者保存時間，獲得自由，加速財富累積。

一般人處理時間的方式有四種：浪費、使用、投資、以小換大。

一、浪費時間

一個人必須建立穩定持續的收入來源，才能浪費時間，否則就是虛度光陰和人生，也沒有任何金錢收入。讀者朋友是否曾經在完成某些事情之後，感嘆地說：「唉，我不該浪費時間，現在後悔也找不回寶貴的時間了」？讀者一定明白我說的道理。讓我們繼續討論。

二、使用時間

根據財務或情緒的角度，使用時間造成的結果可能值得也可能不值得。無論如何，光是花時間，無法創造持續穩定的益處。從事按時付費的工作、完成缺乏槓桿效果的工作、用時間交換金錢或者替別人賺錢，都屬於「使用時間」。

三、投資時間

投資時間就是讓時間創造收入，或者完成第一階段的任務之後，發揮時間的槓桿效果，得到持續穩定的長期甚至終生收入。

四、發揮時間的槓桿效果

投資時間後，讓第一階段的工作效果，推動後續的結果，就叫做以小換大的槓桿效果。例如，你可以將事業或資產的運作完全外包，繼續獲得優渥的收入。

被動收入來自於你所投資的時間和你所創造的槓桿效果，股利、分紅和版權也是如此。「使用時間」可以創造一般薪資收入。即使你現在必須用時間交換金錢，只要投資方向明確，就沒有任何壞處。然而，請讀者切記：**你可以為了金錢而努力工作，或者用錢來取代努力工作**。請遵守這個最重要的原則，衡量並管理自己的時間應用，嚴格、堅決且有紀律地投資時間。

成功賺錢的關鍵不是你付出多少努力，而是你如何善用全世界的資源。執行任何決策之前，請捫心自問：「這個決定是不是最好的時間投資，能否讓我得到最好的收益？」強迫自己使用最少的個人時間，贏得最高金錢價值，創造持續穩定的收入，不必犧牲自我或者為錢出賣靈魂，就可以享受自己熱愛的生活。

○收入創造價值的計算模型

想要知道自己是否正確發揮槓桿效果，做的是不是最有價值工作，準確地將低價值工作外包給專業人士，唯一的方法就是明白自身的價值，以及每小時創造的價值。

第一步就是計算我們的「收入創造價值」（Income Generating Value; IGV）。一個人的收入創造價值就是他的價值和每小時創造的價值，我們可以藉此得知自己應該從事哪些工作，善用槓桿效果，聘請其他專業人士協助我們完成其他工作，或者鼓舞他們一起努力。

想要知道你的收入創造價值，請先計算每星期的工作時數，包括專職工作、兼職工作，以及所有用於創造資產的時間；簡言之，就是你用來賺錢的所有時間，例如一個星期用五十五個小時。

隨後，請大致計算在這段時間之內，你可以賺到多少錢，包括所有的收入，薪資、利息，股利或房地產（如果你擁有這些資產）。請排除贈禮和貸款，將所有金額加總計算。一個星期之內，你的收入可能是一千英鎊。如果你只知道自己的月收入，無法計算週收入，請將月收入除以四・三，就是每週收入。再將每週收入除以總工作時數，算出收入創造價值，也就是你的每小時收入價值。

以上述的例子而言，收入創造價值＝一千英鎊除以五十五小時＝每小時十八・一八英鎊。

收入創造價值的計算公式：每週總收入除以每週的總工作時數。

這個數字可以告訴我們什麼？只要一個工作的金錢價值超過十八・一八英鎊，就值得親自處理，不會降低你的收入創造價值。但是，金錢價值低於十八・一八英鎊的工作，只要能夠用一八．一七英鎊以下的價格進行外包，就一定要進行外包，建立良好的槓桿效果。如果你親自處理低價值工作，就會降低收入創造價值。將低價值工作外包處理，讓你得到更多時間，從事高價值的工作，產生複利效果，提升收入創造價值。

許多人雖然長時間工作，甚至不斷加班，卻還是無法發財的原因正是如此。有錢人愈來愈富裕，因為他們善用槓桿效果，將低價值工作外包給其他人。為了提升收入創造價值，你必須相信收入創造價值模型，並且好好遵守。

只要價值超過收入創造價值的工作，必須親自處理，因為你可以獲得良好的收益。持之以恒，收入創造價值也會不停增加。

更重要的是，如果任何工作的價值可能低於收入創造價值，就必須槓桿或外包處理。倘若你並未遵守這個規則，就會愈來愈貧困。執行低價值工作，只會讓你失去金錢，而不是賺到金錢。請堅持這個系統，替自己的生活和財務狀況，創造永久的正面改善。

LMD 模型

LMD 模型可以讓時間發揮最大的金錢價值，妥善管理工作事項，讓你完成最重要的計畫，在最短時間之內，取得最多收益。LMD 模型的意義就是：

先槓桿（Leverage）、再管理（Manage）、最後親自動手做（Do）。

開始忙碌處理事業時，你可能會覺得「為什麼我必須親手做這些事？」、「許多事情要做，我該從何開始？」、「我到底何時才能做完？」或「我該怎麼做？」

下次請試試看我的方法。當你開始處理工作或待辦事項，不要立刻執行其中一項，而是先思考哪些可以發揮槓桿效果，先外包處理？你可以請誰處理第一項工作？誰又非常適合第二項工作？第三項工作應該請誰負責？如果今天的待辦事項共有七個工作，請將其中四項委任他人處理，自己親手處理另外三項。倘若順利外包，你只需要花費一半的時間，就能得到兩倍的成果。

然而，原本必須親手執行的工作委任外包之後，也不代表你會在隔天遇到奇蹟，收到精美包裝的成果禮物。任何槓桿外包工作都要謹慎管理，才能順利完成。你必須仔細查核，細心管理外包工作。委任外包（槓桿）和妥善管理之後，你才需要親自處理重要工作。

雖然 LMD 模型只是將數個小時的「工作時間」轉變為「外包槓桿時間」，卻能發揮重大的複利效果。你今天可以將三項工作槓桿外包，管理另外兩項工作，親自處理最後兩項工作。如果你認為自己很忙，沒有足夠的投資時間；如果你認為找不到任何人像你一樣有能力處理工作，代表你一定要遵守 LMD 模型的外包槓桿效果。

CHAPTER 28

鉅富的寶貴經驗

我在這章會著墨最多，因為我相信賺大錢的最佳方法，就是向有錢人學習。有些人會認為，從錯誤中學習是最好的，但我主張其實最好的方法是從「他人」的錯誤學習。

讓別人成為你賺錢的試驗工具，你知道哪些方法確實有用之後，再親身投入。換言之，建立模型化的運作方式並且學習鉅富的特質，才是真正有用，不只迅速建立財富，而且是最快建立財富的方法。

• 財富之書

休伯特・豪・班克羅夫特（Hubert Howe Bancroft）是一位美國歷史學家，在一八七四年至一九一七年間出版了二十七本著作。一八九六年，他完成《財富之書》（*The Book of Wealth*）。班克羅夫特花費六年時間，探討人類歷史六千七百年來最有錢的富人。《財富之書》共有十卷，只發行了四千套，一八九八年時，一套要價兩千五百美元。班克羅夫特將書賣給美國歷史上非常重要的富裕家族，例如摩根（Morgan）、羅斯柴爾德（Rothschild）、洛克斐勒（Rockefeller）、范德比（Vanderbilt）、甘迺迪、卡內基、佛里克（Frick）和福特。

我非常尊敬這本書，以及我效法的所有前輩。《財富之書》提到西元一九〇〇年之前的鉅富，他們都創造了可觀的財富，考慮到通貨膨脹，其中一些巨人其實是現代世界的億萬富翁，而書中談論的重點摘要就是：擴展服務價值、建立充裕的物質、提升財富和金錢的智慧。在過去六千七百年來，鉅富擁有三項共同特質。《財富之書》已經問世將近一百二十年，在這段時間出現的鉅富也具備相同的特質。我開始累積個人財富之後，發現自己慢慢形成了類似的特質。我看見自己的改變，逐漸養成鉅富的習慣，一部分是因為教育，另一部分則是基於成功致富和實現命運的渴望。

以下就是歷史上鉅富擁有的三項特質：

（一）所有的鉅富都註定要替許多人服務

歷史上最富有的人都曾有過一種感覺，知道自己想要服務世人，並且接觸更多的人，替更多人解決重要的問題。

他們的旅途沒有終點，累積的財富也沒有上限。渴望建立服務的決心與獲利的目標結合，成就了永垂不朽的傳承。雖然他們都成為鉅富，但他們的行動不只是為了賺錢，還是為了留下美好的回憶，並且追求自己的歷史定位。

這些鉅富面臨了全球性的挑戰，但他們總是用宏觀的視野看待挑戰，而非一味排斥。他們解決全世界最嚴重的問題。他們看起來像是在執行不可能的任務，好像這就是他們的使命一樣。他們把「服務」、「規模」和「問題解決」這三個要素合而為一。

歷史上最富裕的兩位大亨分別是約翰・洛克斐勒（John Rockefeller）和安德魯・卡內基（Andrew Carnegie）。洛克斐勒的財產總值為三千四百一十億美元（一九一八年的十五億美元），卡內基的財產總值則是三千七百二十億美元。洛克斐勒控制美國九成的石油生產，希望藉此向全美人民和全世界提供優良的服務。卡內基可能是美國歷史上最富裕的大亨。一九〇一年，他以四億八千萬美元的價格，將美國鋼鐵賣給摩根家族，這個金額甚至高於全美國內生產總額的二・一%。卡內基顛覆了鋼鐵產業，打造一座巨大的鋼鐵工廠，面積超過八十座美式足球場。一九〇〇年時，卡內基鋼鐵每年生產一千一百萬公噸的鋼鐵，製造二十萬個就業機會。

提高你的視野層次，克服內心的恐懼，就可以創造偉大的財富。這些鉅富開疆闢土，底下養了數千名員工，還有數百萬人接受他們的服務，也有遍及全球的難題要克服。但他們不曾停下腳步，繼續追求成長。他們用自己的方式，展現出對人類極大的關懷，讓自利與公益能夠取得完美的平衡。

我相信賺錢的能力是一種天賦，最好的用途就是促進人類的福祉。我有幸得到賺錢的天賦，我認為自己必須賺更多錢，才能善用金錢照顧其他人類同胞。

——約翰・洛克斐勒

（二）所有的鉅富都註定要體驗高格調的奢華生活

幾乎所有的超級鉅富都享受到優渥的物質生活。在自戀和愛人、自利和利他取得平衡後，才能維持富裕的生活。高格調的奢豪生活，意味著當事人享受生命中的精緻事物，這點其實可以促進經濟發展。

如果你有助理、傭人、保鏢或隨扈，代表你所到之處的金錢都在快速流動。你不但提升了自己的生活品質，同時也提升了服務他人的品質。

（三）鉅富深諳各種金錢之道

不了解金錢的道理，就無法累積巨大的財富，就像一個人不懂引擎的原理，就沒辦法修理汽車。雖然這句話聽起來很像常識，但我個人認為是一種啟示。我以前認為經濟學、商業思考和歷史是件很乏味的事情。好玩的是，我現在完全不這麼想，反而非常喜歡去了解這些東西。正如各位讀者所知，金錢本身無關善惡，只是一種全球通用的價值交換機制，儲存未來價值的工具，因應不穩定的未來，並且創造公平交易。

金錢是一種信用工具，建立於相互信任的基礎，同時也是一種債務工具。

金錢是精神轉化為具體物質的載體。歷史上的鉅富將激勵人心的生命意義和價值，轉變為金錢，並且具備當中所需的知識。

明白上述三種特質，你就懂得追求富裕的物質生活，你不必感到恐懼，也不用因為遭到批評而產生罪惡感，獲得真正的心靈解放。

鉅富的其他共通點

研究百萬富翁、億萬富翁、商業領導者、創新和夢想家的過程中，我很幸運能夠與其中一些傑出人物結為好友。我們不應該用常見的刻板印象看待他們。因為這些鉅富彼此具備不同的價值觀、追求不同的獲利方式、來自不同的國家，年紀範圍很廣，而且男女皆有。

換言之，我們無法用任何刻板印象描述億萬富翁的特質，但他們確實具備某些堅忍不拔的特質，可以成為我們的楷模，將富足轉化為金錢。

富人不斷推動廣大的服務事業和成就，創造公平卻可觀的市場占有率，提供服務、公平交易並且促進經濟投資發展。

有的時候，市場中的企業龍頭違背了反壟斷法，少數企業甚至也會靠非法手段賺錢。然而「真金不怕火煉」，消費者會用實際的行動來改變市場，根據企業提供的價值購買良好的產品或服務。富人得到優渥的金錢，卻也得面對艱困的挑戰與掙扎。隨時間過去，市場會漸趨平衡。

如果任何創業家或企業濫用權力，社會也有自我管束的功能。消費者可能會大舉離開，法律和管制行動會約束這些企業的行為，甚至引發大規模的爭議。比爾・蓋茲就曾強迫自己進行慈善事業。

在最極端的情況下，創業家和企業的不良行為，可能導致牢獄之災或人身安全問題。但是，讀者不該因此畏懼，只要在自私和人道關懷之間取得平衡，就能勇敢拓展自己的事業規模。

願景

我們所謂的生活，其實是眾人建構的環境。他們並不比你聰明。你也可以改變生活，影響生活，建立自己的發明，造福其他人的生活。

——賈伯斯

時至今日，蘋果電腦一分鐘的收入高達三十萬美元。

夢想家會把全世界都當成是他的遊樂場。億萬富翁是極少數的佼佼者，他們認為世界是充滿變化的，而大多數人卻相信世界非常僵化，不可變動。這些鉅富看到了其他人看不見的機會。

新的概念啟發了這些有錢人的心靈，但別人會覺得這些觀念過於龐大且不切實際，例如特斯拉汽車的馬斯克想要移民火星。

他們看得見新觀念蘊藏的價值，甚至把這些觀念轉化成可見的事物。他們啟發全世界，致力實現人盡其才、物盡其用的目標，讓這些概念有了生命，再進一步轉化為金錢。你也有能力把想法轉變為清晰的願景和物質現實。有遠見的人，能夠把訊息傳遞出去，鼓舞他人一起來共襄盛舉。只要計畫一成立，善用人力和物質資源，吸引投資者投入金錢，實現願景，就能鼓舞更多人加入，讓更多人知道你的理想。只要懷抱理想，往對的方向邁進，就會擁有真正的力量和話語權。

有些傳承、成就和建設需要數年到數十年才能完成。有遠見的人可以清楚看見未來的無限可能，但「芸芸眾生」則認為他們不可能實現這些理想。

願景家提高了整體的標準。全世界的富人都相信自己具備放眼未來的能力，也因此值得享受良好的生活。許多有錢人認為，他們的內心懷抱一種不朽的理想，他們的生命與傳承可以改變世界。

堅定且思緒清明

我們應該保持信心和清澈的思緒，信任自己和心中的理想。每六個月至十二個月，修正願景，才能更清楚方向。世界上最傑出的財富創造者都擁有堅定的目標，並且繼續保持能量。如果你不相信自己，又有誰會相信你？倘若你的願景不明，要怎麼鼓舞人心？你的信心會讓其他人產生自信，讓他們渴望助你一臂之力，實現你的理想。

擁有鉅富的特質，效法他們的經驗

俗話說：成功必有訣竅。你可以從鉅富的身上，學習各種常見的特質，成為財富大師。

事實上，**你崇拜鉅富的原因，就是因為你內心早已蘊藏相同的偉大特質，研究並且學習他們，就能喚醒這些特質**。他們在這個世界創造了偉大不朽的成就，你想要學習他們，就應該理解他們的特質，並且欣然接納。

在我的研究中，這些鉅富都會與其他成功人士相處，甚至效法比他們更優秀的佼佼者。你的人際網絡就是個人的淨價值。你的一生都應該用於尋找其他的鉅富，與他們相處，服務他們的需求，效法他們的特質。

如果你希望打造自己的事業版圖，就應該建立同樣偉大的人際網絡，因為你的成功取決於周圍的好友。請立刻尋找良好的同伴、專業人士和導師。從他人的錯誤中學習。向最傑出的人士學習。成功人士會相互吸引，富裕人士也會彼此為友。我會在第四十四章仔細討論這個觀念。

樂觀主義和懷疑主義

你可能會聽到一個常見的說法：「百萬富翁都是樂觀主義者」，並且建議你懷抱「杯子還有半杯水」[1]的樂觀立場，才能成為樂觀的成功人士。

但我認為上述的說法有點太過簡化了，這些話經常出自一些沒有賺錢務實經驗的文人。任何一種極端的想法都無法讓我們獲得幸福或財富。太積極正面，使你變得鄉愿，太消極懷疑，則讓你無法好好評估利弊，導致裹足不前。

「信任你的直覺，但避免最惡劣的結果」，這是個膽大心細的想法。你必須避免過度悲觀，但也不能陷入樂觀的幻覺，無視潛在的問題。

整體而言，這些鉅富都具備樂觀的世界觀，才能培養創造積極改變的能力，但他們同時也會保持謹慎，留意所有環境條件。我們應該仰賴他人的協助，但拒絕被他人擺佈。公平協商，立場堅定。信任他人且據實考證。只要能夠迅速處理任何極端心態，就可以提升賺錢能力。或許，最好的立場就是「務實的樂觀主義」。

○活到老，學到老

史帝夫・席伯德（Steve Siebold）研究超過一千兩百名百萬富翁後認為：「走進富人的家，你會立刻看見非常豐富的藏書。他們藉由閱讀，教育自己如何追求成功。」他補充道：「中產階級只閱讀小說、八卦小報和娛樂雜誌。」

根據《商業內幕》的報導，巴菲特一天的工作時間有八十%用於閱讀。Richhabit.net網站的湯姆・柯里（Tom Corley）則說：「八十五%的百萬富翁，每個月閱讀兩本以上的書籍。」他們閱讀的書籍主題大多是職業發展、教學、歷史、成功人士的傳記、自我幫助、健康、時事、改善記憶和學習力、心理學、領導、科學、新紀元和培養積極正面的心態。

我個人和其他作家的相關研究都清楚證明一件事：富人藉由閱讀書籍和文章，不斷接受教育。他們從其他鉅富身上學習，參與商業、財富、金錢和上述各種主題的活動與課程。雖然許多人不認為「閱讀使你富裕」是良言金句，但其實你該正視這句話。一個月讀兩本書並不難。柯里認為，一個月只要讀兩本書，三十幾年後，我們就會成為百萬富翁。

我們的想法成就人格，轉變為具體的事物。閱讀和自我教育能讓我們豐富的腦袋，變成真正的財富。

多重收入

根據柯里的文章，六十五％的百萬富翁賺到人生的第一個一百萬時，至少都已有三種以上的收入來源。

我還沒遇過不靠多重收入來維持財富的有錢人。很多人一開始都是藉由單一收入，賺到第一桶金，再將這些資金投入房地產、股票、不同的商業領域、科技、智慧財產權與其他資產。

如果一個人只有單一收入來源，無論多麼穩定優渥，都會暴露在市場變遷和緊急事件造成的風險。平衡資本和收入是非常睿智的行為，你必須建立反覆循環的收入來源，同時擁有高風險高報酬的收入，以及穩定安全的收入。

保持活力

有人曾經詢問巴菲特為何能如此成功地創造驚人的財富？巴菲特說：「答案有三

個。第一，我住在充滿機會的美國。第二，我的基因很好，健康長壽。第三，我懂得用錢滾錢。」

巴菲特的答案非常值得深思。他現在已經高齡九十歲。他在五十歲之後才賺進九十九%的財富。長壽讓他可以累積財富，發揮複利效果。**但關鍵不在於活得久或是長時間的付出，而是保持健康活力與充沛的能量**。就像錯誤的決策一樣，疾病和疲勞也會妨礙我們建立財富。柯里的研究發現，六十六%的百萬富翁，一天會運動三十分鐘以上。

賈伯斯非常喜歡散步。科學研究已經證實，運動有助於提升能量、腦力和壽命。五十%的白手起家富翁每天開始工作之前，已經清醒三個小時。我們可以結合運動和早起創造的好處，甚至在運動時聆聽廣播或有聲書，建立三倍的槓桿效果。

測試理想的日常作息

關於理想的起床和睡眠時間眾說紛紜，莫衷一是。然而，許多富人都非常早起，也許你可以考慮效法他們。我嘗試各種方法，訪問過相當多的來賓之後相信，每個人的能量頂峰時間都不一樣，必須依照個人情況，才能發揮最大效果。

商業人士喜歡早起，創意工作者偏愛熬夜。有些人只需要睡五個小時，但經常運動的朋友則需要睡八個小時。與其盲目相信早起和長時間的工作，不如親身測試，找出最理想的起床時間和睡眠時數。

白手起家的第一代

大多數的百萬富翁都是白手起家。雖然大眾嫉妒他們的成就，認為他們必定接受許多好處。實際上，百萬富翁經常從零開始，不是靠著遺產、他人援助或中樂透。八十%至八十六%的百萬富翁都是自力創造財富。我不會說他們突然搖身成為百萬富翁，因為我相信他們創造（create）財富。根據富比士的資料，一九八四年之後，因為繼承遺產而致富的億萬富翁人數，已經低於白手起家的億萬富翁人數。Entrepreneur.com 網站在二〇一六年一月發表了一篇文章指出，六十二%的美國億萬富翁都是從零開始。

團隊合作創造理想成果

如果你渴望建立大規模的財富和金錢，你需要一群聰明的夥伴。一開始，你只有一部筆記型電腦和夢想。

你必須發揮槓桿效果，把工作外包出去。等到你建立了三十萬英鎊的資本額之後，開始聘請幾位員工。某天，你會再也無法負擔工作量，必須尋求導師和顧問的建議，招募更多員工，例如管理人員、個人助理、辦公室和生產線管理者和銷售人員。

你繼續擴展規模，吸收更多的管理人員與高階管理人，建立行銷和設計部門、財務部門、聘請稅務和法律顧問、公共關係處理人員。

企業人數超過五十名之後，你可能需要尋找財務和人力資源管理者。你的事業利潤愈高，就需要愈多的工作夥伴。許多人擔心聘請員工，或者承受過不好的經驗，代表他們還沒克服擴展事業規模的挑戰，無法實現願景，完成理想目標。

山姆・沃爾頓（Sam Walton）是世上最有錢的富豪之一，身後留下超過一千億美元的遺產。他創辦的沃瑪超市在二〇一五年時總共聘請兩百二十萬名員工。同一年，臉書的員工數量「只有」一萬兩千六百九十一名，但公司規模依然非常可觀。

祖克伯本人的身價則高達五百四十八億元美金。衡量企業的關鍵指標包括「每名員工創造的平均收入」（revenue per employee; RPE）。

我非常關心這個指數，一般企業聘請一名員工創造的平均收入為五萬一千美元，表現最好的則是蘋果電腦公司，每名員工創造的平均收入高達一百八十六萬五千三百〇六美元。

領英公司的 RPE 是三十二萬美元，雅虎則是三十七萬五千美元，亞馬遜書店的 RPE 為五十八萬美元。科技創新公司的 RPE 較高，在過去十年呈現顯著的成長。

・窮人和富人的行為、行動和習慣比較表

以下的表格簡短摘要了鉅富和一般人的極端差異，也就是有錢人與第一世界窮人之間的不同。

有錢人	**窮人**
完全承擔責任	責怪他人，尋找藉口
追求財富	夢想致富
大格局思考	小格局思考
創造	消費和依賴
看見機會	看見問題
研究金錢	認為金錢不好
崇拜有錢人	憎恨有錢人
擁有豐富的社交網絡	社交網絡非常貧瘠
關心銷售、行銷，把握升遷的機會	沒有能力銷售、行銷或者掌握機會，甚至不願意。
善於接受幫助	不善於接受幫助
實現槓桿效果	成為別人的槓桿

保持努力	重新開始
管理金錢	錯誤管理金錢
讓金錢替自己工作	努力工作想要賺錢
學習和成長	認為自己擁有充足的知識
管理恐懼的情緒	被恐懼主宰
看見未來	沉溺過去
傾聽導師的建議	只聽朋友的說法
平衡情緒	承受極端情緒的影響

請各位謹記，成為有錢人是你的權利，也是一種選擇。

1 杯子裡面裝著半滿水是西方世界常見的樂觀主義或悲觀主義測驗。倘若一個人看見杯子裡面的水只有一半，他用「半滿」形容，代表他看見積極的一面，用「滿」來形容這杯水。倘若他用「半空」，代表他較為悲觀懷疑，選擇用「空」形容杯子。

CHAPTER 29

信任經濟系統

所有的經濟系統都建立在「信任」這個前提下。金錢也仰賴信任。必須先有信任，個體、總體、地方和全球經濟才能順利運作。

如果信任消失，經濟系統就會迅速失敗。銀行擠兌的原因是客戶失去信任，認為自己的金錢沒保障。人民不再信任政府、執政當局、銀行和警方系統，就會導致暴動和無政府狀態。資本主義是一種因應不確定未來的對策。未來愈不穩定，民眾就愈無法建立信任。

金錢貨幣政策和社會環境都會檢驗信任指數。融資公司、個人貸款者或銀行愈信任你的付款能力，讓你借款的意願就會提升。你的信用指數愈高，銀行願意提供的貸款或存款比例愈高，利息隨之降低，信用擔保條件也會減少。

提升信任，可以減少成本與摩擦。我們無法預知未來，信用貸款就是一種賭注，為了彌補可能的風險和金錢貶值（通貨膨脹），貸款必須收取利息。

信任是金錢可以發揮功能的關鍵，而「利息」（interest）和信用貸款（credit）的英文原意都與信任有關。

「利息」的字意其實來自「有興趣」。收取利息讓貸方可以處理未來的不確定性和通貨膨脹，同時讓借方「有興趣」（有意願）償還貸款金額。利息愈高，借方還款的興趣（意願）就會愈高。「利息」這個字的拉丁文原意是「彌補貸方因為借款所承受的損失」，而「信用」的拉丁文 credere 則是指「信任、相信或言行一致」。

人格就是最好的擔保品

你的人格就是最好的擔保品。你的名聲、責任感和過往的行為，只要愈沒瑕疵，他人提供貸款或投資時，要求的擔保也會愈少。

窮人通常會誤解這個觀念，但有錢人都很珍惜且看重自己的個人行為。你的信用就是你求財的履歷表，你的個人行為愈好，就能給他人帶來更多信心，增進他人提供貸款的意願。

網路信用評比是一種反映信用和可靠度的系統。你的分數愈低，借款時就要提出更多存款證明，繳納更高的利息，還得提供擔保品。

如果借貸的信任法則遭到破壞，貸款者隨意將金錢交給別人，提供高額的貸款，意味著他們對未來的發展局勢莫名有信心。

有時這種信心過度正面，可能是因為景氣環境或傲慢，但道理都是一樣的。

信任的循環

人對金錢的信任也會產生週期循環，從不信任轉變為信任，就像四季遞嬗。景氣有繁榮衰退，信任也分成「堅定不移」和「害怕擔憂」兩種。

景氣繁榮和衰敗、經濟成長和退步，社會繁榮的高潮與低潮，財富的良好局勢和騙局，都取決於人類對其他人或制度的信任。信任為人類對當前價值是否能夠保存至未來的判斷，相信自己未來能拿回相同價值的金錢。我們應該相信別人，也要相信自己，才能讓經濟系統繼續運作。

你就是活動的金錢

雖然篇幅很短，但這可能是全書最重要的觀念。**你的行為就是金錢，因為信任可以創造金錢**。金錢渴望迅速流動，信任能夠減少金錢流動的摩擦，加快速度。你應該敞開心懷，努力提升自己的名聲、品牌價值、遠見和信用，妥善管理、維持並且精通「信任經濟學」。

讀者朋友可以善用益百利（Experian）網站[1]，檢查信用分數，找出可以改善的細節，例如將所有信用卡都設定為簽帳一次付款，絕對不能逾時未繳，萬萬不行。如果你必須貸款，無論情況多麼艱困，一定要確實還款。倘若你希望協商長期還款計畫或減輕利率，即使對方非常不悅，也要盡力溝通，因為違反合約的代價非常龐大，讓全世界的人發現你沒有信用，不值得信任。這才是一個人最可怕的負債，而且將維持數十年。

然而，你可以從今天開始扭轉一切，每個決定都要用來增加自己的信任經濟，改善長期付款的信用。無論你是債權人或債務人，都要採取相同的原則，追求公平交易。如果你過度貪婪，你的信用經濟就會受損，其他人也不願意向你借款。

你的名聲就是「實際的行為證據」加上「信任」，再乘以槓桿效果。請記得，你的名聲將會傳到世界各地。

良好的信任經濟系統可以減少金錢流動的摩擦力，降低成本，提升利潤。其他人願意推薦你，減輕行銷的負擔。

一個人最好的資產就是信任。言出必行。永遠都要清償債務。順從內心的直覺，完成正確的行動。

你的眼光必須比任何人更長遠。務必盡力幫助他人，即使無人關注，也要做正確的選擇。

信任就是金錢，金錢就是信任。

---

1 益百利網站是位於愛爾蘭的國際信用數據分析公司，提供各項信用數據，評估各國投資風險等。

CHAPTER 30

個人GDP

國內生產毛額（GDP），是指一個國家在特定時間內，生產的財貨和服務創造的金錢總價值。一般都是採用「年」作為單位。

國內生產毛額是評估一個國家經濟發展是否健康的主要指標，代表該國所有財貨和服務創造的總價值，以英鎊、美元或其他貨幣計算。讀者可以將國內生產毛額視為經濟系統大小的規模指標。

國內生產毛額常見的計算方式有兩種：加總所有國民在一年之內的收入（收入計算法）；或者加總所有國民在一年之內的消費（消費計算法）。從邏輯上而言，兩種方法最後的結果應該相同。

收入計算法的國內生產毛額稱為GDP（I），詳細的計算方式是加總勞工的總收入、企業和非企業公司的毛利和政府稅收，但排除補助津貼。

支出計算法的國內生產毛額稱為GDP（E），是較為常見的指標，加總國內所有消費、投資、政府支出和淨支出。一般而言，國內生產毛額常用於年度比較，評估每年經濟成長或衰退比例。

你是國家或全球生產毛額計算中的一分子。我相信讀者早已知道，我們必須計算個人的國內生產毛額（YGDP；Your Gross Domestic Product）。

國內生產毛額的成長是國家經濟體系的主要目標和衡量標準，也可以計算個人的經濟成長，所以我們也該以此為參考。

如果你的個人國內生產毛額成長，代表你本人也在成長。個人國內生產毛額增進你的財富，促進周邊經濟環境成長。如果想提升生產毛額，也必須進行消費和投資，不能只靠儲蓄金錢和固守財富。

國內生產毛額可以評估你本人所吸引、創造和生產的金錢。藉由貨幣流動、創業、將觀念轉化為具體產品、提出解決問題的理念，以及增進金錢交易速度，我們因而能賺到更多錢。

無論所到何處，我們都應該要求自己提升金錢流動的速度。許多人相信，衡量財富的方式是計算一個人儲存的金錢價值，但這種想法只是一種迷思。個人淨價值確實是一個重要的計算指標，我也推薦讀者計算自身的淨價值，但追求繁榮富庶是一種矛盾的概念，固守財富反而會限制個人和國家的經濟發展。因此，**財富真正的評估方式，必須兼**

顧自我和他人，達成施與受的平衡，也就是計算金錢流動的速度、交易總量、金錢總價值，包括支出和收入。由於金錢是動態的單位，必定保持流動，不會受限於單一交易，金錢價值將會持續增加。我們消極固守財富，金錢價值受限於貨幣單位，倘若願意分享金錢，就能創造千百倍的價值。

想要追求企業成長，必須將收益轉為投資。想要吸引新的顧客，必須投入行銷成本。想要鍛鍊員工成長，必須建立訓練和發展計畫。想要股票獲利成長，必須將股利轉為投資。國內生產毛額和個人國內生產毛額的進步，也是同樣的道理。

你應該每半年重新檢閱你的理想、目標、個人淨值和其他關鍵績效指標，積極提升三種主要指標——個人支出、投資和收入金流，例如積極參與慈善捐款、將收入轉為投資、購買資產、將資產收入轉為投資、完成更多隨興的付出給予、享受更高品質的假期、旅行，並且購買個人喜歡的高品質物質商品。

加速你本人和周遭的金流速度，就能創造個人財富，並且增進地方、國家和全球財富。本書稍後的內容會進一步說明增加個人國內生產毛額的策略和方法。

CHAPTER 31

資產鍊金術

鍊金術（alchemy）的定義是「追求改變物質的方法，特別是將基礎金屬變為黃金，或尋找萬靈藥」。有趣的是，字典定義和中世紀化學家的觀點認為「鍊金術」是將金屬變為黃金的方法。每個人都在尋找神奇的鍊金術，希望點石成金、滴水成酒——也就是成功的捷徑。

我們的視野受到侷限，只注意將一種物質直接轉化為另一種形式的新物質。然而，將精神觀念轉變為具體物品，或者讓觀念變成黃金，其實更為簡單。每位百萬富翁、億萬富翁或超級億萬富翁，都是真正的鍊金士。他們的想法、觀念、決策和行動，最後都變成真正的黃金。

接受你的內在天賦，明白你就是實現內心價值的鍊金士。你狀態安穩，什麼也不缺，你的內在已有實現夢想的所有條件，能夠將思想的富足轉換為豐厚的金錢。

你的鍊金術是理解生活、服務他人、解決問題並且擴大規模。看似虛幻的問題，都會成為物質生活的解答；原本只是精神上的念頭或想法，也會化為真實的金錢。每個人的內心都有足夠的天賦，但大多數人卻無法實現。請各位讀者勇敢成為鍊金士，而不是悲觀主義者。

○資產

想要成就內心的鍊金士，你必須致力發展並精進自我。你本人就是最好的資產，因此請睿智投資自己，讓自己得到最棒的回報。你學得愈多，賺得就愈多。

你的個人成長速度，會決定財富擴展的速度。專心投資自我吧，這是值得的。如果你不珍惜自己，又有誰會珍惜你？

以下是適合發揮槓桿效果的自我投資領域：

• 知識（教育）

建立知識一共有三個階段：學習知識，認識自己，以及知道自己未來想成為怎樣的人。

人格是商業世界最好的擔保品，信用則是最棒的資本。投資自己，其實就等於投資事業與金錢。你可以讀遍圖書館的所有書籍，但倘若情感、信仰，對於過去和未來的憂慮控制你的思慮，所有的知識都沒有意義了。在商業和金錢的領域中，建立良好的自知和自我情緒控制也有三個階段，同樣影響個人發展：

一、**自知**

你知道自己的優點和缺點嗎？你如何克服缺點或藏拙？你很清楚他人如何看待你嗎？你知道何時是自己的能量高峰期與低谷期？什麼事件會觸發你的情緒和反應？你曉得自己的價值觀嗎？你願意接納哪些，又會拒絕哪些價值觀？你熱愛什麼？你希望在什麼領域發揮槓桿效果？你有沒有不斷犯下同一個錯誤？

認識自己是一場無盡的旅程，但你愈理解自我，財富就會滾滾而來。從一分到十分，每半年，我們都應該評估自己的表現。

二、**自我教育**

你進行了多少自我投資？你是否發揮槓桿效果，彌補自己的缺點？你的團隊能否與你的個人特質相輔相成？你是否阻礙了周圍好友的發展？你會不會自我挑戰，還是只跟會奉承你的人待在一起？你是否擁有比你更優秀的導師？你是否每天聆聽有教育意義的有聲書？為了拓展個人事業，你有沒有參加訓練課程，接受適當的教育？

讀者應該仔細回顧上述的問題，評估自己的表現。如果我可以替過去那個負債累累、劣根性重的自己，還有現在偶爾個性惡劣，但非常有錢，會被過去的自己憎恨的「新我」，整理出兩個重要的差距，那就是導師提醒我的兩個重點：我讀的書，和我周圍的朋友。

拓展這兩個面向，你的財富就會隨之增加。以下是報酬率最好的自我投資：

- 書本和有聲書。
- 課程、工作坊和專題研討會。
- 尋找教練和導師。
- 建立良好的人際網絡和智囊團。
- 閱讀傳記、紀錄片和 Youtube 影片，聆聽網路廣播節目。
- 閱讀知識和基於事實的出版品。
- 訂閱專家人士的部落格、網站和社群媒體。
- 挑戰傳統，專注傾聽。

錢賺了之後很容易就沒了，然而一旦學到有價值的知識，就絕對不會忘記。我們可以發揮知識的槓桿效果，它就像跟你一輩子的資產。

- **主導自我**

你是否完全根據日常作息的精神狀況來規劃排程？你是否有自知之明，了解自己的惡習？你是否不斷挑戰自己往上攀升？你是否持續鍛鍊？你是否會感激他人回饋的意見，虛心學習？你是否善用槓桿效果，將不擅長的工作交給團隊成員，用夢想激勵他們，支持他們成長，服務他們的需要，就像照顧自己一樣？

• **經驗（應用教育）**

不必我贅言，讀者一定明白，如果你不願身體力行，就算圖書館中充滿豐富的知識也無法助你創造美好的成就。

教育和經驗不同，經驗來自數個小時的教育學習，再加上數個小時的應用，才能淬練完美。

這是個永無止盡的過程，重點是先求有，再求完美。千萬別像大部分的人那樣，以為要累積足夠經驗後，才有實踐的自信。這是一種矛盾的想法：如果你想要等待自己變得完美，才願意實際追求，你永遠不會起身行動。人不可能變得完美，我們應該立刻行動，實際努力。卓越比完美更重要。我們獲得經驗，一切變得更簡單，發揮美好的時間槓桿效果。

◎獨自致富的迷思

沒有人單靠自己一人就能致富。我以前認為只要下定決心，吃苦耐勞，加上運氣，一個人就能成功獨自致富。

在過去長達七年的時間，我的心情就像受害者，認為自己無法控制命運。那時，我突然領悟到上述的想法，雖然是我思想上的一大躍進，卻是精神飽受折磨換來的。

我決定追求財富，但也為此受到限制。人不是無所不能，也不可能同時做這麼多事情，我們需要偉大的人才、優秀的朋友、傑出的團隊、良好的商場人脈、聰明的顧問和夥伴，建構理想的後盾、負責人和社群成員。

一群次級的團隊成員，可以勝過孤軍奮戰的一軍；而一級人才組成的團隊，能夠帶領你登上顛峰。你領導他們，鼓舞他們，創造偉大的成就和財富。你也可以擔任支持者，成為龐大事業體中的內部創業者，找到自己的位置和價值，協助領導者追求成功。

人類彼此相互依賴，在自利和人道關懷中找到平衡。幫助他人，自己也會快樂，這是雙贏。

上天在創造人類時，似乎希望我們成為群居的動物，例如高爾夫球員在萊德杯中的改變。兩年一度的萊德杯[1]，讓彼此競爭的職業球員展現從未出現的革命情感。職業足球選手羅納度將自己的成就，歸功於長年的經紀人好友荷黑・蒙德斯（Jorge Mendes）。網球選手安迪・穆雷（Andy Murray）認為伊凡・藍道（Ivan Lendl）改變了他的職業生涯。所謂的「獨自成就大業」者，其實都得到其他人的鼎力相助。

「求人不如求己」是媒體和文化探討成功時的神話，也是現實生活中琅琅上口的勵志名言。然而，獨自成功可能也是一種自私——為什麼忽略曾經幫助你成功的人？

在英文中，「團隊」（Team）這個單字中並沒有「我」（I）。夢想家和領導者從來不是單憑個人，他們讓其他人共同成就。真正的領導者讓其他人一起領導。這才是全球商業巨人、社會領導者和成功人士的行事作風。

你不需要孤軍奮戰，因為你不能，也不會靠自己一人取得成功。不要讓自以為是成為你成功的絆腳石。

你應該立志成為白手起家的億萬富翁，完全承擔責任，創造願景，解決問題，吸引所有傑出的人才，打造完美的團隊，共同追求偉大的成就。

良好的人際關係和商業社群網絡

為了致富，許多人太過努力，以為只要認真從事操作型的瑣碎工作，就能提前享受無所事事的退休生活。

但是，如果你仔細研究社會認知的成功人士，例如電影傳記的主角，或榮獲紀念雕像的佼佼者，就會發現他們大多數都是願景家和策略家。

每個成功人士都有一個共同的特質，毫無例外——他們周遭也都是傑出人士。例如偉大人物的妻子、企業公司中的傑出員工、個人助理、業務副總監、營運管理者、營運主管、運動員的偉大團隊成員、偉大的導師、教練和顧問、會計師、稅務顧問、德高望重的前輩、啟發靈感的繆思或精神治癒者。

一個人的社交網絡就是他的個人淨值。你與個人網絡的關係決定槓桿效果可以創造的金錢價值。

影響成功的關鍵因素，包括長期的人際關係，以及個人創造的信任和善意，才能建構理想的社群網絡槓桿，協助實現願景理想。你替商業社群網絡帶來愈多商機，藉由提供就業機會或承攬合約，讓他們賺到愈多金錢，你也替自己創造更多的財富。

房地產是我經營的投資事業之一。想要購買和管理房地產，你必須妥善管理仲介商、過戶公證人、商業律師、銀行、私人融資者、聯合投資夥伴、商業融資者、經紀人、建造商、租賃仲介、房地產仲介、裝修團隊、商業顧問、其他百萬富翁和億萬富翁、稅務專家、會計師、商業合作夥伴、員工、專業顧問（行銷、公共關係、銷售、設計、科技等）與其他專業人士共同發揮的槓桿效果。

你不需要具備所有知識，或者知道所有問題的答案。你必須建立最棒的工作人際網絡，因為這是追求最好結果的最短路徑，也最輕鬆。

建立自己的人際網絡，就像增加喜歡的收藏品。即使花費三分之一的工作時間去建立人脈，都是非常值得的投資。

最傑出的人才也曾經體驗過各種問題和痛苦，找出解決方法，並且提升自己的層次。如果你聰明，就應該發揮人際關係的槓桿效果，站在巨人的肩膀上。「我要自己慢慢學習」、「我不希望花錢進修課程」或「我不想尋找專業導師的協助」會妨礙進步且磨耗精神。

投資建構良好的智囊團、教練、導師和專業人士團隊應該是你最重要的關鍵成果領域。

讓師父領你進門

你必須支付費用，請求前輩的建議，央求、討好甚至像個跟蹤狂一樣注意他們，請他們吃午餐。

有些導師就在你居住的城市或國家，另外一些導師雖然與你相隔兩地，但你可以追蹤他們的作品。我曾經認為，一個人如果找不到導師，就不會得到任何建議。我錯了。我們的周圍都是導師，只是有些人其實沒什麼資格提供建議，因為他們的意見並不純熟。你想要跟隨的是好老師還是壞老師？

即使找到導師，你仍然要自己走完這場旅程，只是他們已經先行通過試驗，解決你往後必須面對的挑戰和學習過程，替你節省八十％的時間。我認為尋找導師的領域有三個重點：

一、理想模範

具策略性地尋找你心目中的理想模範，因為這些人擁有你渴望追求的生活方式。請他們喝杯酒，採訪一下他們，邀請他們參加烤肉聚會之類的，要鍥而不捨但保持禮貌。

分析他們的習性、習慣和行為。善用他們已經建立的有效人脈，藉此發揮雙倍的槓桿效果。他們曾經是你的偶像，終究會成為你的同儕、朋友和商業合作夥伴。你的銀行帳戶數字也會和他們愈來愈接近。你仰慕金錢財富而接近他們，但無須懷抱罪惡感，因為每個人都是為了某些原因而結識朋友。只要你擁有足夠的能力，向他們提供有價值的服務，他們也會同樣被你吸引。

在一九三七年出版的《致富思考》中，作者希爾提到如何在我們的心靈創造一個智囊團。他閉上眼睛，具體想像自己坐在會議桌前，身旁是他仰慕的財富巨人，例如卡內基。他提出自己面臨的挑戰，並詢問諸位前輩的意見。

當初的我認為希爾的說法有點「神經病」。然而，我曾經答應自己勇於嘗試所有事物。

二〇〇五年，我開始學習希爾的方法，並且繼續保持這個習慣。

我在腦海中的傑出前輩，最後都變成我現實生活中的好友，加入我的人際網絡。時至今日，我們早已共同度過最艱困的挑戰。我知道往後的人生還有更艱難的試煉，然而，即使我孤獨一人，我也永不孤單。我不建議讀者向第一世界的窮人分享這個方法，他們會認為你失去理智。

別管別人怎麼說，去做就對了。

二、學習導師

我所知的成功商業人士都擁有個人教練和導師，甚至還不止一位。你可以從個人所處的職位、產業或其他領域當中，獲得寶貴的學習經驗，也能聘請專業的教練、成功的商業導師，尋找互助的同儕團體，或者支付錢打造專業智囊團隊，還有研究成功人士和企業家，閱讀他們的作品。

在過去十年間，我養成了一項最有價值的生活習慣，那就是閱讀傳記和自傳作品。你可以藉此觀察各領域領導者的習性、特質、人生祕訣、洞見和策略。

得到專業的導師協助，讓我的人生產生重要的改變與許多好處，也因而少走許多冤枉路，不用聽信糟糕的建議，也不用壓力那麼大，什麼都要自行決定或什麼知識都要知道。

三、建立智囊團

智囊團的英文是mastermind，也就是一群擁有「大師心智」（master mind）的人。聰明的人可以結合獨特又互補的才能，相較於各自努力，更能完成強而有力的團隊效果。我是許多智囊團的成員，我既是領袖，也是團隊的一分子，但沒有其他團隊成員，我什麼都不是。

聰明的心智相互團結，讓他們解決各種重要的問題，可以使我們獲得最偉大的洞見、益處和策略方向。坐在會議桌的同伴看見答案，用不同觀點理解挑戰，知道誰可以幫忙。

如果我們不知道如何理解一個問題，就沒有辦法找到線索。即使以旁觀者的身分參與其他人的商務發展討論，無論討論領域是否有直接關連，都可以使你從中獲益，甚至讓你借用他們的創新觀念，發展自己的利基。我們學習成為領袖，也理解如何成為學徒。

計畫、觀察、實踐、檢閱、重複

身為個人物質生活的鍊金士，你的起點就是一個明確的計畫，理解自己希望創造的成就。俗語說：「務必謹慎許願，因為你將心想事成。」

創造清楚且明確的計畫，制訂策略方向，設定物質和精神的目標，理解自己想要完成的欲望。

許多人都在說「吸引力法則」，我發現**只要反覆練習計畫和設定目標，就能提升吸引力法則的槓桿效果。**

我剛開始創業時，只有制訂幾個跟一般人差不多的財務目標。十年過去了，我在每一年提出新的計畫（包括建立人生的方向）。我會在下一段分享個人的目標和願景，讓讀者節省十年的摸索時間。

讀者應該一一仔細思考人生的計畫、願景和目標、生活的主要領域、希望留在他人心中的印象和記憶、渴望留下的傳承、物質財富的領域、慈善事業、育兒家庭理想，以及事業與個人的財務目標。你的思考愈明確，例如希望擁有哪個廠牌的特定型號汽車，或者理想的度假地點，你的潛意識、宇宙的未知能量還有其他人就愈能協助你實現目標。

• 個人的目標和願景

我想和各位讀者分享自己的目標和願景，希望協助你發揮槓桿效果，或者創造獨特的願景。請用你喜歡的形式，將我的目標和願景備份在雲端系統。早上起床之後和晚上就寢之前閱讀，因為此時你的潛意識最為開放，容易接受指令。每半年，我們應該回顧目標和願景。如果你覺得進度緩慢，不妨定期檢閱，也可以仔細修改，追求更細緻的想法。當你完成小型的里程碑，就可以打勾做記號，或者在目標表旁邊繪製進度表。努力且務實追求最明確的短期目標，樂觀看待長期目標。年度目標要配合人生的整體目標，才能同步發揮功效。練習鮮明描繪目標，可以提升實現能力。當然，實際的行動必須與想法一致，才能發揮潛意識的功用，完成內心的目標。

以下是我個人的目標和願景，讓讀者發揮時間和金錢的槓桿效果：

http://tiny.cc/RMGoals

健康和幸福

活久一點吧，享受生活，好好照顧自己，因為生命就是最好的資產。

勤加運動，定期健康檢查，確保自己生活是健康的。「健康就是財富」這句話非常正確。

請容我提請各位讀者，巴菲特提到自己可以創造巨大財富的三個主要原因：「第一，我住在充滿機會的美國。第二，我的基因很好，健康長壽。第三，複利效果。」

你可能無法控制基因，但如果你負責面對生活，可以改善健康狀況。追求財富時，不要像少數的富人一樣不把健康當一回事，之後才開始後悔。

結合熱情和專業，職業和假期

做你所愛，愛你所選。不要浪費時間賺錢，卻沒有時間享受成果。我相信維持財富、快樂生活和幸福的祕密就是：一個人不能只有自己熱愛的習慣，卻從事討厭的工作，而是要融合熱情和專業，工作和假期。

試想一下，如果沒有砍掉重練的顧慮，如果一定可以得到自己需要的幫助，能夠從事自己所愛，熱愛自己所選。你是不是就能結合熱情和專業？

• 創造工作與生活的理想平衡

能夠創造理想的工作生活平衡，才是幸福的生活。以下是完成這個目標的方法：

一、用最輕鬆且毫無限制的方法，選擇自己能夠掌握的職業。
二、選擇能夠結合熱情的職業。
三、研究你崇拜的成功人士，學習他們的習慣和工作方法。
四、明白自己應該努力追求哪些目標，放棄另外一些目標。

你確實可以將工作和生活，結合為一種充滿熱情的理想，再也不必擔心下班以後，還要在家繼續工作，或者上班時依然擔憂家庭生活。

比起待在一份自己不喜歡的工作，出自於熱情的工作能讓你賺更多錢，並且細水長流。

你是白手起家的財富鍊金士，將精神想法治煉成物質和金錢。這就是本書的哲學，指引你實現富裕的人生，讓你擁有難以想像的優渥金錢。

1 萊德杯是兩年一度的高爾夫頂級賽事，由職業選手分別代表歐美兩地出賽。安迪．穆雷是英國職業網球選手，在二〇一三年榮獲溫布頓大賽冠軍，是一九三六年以來第一個在溫布頓獲勝的英國選手，更在二〇一六年登上世界職業排名第一的球王寶座，伊凡．藍道則多年擔任穆雷的教練。

CHAPTER 32

拓展你的銀行帳戶

請注意，銀行帳戶不等於你儲蓄的現金。許多人用銀行帳戶的存款作為「現金擔保」，藉此評估自己的消費、儲蓄、投資和借款能力。

然而，每個人的現金有限，終究會用完，有錢人亦是如此。大多數人的銀行帳戶金額甚至無法支付一個月的生活費用。即使你現在的帳戶金額足以度過餘生，十四年後，只要維持平均的通貨膨脹指數，你的生活費用就會加倍。

你的銀行帳戶是全球通用的，可以在世界各地提供取款服務。換言之，你就是金錢的鍊金士，可以從任何人、任何來源取得現金。你真正的銀行帳戶不是現金存款或帳戶的數字位元，而是一個良好可靠的社交網絡，連結各式各樣的人和系統。**社交網絡發揮槓桿效果創造的財務價值，才是你的銀行帳戶**。

你認識愈多朋友，就能創造愈多金錢。你和其他人之間的信任關係愈良好，你的個人國內生產毛額發展就會遇到愈少阻礙。你的人際網絡成員創造更多金錢，建立更寬闊的網絡，你們就能接受更迅速自由流通的金錢潮流。

向銀行提領現金時，你必須接受帳戶的提款限制。你想要超過限制，就要付出手續費，如果想要借錢，則需支付利息。然而，你的人際網絡沒有限制，能夠無窮無盡創造金錢。金錢的流動就是一種槓桿效果。

你應該投資人際網絡，就像購買資產。尋找正確的夥伴，與他們建立良好的關係，關心他們，創造公平的價值交換，用一生的時間滋養彼此情誼。只要我們變得傑出偉大，朋友就會將你推薦給他們的人際網絡成員。你和十位傑出的夥伴建立良好的人際網絡，就能取得幾乎無窮無盡的資金，藉此創造金錢，造福他人。常言道，你最常和哪五位朋友相處，他們的個性總和，將造就你的人格特質。換言之，你成為第六位成員。讀者必須慎重選擇自己平常相處的朋友。如果情況允許，你應該是人際關係（交友圈）中最不富裕的人，逐漸追求進步，和朋友並駕齊驅。倘若你挑選較為糟糕的朋友，他們只會妨礙你進步。

○有錢人懂得建立良好的人脈，窮人只知拚命工作

比爾·蓋茲非常喜歡與人建立合夥關係。他總是尋找最傑出的人物，自己則退居副

手。他相信這種關係可以揭開新的契機，具備學習其他優秀企業家的潛力。

比爾．蓋茲經常名列世界首富清單，而他將自己的成就歸功於導師巴菲特。接受加拿大廣播電視網（CBC）專訪時，蓋茲曾說，巴菲特教導他如何長期思考，面對艱難的抉擇。除此之外，蓋茲讚美巴菲特「非常樂於教導，能夠化繁為簡，深入淺出，讓其他人可以理解巴菲特的知識，並且從中獲益」。蓋茲從這種人際網絡關係中得到良好的回報。

傑出人士的「上層導師連結」不會停止，這就是他們成功的祕密和方法。班傑明．葛拉漢（Benjamin Graham）在一九四九年出版《智慧型股票投資人》（*The Intelligent Investor*）一書之後，巴菲特就把葛拉漢視為偶像。這本書不只改變巴菲特的投資哲學，也影響了他人生的方向。葛拉漢任職於哥倫比亞商學院時，巴菲特決定入學拜師，終於見到偶像本人。

後來，葛拉漢聘請巴菲特管理自己的公司，兩人建立了鞏固堅強的友誼。這個故事對巴菲特日後成為億萬投資人的影響非常大。

祖克伯接受脫口秀主持人查理．羅斯（Charlie Rose）專訪時，也提到自己的精神導師賈伯斯。「賈伯斯是一個偉大的人。」祖克伯表示：「我向他請教許多問題。」祖克伯聽取賈伯斯的建議，專注建立一個優秀的團隊，就像祖克伯發明許多「高品質的美好事物」。布蘭森也有相同的想法：「如果你詢問任何一位成功的商業巨人，他們的答案都一樣，在人生的某個時間點，找到一位偉大的導師。」他在英國的報紙專訪時表示：「創業時得到幫助是非常美好的事情。如果沒有佛萊迪．雷克（Freddie Laker）[1]的指引，我無法在航空產業取得成功。」

布蘭森相信，創業的第一步就是尋找偉大的導師，並且從中受益。「我可以理解，許多人尋找導師時必須面對自尊問題、緊張情緒，還要放下為人父母的自豪，尤其是獨自創業或者與一位好友共同努力的人。獨自作戰令人尊敬，但有勇無謀。想要挑戰全世界，不應該採用有瑕疵的方法。」由於時間非常珍貴，有些人認為現代是「重視推薦的年代」。我們希望得到信任夥伴的推薦，協助擴展關鍵的事業和財務決策。

現代人已經沒有足夠的時間親自完成所有工作。基於同樣的原因，另外一些人相信當前社會已經邁入「人際連結經濟體」。

人際關係具備實際的價值，它對珍惜時間的那些人帶來附加益處，而這些益處也會反映在你身上。如果你能夠順應潮流，也會得到益處。

雖然人脈並非具體可見，但卻可能是最珍貴的資產。然而，讀者也要切記，所有的金錢原本也都是無形的精神觀念，直到我們親自轉化為金錢價值。

你應該積極參與金錢潮流，從中獲益，加入各種成功人士的聚會和人際網絡，增進自己的價值和金錢流動能力。

● 如何創造人際網絡，發揮槓桿效果

每個人都可以增進人脈。你可以多出去走動，盡量認識多一點人嗎？當然可以。你能不能善用策略，選擇有價值的活動，接觸成功富裕的人士？當然可以。請竭盡所能參加傑出人物出席的活動，用數個月的時間，謹慎篩選最好的活動，然後持續參與，例如慈善舞會、募款活動、飛行學校俱樂部、高水準的健身房、遊艇俱樂部、高爾夫球俱樂部、各地的扶輪社、遊艇展、商業和房地產博覽會、城市房地產或商業網絡社交活動，你都可以加入傑出富裕人士的行列。如果你的朋友認識富裕人士，在適當的機會，請他介紹。仔細思考你能夠提供哪些價值，用三分之一的工作時間建立良好的人際網絡，設定為關鍵成果領域。

聰明人的祕密，就是他們認識聰明人。——羅伯・摩爾

1 佛萊迪・雷克（一九二二年—二〇〇六年）是英國航空企業家。他在一九六六年創辦雷克航空。

CHAPTER 33

感激和欣賞的力量

感激具備強大的能量，可以提升你的良知意識，「不知感激」則會降低良知。無論何時，只要你無法對自己給予或接受的恩惠心存感謝，那就意味著你的發財之路被阻擋了。

其他人看見後，會認為你不值得信任、不在乎、不知感激，或者不重視自我價值，換言之，這會降低你的吸引力。

欣賞（appreciate）來自拉丁文的 appretiare，意指「設定價格」（set to a price on），讀者也可以參考估價（apprise），意思是「提升價值」。

從字義學來說，你感謝的事物，其價值將會因而提升。藉由感謝其他事物，你本身的價值也會上升。感恩是一種更為精細複雜的情緒，來自於欣賞。即使生活發生的事件，乍看之下很像挑戰或問題，只要你心懷感激，就會因此成長，甚至培育非常良好的態度：「成功代表收穫，而艱困的挑戰則會讓人學到一課」。無論我們有無賺到錢，是否遇到挑戰，都要心懷感激。只要態度正確，迎向挑戰，我們都可以欣賞自己賺進的財富，以及失敗所帶來的成長。

只要用感激和欣賞的眼光看待世界，結果很難會是負面的。**為了實現最大的致富潛能和延伸效益，你必須學會感激所有的一切，而不是只接受自己想要的結果。**

戶頭有錢匯進來，要感激很容易，但如果是要付帳單或開銷，你又會怎麼想？如果你繳納帳單或支付開銷時，表現出憤恨和不知感激的情緒，你也會收到同樣的情感回應。

請善用本書先前提到的「財富真空原則」。即使你無法欣賞他人或自己的行為，也要懂得釋懷，因為憤怒與悔恨都會迅速填補情緒的真空地帶。

從現在開始，向全世界釋放新正能量。無論何時，只要收到帳單或發票，都要心懷感激，因為其他人一定非常高興。他們將產品和服務賣給你，收到你的錢。你的消費創造了一個真空地帶，金錢很快就會補上去。他們信任你，有信心投資你，你應該對此報以感激之情。

你促進了經濟成長，提升個人國內生產毛額。你儲存了他們的善意，未來將會變成真實的回報。放下不滿的情緒，記得產品或服務帶來的價值，用欣賞和感激支付帳單。

感激你收到的服務，感謝自己有足夠的經濟能力消費，正面的情緒也會提升你的人際關係財富。如果你不喜歡將財富送到這個世界，這個世界也不會喜歡將財富交給你。

第一世界大多數的窮人都以為金錢交易的重點是「獲利」和「損失」，但真正的關鍵其實是「促進錢的流動」。

如果連你都看不起你自己，也不自我感恩，還有誰會這麼做呢？倘若你不感謝自己擁有的一切，不好好欣賞自己，其他人也不會樂於與你合作，財富也不會以你想要的方式到你手上。

你值得過得富裕且幸福，而懂得感激會讓你明白自己真的值得。

欣賞自我價值的良好方法，就是在日常生活中練習感激他人。每一天反覆練習，讓自己在任何時刻，用自然的方法表達感激，例如孩子可愛地抓住你的大腿，咖啡發揮提神效果，看見陌生人的微笑，或者排隊的人禮讓你，不分大小事。

常常練習表達感激，最後就會成為促進財富的習慣。每天晚上睡覺前，仔細列出內心感激的一切。這個習慣甚至有三倍的週邊效益，包括訓練你的潛意識，改善睡眠品質，以及讓你更快入睡。

在日常生活中，竭盡所能感謝他人。你因為哪些原因而感謝別人，就會吸引那些原因。釋放感激的能量，感受能量的回應，以及金錢價值的增加。

CHAPTER 34

慈善、理想和貢獻

世上最大的邪惡勢力和最惡劣的犯罪就是貧窮。

——蕭伯納

詩人沙拉金尼．奈都（Sarojini Naidu）是甘地的好友。她曾經斥責甘地追求貧窮的生活。據說，她甚至當面質問甘地：「你知道，為了讓你活在貧窮，其他人必須付出多少代價嗎？」沒有人知道甘地的回應是什麼，但他並未覺得被冒犯，也理解奈都的指控確實有道理。他很清楚每一次的火車旅行和預定公開的行程，都讓國家支付非常高昂的費用。百萬支持者想要見他一面，政府必須安排特殊火車，畫分隔離區，才能讓甘地遠離群眾。

查爾斯．基廷（Charles Keating）是一位美國銀行家，因為「儲蓄和貸款弊案」而惡名昭彰。他捐贈了一百二十五萬美元給德雷莎修女，也是主要的資助者。已故的美國媒體大亨羅伯特・麥斯威爾（Robert Maxwell）同樣鼎力資助德雷莎修女的理想。雖然麥斯威爾因為一九七一年的退休金弊案，被抨擊為「世紀騙徒」，但德雷莎修女毫不在意收取他的資助金，因為她相信「我能夠讓這些金錢發揮良善的用途。」

我想強調的重點是，所有的慈善事業、捐款和貢獻，都來自於資本主義系統和精通資本運作的大師。世上所有偉大的慈善事業家都非常富裕，或者就像甘地和德雷莎修女一樣，刻意選擇貧困的生活風格，但接受有錢人的資助。富人創造了興盛的私部門，私部門提供的富裕資金和稅收，才能建立運作良好的國家機構。以下是更多相關的例子：

- 成吉思汗的蒙古帝國據說是歷史上版圖最大的帝國之一。歷史學家相信，雖然成吉思汗擁有崇高的權力，從未私自占據財富，而是分享給將領和士兵。
- 洛克斐勒捐贈了超過五億美元，協助各個機構推行教育、宗教和科學發展，甚至創辦芝加哥大學和洛克斐勒醫學研究中心（現在的洛克斐勒大學）。一九〇七年，洛克斐勒在十二分鐘之內，協助摩根完成歷史上最大的銀行紓困案，一共募得兩千五百萬美元。在現代社會，只有美國中央銀行願意出手相助，才能提供如此大規模的財務協助。
- 卡內基在美國和英國成為慈善事業的領導者。在生命最後的十八年，卡內基捐贈了高達三億五千萬美元，協助慈善事業、基金會和大學機構，並且特別強調善款必須用於建設地方圖書館、推動世界和平、教育和科學研究。他用商業收益建造紐約知名的卡內基音樂廳、卡內基協會、卡內基國際和平中心、卡內基科學研究所、蘇格蘭大學的卡內基信託基金以及卡內基英雄基金會。

- 英國金融家克里斯多福．霍恩（Christopher Cooper-Hohn）在二〇〇二年共同創辦兒童投資基金會，獨自捐贈二十五億美元。除此之外，他也對其他慈善機構提供同樣高達二十五億美元的善款。
- 香港富商李嘉誠以投資房地產、飯店、空港、建設、手機、鋼鐵、電力和運輸業而致富。他提供十五億美元建立個人基金會，並且承諾至少捐出三分之一的個人資產，協助推廣慈善事業（二〇一一年時，李嘉誠的預估身價是二百六十億美元）。
- 阿齊姆．普萊姆基（Azim Premji）提供超過二十億美元給自己的慈善基金會，將善款專門用於改善印度的公立學校教育，包括師資訓練和課程內容。他的善舉影響了印度全國超過兩萬五千間學校和二百五十萬名以上的學童。
- 杜拜的統治者穆罕默德．本．拉希德．阿勒馬克圖姆（Sheikh Mohammed Rashid Al Maktoum）捐獻一百億美元給自己成立的慈善基金會，希望減少「阿拉伯地區和已開發世界的知識差距」。這個基金會也資助創業家，和努力經營企業者，同時援助人道事業，例如舒緩非洲之角（索馬利亞和阿賽俄比亞地區）的災難。

- 卡洛斯·史林·埃盧（Carlos Slim Helú）是數間手機和通訊公司的執行長。他捐贈超過百億美元作為慈善用途，也強調他創造的就業機會可以提供同樣重要的經濟保障。
- 祖克伯的身價是五百六十三億美元。他也是一位非常活躍的慈善運動家。他將臉書公司的部分股權賣出，價格是九千五百萬美元（稅前）。隨後，他捐出九十九%的金額，協助推動公益。二〇一五年，祖克伯和妻子普莉希拉·陳（Priscilla Chan）創辦「陳和祖克伯啟動計畫」，主要關注「個人化的學習、治癒疾病、建立世界各地的人際網絡，以及建構強壯的社群」。祖克伯捐贈一億美元作為教育用途，以及一〇五億美元提升醫療水準。

我身無分文時，甚至無法向樂施會（Oxfam）提供一個月十英鎊的捐款。由於缺乏金錢，我消耗社會資源。

我是一名消費者，上述的億萬富翁都是巨大的創造者。我的生活仰賴社會貸款和信用制度，等於間接受到他們的照顧。他們創造偉大的價值，捐贈數十億美元，我只能接受照顧，到肯德基用餐。我敞開心胸，願意追求財富和金錢之後，才能提出貢獻，協助實現重要的理想和目標。

資本主義就是慈善事業

所有的善心捐款或服務，都是由資本主義提供資金，因此，所有的善舉都屬於資本主義。如果你希望捐款，或者在慈善機構擔任志工，你會需要大量的錢、成功資本家的幫助，或是創造收入的資產，才能擁有空閒時間，奉獻社會。

你擁有的一切無法決定你的人生；你付出的一切，才能決定你的人生。

——邱吉爾

能夠結合追求財富的欲望和亟欲奮鬥的使命，是一種偉大的力量和特權。比我們更偉大的理想，使我們成長、吸引其他人，讓我們更有吸引力。

如果你想建構巨大的財富，應該立刻追求偉大的理想。不要等到發財後，立刻追求理想能夠創造更多力量。其他人發現把錢交給你，也會幫助其他人事物時，你會獲得更強大的財富能量。發揮資本和財富地位的良善價值。

財富和偉大的理想結合，經由智者之手，可以建構文化和任何形式的大師作品。我們現在能夠親身經歷和體驗的偉大壯舉，都是資本主義和慈善事業的平衡結果。

許多人因為內心的空缺而追求理想和慈善事業。歐普拉童年遭到虐待，索羅斯經歷納粹占領德國並且逃出布達佩斯圍城行動。他們結合資本主義的財富和慈善事業的壯舉，填補痛楚和內心的空缺。你的內心是否也有同樣的空洞，可以推動重要的理想，替這座世界創造積極的改變？請思考，你渴望替什麼目標而戰？你的理想究竟是什麼？尋找有意義的理想非常重要。竭盡所能列出各種理由，思考為什麼財富可以讓你造福世界和自我。

設定偉大的目標，在你離開世界之後，依然留下偉大的傳承。

如果你每天早上都找不到值得挑戰和實現的目標，你就無法散發耀眼的光芒。

——迪馬丁尼博士

內心沒有目標的人會流失金錢，這些錢會流向有目標的人。如果你真心想要實現理想，宇宙就會與你合作，讓你找到合適的人，支持你的慈善事業，解決問題，發展規模和價值，實現偉大的理想。

你將成為他們的商業合作夥伴，發揮「啟蒙後的自利」的金錢價值。偉大的理想讓你獲得勇氣和資源，超越自身的極限，建立偉大的財富。

什麼是啟蒙後的自利（Enlightened Self-Interest）

啟蒙後的自利是一種倫理哲學，主張一個人只要努力追求他人的利益（包括團體或所屬族群的利益），最後就會實現自己的利益。

善用這個哲學觀念，平衡自利和人道主義關懷，提升接受和給予的價值。你的慈善事業不需要侷限於金錢。提供教育或其他人道協助，都可以提升傳承的價值，遠遠勝過於繳納稅金。

相較於訓練一個人的認知、喚醒他的意識，提升他的知識，將金錢交給一個不知道如何管理金錢的人，其實無法照顧他的福祉。所以最偉大的慈善事業家鼎力投資教育，提供善款建立教育基金會。你的傳承價值可以超過百萬、億萬美金的價值，讓世世代代的孩子獲得教育和啟發。即使你尚未擁有財富，也可以立刻開始投身公益，因為時間是最珍貴的資產。請發揮時間的最大價值，投入他人的生活和教育。

RAOG

開創慈善事業和財富流動的好方法，就是進行 RAOG（隨興給予行動，Random Acts of Giving）。

在日常生活裡，請記得深思熟慮，慎重感謝他人的幫助，甚至寄送個人致謝卡片。將重要的生活事件銘記在心，例如朋友生孩子、婚禮或生日。大方送禮給朋友或陌生人。對待朋友和陌生人都要溫柔仁慈。

積少成多。讓別人度過愉快的一天。

接收和給予財富是你的權力和責任。在已開發世界，所有必要的資訊和機會都在你的指尖，貧窮是一種自私而且不關心人類福祉的行為。如果你在乎人類，你必須提高生產，高於消費，給予並且接受。

偉大的人創造偉大的財富，並且給予偉大的財富。請努力提升自己的標準和財富。

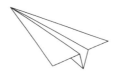

第 7 部

策略和系統

我將在這個部分介紹各種方法和機制，
讓讀者了解更多知識、賺更多錢，並付出更多。
我們前面已經討論過有關金錢的信仰、心態和觀念，
現在要進入更細節的部分。
如果你被本書吸引的原因是希望學習賺錢的技術，
這就是你需要也最有關係的內容。

CHAPTER 35

生活槓桿

生活槓桿可以讓你事半功倍，用更少成本賺到更多錢（用其他人的金錢作為成本），用更少時間創造更多時間（減少你的個人時間支出），用更少付出得到更多成果（減少你的個人付出）。

給我一根夠長的槓桿，我就能舉起全世界。

——阿基米德

許多人在生活中沒有發揮槓桿效果，相信「努力工作」就會賺更多錢，而我們必須「奉獻」和「犧牲」才能餬口。

生活是一種權利，不需要「努力」才能得到最基礎的生活，我們值得過自己的人生。

每個人都會經驗到槓桿效果，例如僕人和主人、員工和雇主、追隨者和領導者、借款者和貸款者、消費者或生產者等關係，兩者不僅互利共生，其中一人還會成為另一人的槓桿。

我們必須善用這種效益，實現激勵人心的夢想，善用他人的時間、金錢、資源、人脈、系統、經驗和技巧，藉此賺錢，或者成為他人的助力，實現他們的願景。

如果你替別人工作，但內心並不快樂，或是完全為了錢而工作，不工作就沒收入，意味著你已經淪為別人的槓桿。他們利用你賺錢，你成為價值鏈中最底層的人，愈努力工作，賺得反而愈少。你幾乎沒有決定權和自由，可能也覺得很不幸福。

許多人受到影響，相信時間、工作和金錢之間只有一種單向關係，但富翁們和有遠見的人則明白三者能夠相互影響。

我們被教導「努力工作才能賺錢」，但其實你該學著怎麼用錢滾錢。你被洗腦，認為長時間的付出和超時工作才能賺錢，但在真實世界中，只要善用槓桿效果、領導能力和打造菁英團隊，就可準確實現目標，創造細水長流的財富。

然而，英國前二十五%的有錢人，全都不是聘僱人員，而是創業家或接收父執輩留下的公司。他們是雇主、企業家和投資人。全球所有的願景家也是財富創造者、改變者和風險承擔者。

富翁們善用他人的時間、資源、知識和關係，替自己創造利益與節省時間。仔細看看億萬富翁的生活方式，他們真的比礦工、僕人和清潔工更努力工作嗎？當然沒有。你可以學習槓桿效果，理解有錢人使用的策略和戰術，藉此賺錢、節省時間，更上層樓。

所幸有了網際網路、光纖網路、還有那些應用程式和系統，想要以小博大比以前容易許多。

你可將許多瑣碎的操作工作外包，以時薪制聘請數名助理，騰出更多時間，專心處理創造收入的工作。你可以將五個小時的工作外包，支付四十英鎊，請其他人處理非收入創造工作，再把五個小時重新投入重點工作，建立事業、購買房地產，帶來三萬英鎊的收入，製造每年平均數千英鎊的利潤。

槓桿資產

讓我們以房地產投資為例吧。我非常熱愛房地產，而且這也是我的主要事業，更是超級有錢人常見的獲利模式。

在房地產投資中，可以分為「投資客」和「房東」兩種類型。投資客雖然也負責處理房東的經常工作，例如房地產管理和修繕，但許多房東則是親力親為，毫無發揮槓桿效果。

這些房東通常「自聘員工」，或者把當房東視為打發時間的副業，親自處理裝潢、油漆、收房租和其他瑣碎的事務工作。然而，投資客則懷抱更大的願景，堅守理想的策略，將所有管理和修繕的瑣碎工作外包，發揮槓桿效果，騰出時間來親自處理更重要的收入創造工作，提升事業規模。大多數的利基產業都適用這種思想和經營過程。

很多人都受到父母傳承給他們的價值觀，而且很難翻轉，相信要「找一份穩定的工作，努力犧牲奉獻，不要輕易冒險」這個概念。

大多數的自雇員工認為所有瑣事都不能假手他人。身為事業老闆又親力親為，使他們獲得一種「我很重要」的感覺。他們防衛心太高了，認為「沒人可以做得跟我一樣好」，不願意將工作外包給其他人。

這些人以為自己沒錢找人外包，又或是以為親自動手可以省錢。他們剛開始創業時，藉由親自處理大小事省錢，長久下來已經習慣了。

親自動手做確實可以節省成本，但卻相當浪費時間，也產生不了什麼週邊效益。你必須完成許多不喜歡也不擅長的瑣碎工作。親自動手做的英文是DIY，Do It Yourself，我認為其實是Destroy It Yourself，親自摧毀事業。

剛開始投資房地產時，我認為親自觀看物件、處理購買手續、協商貸款、重新裝修、出租和管理房客都是日常必須工作。我充滿能量、熱誠和動力，就像許多人接觸新領域一樣，最後卻耗盡了耐心。

第一年，我購買了十餘件房地產，準備迎接人生的財務安定時，我突然想問自己：「這就是我想要的生活嗎？」真相是，我喜歡可愛的嬰兒，但討厭生產的痛苦，換言之，我想要房地產創造的金錢，但厭惡管理和修繕的細節工作。我已經陷得太深，而且開始賺錢，我害怕自己無法逃離困境。

即使房地產是全世界最好的資產項目，只要缺乏願景或不懂得利用槓桿效果，也會成為艱難的事業，因為你必須處理困難的瑣事，而別人更不會珍惜你創造的價值。

然而，只要懂得怎麼借力使力，善用時間、金錢、資源、觀念和人力，房地產可以讓你擠身富豪名單。其他的事業也一樣，只要發揮槓桿效果，就能獲得理想結果，凡事親力親為，到頭來換到的只是沮喪。

大約一年後，我下定決心，不讓自己的房地產事業像其他房東那樣成為兼職工作。我開始尋找各種方法，讓其他人替我瀏覽、出價、購買、出租、裝修、管理和維護修繕房地產，同時保持良好的收入。我只有兩個選擇：退出房地產，或者建立槓桿。

我的老天，我已經投入太多，不可能退出。但是，我沒有將燙手山芋交給別人，或者擺脫責任，而是神智清醒地明白自己想要追求什麼生活目標。

我和荷馬建立合夥關係，也發現很多人其實很珍惜你覺得困難或討厭的工作，甚至表現良好，藉此賺錢謀生。他們不只能夠從事我做不到的工作，還真的喜歡我厭惡的內容，這個發現對我來說幫助很大。

在此之前，我根本不曉得有這種人。如果我可以把瑣碎的工作外包，就能獲得成長，賺到更多，從事更多自己喜歡的工作，並且創造商業契機、就業機會和促進經濟發展。我當時已經二十六歲了，從來不曾有過這種體驗，也沒人教導我槓桿效果。

◎快、更快，最快

槓桿效果是一種商業、金錢和生活策略，但不是什麼「快、更快而且最快致富」的方法。

生活槓桿是真正能夠追求成功、自由和保存時間的捷徑。如果你願意善用人力資源，即便一單位的人力資源只能賺到微薄的利潤，但眾多人力資源的總利潤，絕對超過各自賺取的利潤加總。舉例而言，一單位人力資源的每小時利潤是十英鎊，聘請一萬個人，遠遠超過你一個人一小時賺一千英鎊。

我開始在房地產建立第一個商業投資事業時（藝術家生涯不算，當時我並不清楚什麼才是真正的事業），我和合作夥伴總是親力親為，拚了老命。我們的表現還算可以，盡力維持成本，保護弱點，並且迴避風險。我們創業時，遇到歷史上最嚴重的房地產衰退事件。

回首過去，只要改變原本的方法，就能做得更好、更快、更聰明，而且不必增加風險。我們應該更快速增加槓桿。我經常問自己：「羅伯，如果讓你回到過去，擁有現在的知識，你會改變什麼？」答案是：找到最好的人才，發揮槓桿效果，專注構思策略、願景和建造優秀團隊，空出時間，將無趣艱困的工作外包給其他人，因為他們的技術遠比我們更優秀。

委任合適人才完成相關工作的成本，遠遠低於我們親自執行。當時，我們的眼光不夠長遠，只能看見努力節省的金錢，無法察覺因為凡事自己處理而損失的成本。

上述的原理也可以反映發展不動產（我的房地產學院之一）的學生和社群成員的訓練成果。積極行動的人如果快速發揮槓桿效果，就會創造良好成績。多數成功的學員已經全心投入房地產投資，在九到十八個月之內，建立了數百萬英鎊的資產組合，每月淨收三千英鎊、五千英鎊、一萬英鎊至兩萬英鎊不等的被動收入。很多人辭掉原本的工作，擠身百萬富翁之林，甚至開始訓練自己的學員，成為房地產業界令人尊敬的專業人士，不只回饋知識，也開創另外一項收入來源。

相較於我和其他夥伴，學員用更快的速度，得到更好的成果，而且避免更多錯誤，因為他們善用前輩的錯誤，發揮槓桿效果，至少明白如何輕鬆成功。但是，其他不願接受槓桿效果的學員，步調較為緩慢。

非槓桿運作造成的機會成本

你之所以獲得成就和金錢，重點不在於你「做了什麼」，而在於你「不做什麼」。

舉例來說，你選擇賣小船，就不能投資遊艇；如果你定價低廉，代表拒絕支付高額款項的客戶。

我們很容易聽從「傳統」建議，相信努力工作、付出時間並且犧牲奉獻那一套。我和荷馬剛開始創業時，也採取這個方法。我們一頭栽入，壓根沒看到其他可能性。

我們的事業就像一艘全速前進的船，但卻找不到方向。我們每天的工作時間有限，無論多努力或提升效率，事業依然無法成長。我們遇到撞牆期，愈來愈忙碌，無法處理真正會賺錢的工作，甚至因為太累而出錯。

事實上，我們是把對的方式用在不對的工作上，卻忽略應該專注的任務。我們只是不斷搬石頭砸自己的腳。諷刺的是，當初想要創業的目標，就是想要多一點自由的時間，追求自己熱愛的事物，但我們太忙了。我和荷馬合作的第一年購買了二十件房地產，收入還算不錯，但「不錯的收入」阻撓我們追求真正的財富。

三十一歲那年，我終於成為百萬富翁。我日以繼夜工作，兒子已經九個月大了。某天深夜，我回到家，未婚妻和我促膝長談。她說：「我很高興看到你的事業有成，但如果你繼續這麼忙，巴比起床前就要出門工作，巴比睡覺時還沒回家，等到他十八歲，都還不知道自己的爸爸是誰。」

當時的我很難放鬆，因為我窮日落月，只為了讓家人享受更好的生活。直到放下自尊，我才看見兩種可能的未來。第一，每個星期工作八十小時，賺到很多錢，獲得社會大眾認可，將「辛苦工作」視為閃閃發亮的徽章，卻精疲力竭，家庭關係岌岌可危，為了生活而工作，追逐永遠看不到的終點。

第二，我可以在家中或世界各地工作，自由旅遊，經常陪伴家人，直到他們覺得我很煩，趕我出去走走，並且藉由被動收入，享受高品質的生活。

就是這個啟發了我，讓我思考生活槓桿、生活經濟系統、人力資源以及建造事業的過程，並且成為另一本書《生活槓桿》討論的哲學。你和我一樣，只需做出正確的決定，將金錢視為生活槓桿的必然成果，而不用辛苦追求的目標。

將時間快轉到現在，我個人和公司的事業已經發展妥善的槓桿效果，雖不完美，偶爾也會遇到一些意外或混亂，但卻總是能順應環境，求新求變。

我們原本習慣自己處理房地產，後來聘請租賃仲介，甚至和租賃仲介建立商業合作夥伴關係，建立槓桿。我每年進行兩百五十場的訓練演講，現在則聘請一百位教育訓練講師。

我們成立專業的收購團隊，不再親自尋找和購買房地產了。我們原本購買小型單人套房，現在投資大型商業建築。我們的教育事業原本僅限英國當地，現在也擴展全球。我們原本一週的收入是六十英鎊，現在則是六十萬英鎊。我們原本親自處理所有事，現在則請教導師、智囊團和專業人士。你也可以！這是一種成長的過程。我沒有辦法獨自依靠努力工作完成上述的成就，更沒有時間寫書和學習。我由衷希望幾年之後，我的事業更為茁壯龐大，相形之下，讓此時此刻的成就顯得「嬌小可愛」。但是，如果我當年沒有大徹大悟，繼續妨礙自己，就不會有這些成就。

槓桿的五個重點

（一）時間與生活

沒有時間管理這回事。你無法控制或改變時間，所以不能管理時間。你只能管理自己，以及如何使用、節省、投資或浪費時間。時間管理應該改名為「生活管理」，藉由「保存時間」，盡可能減少時間浪費，我們的目標就是「獲得」更多時間。時間是最寶貴的稀有資產，而且不停減少。從出生開始，時間就進入倒數計時，你投資愈多時間，浪費愈少時間，就會擁有更多時間，和自己心愛的人，在喜歡的時候，從事熱愛的事物。

你的時間觀念會直接影響控制時間和發揮槓桿效果的能力。你是否將時間視為最珍貴的資源，願意付出所有，妥善保存時間？你是否相信時間是寶貴的禮物，想要發揮每分每秒的最大效用？你是否正在尋找發揮槓桿效果，多重應用時間的方法？或者你受限於時間困境？你希望解放自己，享受每一刻？你是否心懷感激地活在當下，或者悔恨看待過去，恐懼面對未來？

我們必須永遠珍惜並且妥善計算時間，絕對不要錯過保存時間並且發揮槓桿效果的機會。舉例來說，我曾經在剪頭髮時，用社群網站和商業夥伴開會。請讓我計算其中的槓桿價值：如果我一個月剪頭髮兩次，一次半小時，一個月就可以進行一個小時的商務會議。假設我活到九十七歲，代表得到七百二十小時的槓桿效果，一個小時賺進一萬英鎊，只要謹慎投資時間，六十年就能賺到七百二十萬英鎊。

許多大規模企業的擁有者不會每天工作。他們聘請數千名員工。他們知道時間的價值，經常說：「這件事情不值得我的時間」或「我不要為了這件事情而犧牲睡眠」。你現在知道為什麼了，請睿智地採取同樣的態度，將時間視為珍貴的資源和投資。

以下是三種最珍貴的金錢時間槓桿模型：

◎時間投資報酬（RoTI; Return on Time Invested）

時間投資報酬是結合時間槓桿模型和操作方法的系統，藉此分析我們如何使用時間。關鍵的問題就是不停詢問自己：「從事這個工作會讓我得到最好的時間投資報酬嗎？」

這個簡單的問題可以讓強迫我們時時刻刻妥善應用時間，從事正確的工作，獲得最大的槓桿效果，用最少的時間賺到最多錢，放棄沒有槓桿效果的工作，或者委任他人辦理，實現每個工作的潛能，創造循環益處和收入。

◎時間機會成本（Time Opportunity Cost）

時間機會成本是指當前工作或花費時間造成的成本，包括財務和其他層面。許多人不知道什麼是時間機會成本，因為他們只能看見眼前工作的利弊，而不是他們放棄的其他工作，或者其他選項能夠創造何種優缺。從金錢的角度來說，機會成本非常容易衡量。如果你一天用三個小時處理行政工作，只需要每小時十英鎊的價格，就能委任外包，代表你一天失去三個小時，不能實際銷售產品，創造大於每小時十英鎊的收入。倘若你一天花三小時完成房地產文件工作，也就是一天失去三個小時，不能尋找新的房地產投資物件，失去獲得數萬英鎊利潤的機會。

讀者務必永遠保持警惕，不要只注意眼前的工作，而是思考「我放棄了什麼」以及「我現在可以做什麼」。正如時間投資報酬的查核方法，我們時時刻刻思考兩個重點：「我如何投資時間」以及「我是否能夠將時間投資在其他更好的工作」？

◎非剩餘時間（NeTime; No Extra Time）

一般討論的「多工」（multi-tasking）其實只是受到太多工作的干擾，同時處理過多事項，顧此失彼，浪費時間和腦力。非剩餘時間可以做到真正的多工，減少傳統多工思維的缺點，讓你用一個單位的時間，獲得多項成果。以下是非剩餘時間的應用例子：

- 旅行、健身、走路時聆聽有聲書。
- 搭火車或坐車時處理聯絡事宜。
- 觀賞傳記紀錄片（娛樂和學習兼顧）。
- 盡可能搭乘火車或聘請司機，在移動過程中思考更重要的工作目標或其他事項。
- 園藝、清潔、烹飪、乾洗、駕駛、育兒和家務也要善用外包資源，發揮時間槓桿效果。
- 度假行程結合商務計畫、願景規劃、外地演講或智囊團會議。

- 購物或旅遊計畫結合其他課程或各種活動。
- 與導師或商務人士共進晚餐。
- 社交場合結合商業活動。

如果你需要更多詳細的資訊，請參考我的另一本書《生活槓桿》。

（二）金錢（資產）

建立適合的資產，完成初步階段之後，減少時間支出，在公平交易的情況下，創造財富和收入，使你享受槓桿效果。你將時間、資本和資源投入資產，創造被動收入。購買資產，完成相關設置，建立妥善的自動管理系統，或聘請專業人士處理，你不必親自處理瑣碎事務，將保養修繕工作委任外包，應對各種資產的特質，再將收入轉為投資，建立更多資產。以下是各種資產類型，我們將會在稍後的篇幅細緻探討更有關的內容：

- 商業（有形的商店、無形的網路商店或電子商務）。
- 房地產。
- 智慧財產權（觀念、專利、執照、資訊或音樂創作）。
- 投資（股票、債券）。
- 融資。
- 實體物品（貴重金屬、藝術品、手錶、酒、經典車）。

- 合夥（特許經營、合資）。

◎槓桿鍊金術

金錢槓桿就是資產鍊金術，例如許多經濟學家口中的財務奇蹟「部分儲金銀行制度」（Fractional reserve banking），申請貸款投資房地產或其他資產類別，選擇權和其他的金融合約使我們可以控制資產，不必準備額外的儲備金，也無須實際交易或購買。

進階槓桿包括商業合資，由其中一方提供全額資金，但不必付出管理和經營時間。除此之外，我們也可以投資單人套房或多套房住宅提供住宿或租賃服務。金融機構甚至建構更複雜的槓桿，將貸款重新包裝成CDO（債務擔保債券，collateralized debt obligations），也就是將房屋貸款、債券和貸款組成新的金融信用商品。槓桿鍊金術唯一的限制，就是人類的想像力和陳腐觀念。

◎槓桿平衡

在進一步探討怎麼減少擔保、創造更多收入的財務槓桿技巧之前，我必須強調槓桿平衡的重要性。

建立太多金融槓桿和各種規模大小的投資決策，可能會使你陷入負債，或者背負嚴重的放貸成數。如果你無法填補放貸成數的虧損，將導致銀行回收融資貸款，甚至損失資產。

同樣的道理也適用於銀行。銀行必須維持一定比例的貸款／存款比例（即法定儲備金），如果過低，政府就會強制銀行收回貸款。銀行同時運作許多複雜的槓桿金融商品和機制。但是，倘若走到另一個極端，也毫無槓桿效果，你的金錢和資產就會陷入停滯狀態，形同浪費。

沒有槓桿效果的資本會受到通貨膨脹的傷害。信用債務比例良好的槓桿資產則會創造良好收入，除此之外，由於貸款債務的真實價值也會受到通貨膨脹的影響而貶值。換言之，只要建立平衡的槓桿投資，你可以獲得兩種利潤（投資收益和貸款貶值收益）。

◎部分儲備金銀行制度

銀行接受民眾的存款，將部分存款借貸給有需要的民眾，或者轉為投資。銀行必須維持一定比例的貸款／存款比例，稱為「儲備金」。

銀行以實際貨幣或帳戶餘額形式保持儲備金比例。瑞典中央銀行（Sweden Riksbank）是歷史上第一間國家中央銀行，建立於一六六八年。許多國家在一六〇〇年晚期開始效法瑞典，建立自己的中央銀行，賦予央行規定法定儲備金的比例，稱之為「貨幣基礎」，也就是現金和儲備金的比例（現金儲備比例）。

部分準備銀行制度雖然引起批評，卻讓銀行成為貸款者和儲蓄者之間的金融橋樑，向民眾提供長期貸款服務，也有金錢流動服務，讓儲蓄者可以立刻提領現金。有時候，銀行可能會遇到大規模的儲蓄者希望提領所有存款，金額超過儲備金，但這種風險發生的機會非常稀少。

為了應對銀行經營的風險和極為罕見的風險，大多數國家的政府都會管制並且監控銀行運作，具體的措施包括儲備金保險、由政府擔任商業銀行的最後一道防線、制訂規則（限制銀行必須保持特定比例的最低儲備金，所有的商業銀行都必須保持儲備金，不得全額借貸或投資等），控制利息和調節通貨膨脹。

上述的管制方法保持銀行系統有效運作。實際上，銀行系統的運作重點是信任，而不是維持金錢的妥善流通。因為幾乎每一間銀行都無法承擔所有儲蓄戶同時想要全額提領現金。只有媒體持續散播恐懼和不信任消息時，才會造成擠兌現象。由於銀行的儲備金低於儲蓄金額，部分準備銀行制度可以讓一個國家的金錢成長潛力超過中央銀行印製的金錢額度。這種經濟系統的槓桿足以推動國內生產毛額成長。

無論生產者或消費者，都可以因為各種形式的金錢成長潛力而受惠，例如合法的超額借貸、個人貸款、房屋抵押貸款、信用卡和其他金融商品。

如果沒有這些機制，上述的美好成果就不會發生。從一六〇〇年開始，人類已經善用金錢槓桿效果長達四百年，我們可以從中學到許多珍貴知識和運作模型，協助自己建立適合和實現價值。你是否能夠在自己的事業（商業）領域中應用相似的概念，提升金錢的流動速度？

◎黃金本位主義槓桿

為了對抗一九三〇年代初期的經濟大蕭條、險峻的失業和嚴重的通貨緊縮，美國政府提出了各項振興經濟方案。美國和其他國家決定共同提升利率，藉此有效勸阻民眾不要提領存款，並且減少黃金供給，卻讓一般民眾和投資人無法貸款。

一九三三年，美國總統羅斯福決定切斷美元和黃金之間的關係，讓政府在市場中投入更多資金，同時降低利息。《金融之王》（*Lords of Finance*）的作者李奎特・阿禾梅德（Liaquat Ahamed）表示：「絕大多數的經濟學家現在都同意，美國當年能夠解決經濟大蕭條，九成的原因是結束黃金本位主義。」直到一九七一年之前，美國依然同意讓外國人用美元換取黃金，直到時任總統的尼克森終止這項協議，避免渴望發美元財的外國人淘空美國的儲備黃金。

世上的黃金有限。二〇一一年時，黃金的礦產紀錄是十六萬五千公噸。巴菲特曾說，地表上的黃金總量只能塞入二十平方公尺（六十七平方英尺）的大盒子中。由於產量和取得途徑有限，也無法預期人類是否會在未來找到新的黃金來源，黃金難以拓展經濟基礎和成長，只會降低經濟政策的效果，阻礙經濟發展的反應和速度。

如果美國當年沒有終止金本位主義，印製更多金錢鈔票，經濟成長就會變慢，造成供不應求，價格大幅上升，經濟系統無法穩定運作。當初的策略也擴展了金錢流動速度和加密貨幣的成長空間。美國的策略發揮很好的槓桿效果，值得我們深思學習。

◎量化寬鬆（Quantitative Easing）

量化寬鬆是國家中央銀行印製更多金錢投入市場，這個槓桿策略雖然也受到批評，但同樣證明可以開創新的經濟成長結果。如果經濟成長趨於緩慢，量化寬鬆政策能促進消費。量化寬鬆的理論基礎很單純：只要經濟系統擁有更多金錢，足以提升民眾消費意願，讓企業公司獲利，再將利潤轉為投資，創造就業機會，提升金錢流動速度和增進市場信心。國內金錢增加之後，刺激出口以及銀行提供貸款的意願。由於量化寬鬆政策會在長期造成利息下降，連帶鼓勵投資人融資。銀行擁有更多現金，降低借貸門檻，將更多金錢投入市場。

量化寬鬆政策當然也要追求平衡。如果印製過多金錢鈔票，將導致金錢價值下跌，中央銀行也會擁有過大的權力。量化寬鬆政策的另外一個優點是貸款的成本會隨著通貨膨脹而減少。量化寬鬆政策的本質就是一種調整經濟系統能量平衡的槓桿。各位讀者當然沒有能力配合市場需求而印製鈔票，但我們可以創造個人的量化寬鬆政策想像，建構不同的資訊、觀念、能量和有價值的產品，協助事業和個人國內生產毛額的發展，追求獲利提升。請努力嘗試！

◎現金的槓桿效果和反槓桿效果

如果存款利率低於通貨膨脹率，將錢放在銀行只會創造反槓桿效果，甚至承受損失。倘若存款利率略高於通貨膨脹率，例如存款利率為五％，而通貨膨脹率為三％，代表你只有〇．〇二或二%的獲利率。現金本身難以創造良好的槓桿效果，除非現金成為製造槓桿的擔保品。

◎銀行槓桿效果

如果現金成為房地產的存款抵押，銀行就會根據房地產的價值計算貸款，並且收取手續費。銀行可能會同意借出資產價格的五十%或八十%作為貸款金額。

假設你購買房地產時，必須繳納二十五%的現金作為存款抵押，剩下的七十五%則是向銀行貸款，代表你用二十五%的現金比例購買資產，槓桿效果就是四倍，或者四百%。

你付出二十五萬英鎊購買價值一百萬英鎊的資產，剩餘的七十五萬向銀行貸款。銀行本身並未得到任何資本成長，價值一百萬英鎊的資產屬於你。

根據全英房屋抵押貸款協會（Nationwide Building Society）的研究報告指出，一九五二年之後，英國房地產價格每十年就會成長一倍。換言之，十年之後，你的房地產價值將會變成兩百萬英鎊。如果在這十年間，你只繳納七十五萬英鎊的貸款利息，或者設定二十五年的貸款償還期限，可能已經償還三分之一的金額，代表剩餘五十萬英鎊左右的貸款。由於銀行貸款建立的槓桿效果，房地產的實際價值已經從原本的二十五萬英鎊，變成一百五十萬英鎊。原本的二十五萬資本也成長了六倍。

讓我們再假設房地產十年來都順利出租，用房租收入繳納貸款，七十五萬的貸款減少為五十萬，就是更進一步發揮槓桿效果。

換言之，房租成為你的收入來源之一。藉由銀行，你同時創造三種槓桿。第一、你用銀行的錢購買資產。第二，你用房客的錢繳納貸款。第三，房地產和房租收入提升你的金錢流動速度。你可以將房地產的管理和修繕工作委任給仲介經紀人，減少時間支出，建立第四個槓桿。

◎商業合作槓桿

在上述的房地產投資案例中，如果你找到投資人願意支付二十五萬英鎊的購屋存款需求，或者和其他人簽訂契約，得到投資保證金，就能夠創造無限的槓桿效果。按照上一段的房地產例子，投資人提供二十五萬英鎊，剩餘的七十五萬英鎊依然向銀行貸款，就能湊齊購買房地產的一百萬英鎊成本。

除此之外，你也可以尋找一位願意百分之百出資的商業合作夥伴，達成同樣的利潤。我在商業活動上認識了一位投資人，後來結為好友。他全額投資我們購買一棟商業建築。我們再向銀行貸款，將建築重新裝修為四十二個商業單位之後出租。我們和投資人共同擁有這些商業單位。

隨後，我們買下隔壁的商業建築，改建為十二到二十個商業單位，可根據承租者的需求調整。這兩筆投資的年獲利估計為三十六萬三千英鎊，成本完全由投資人負擔。在這個商業合作模式中，投資人藉由我們的時間、地點、知識和經驗，建立他的槓桿效果；

我們則藉由他的資金，創造我們的槓桿效果。

◎購買契約槓桿

如果你和交易方簽訂「選擇權契約」，在一定時間之內，你可以選擇是否收購房地產或商業公司，就能建立特殊槓桿效果。倘若約定時間為三年，你可以在這段時間按照自己的方式管理房地產或商業公司，獲取房租或銷售利潤，改變房地產的用途，增加收入，不必先支付購買房地產的原始資本。你也能夠獲得現金收入，提升資本價值，繼續增加收入來源。

另一種槓桿契約則是分期付款選擇權契約。你依然可以在一定時間之內，決定是否收購房地產或商業公司，但採取分期付款方式。這種付款方式可以讓你用更長的時間週期支付款項，你能從其他資產的收入（例如房租）支付，等於實質取用資產的未來收入，支付現在的投資，降低資本支出，有時候甚至可以做到毫無資本減少。

許多聰明的房地產創業者也開始將企業承租合約轉型為「二次租賃」房地產投資。他們不再實際購買房地產，而是用傳統的方式向地主承租房地產，確保房地產的面積廣大，擁有許多房間，再將所有房間租給單一住戶，創造多層次的收入來源。

這種投資方法的本質是「仲介」。投資人找到理想的價格，將地租交給地主，地主非常高興房地產終於成功出租，而投資人獲得三倍以上的收入。這種投資方法建立良好的槓桿效果，因為投資人只需要按月繳交地租（房租）和手續費，將一個房間租給家庭，可能創造每個月超過兩千英鎊的淨收入，幾乎不需要投入資本。

二次租賃投資方法的缺點是投資人無法取得房地產的擁有權。所以，具備開創精神的投資人會先使用二次租賃策略，創造優渥的收入，與地主建立良好的互動關係之後，進一步提出選擇權購買合約，在未來的某個時間點，實際購入房地產，增加個人資本成長，創造另一個層次的槓桿效果。

上述的合約一開始都只是為了解決特定的投資問題，再轉變為投資挑戰，最後則是理想的槓桿觀念，創造投資安排，賺到美好的金錢。

三、系統（過程）槓桿

在本書提到的哲學裡，「系統」一共有三種定義：

（一）系統是「一種事物的安排，建構理想的運作機制或互動網絡，創造複雜的功能過程」。例如團隊中的人事與部門安排、人際社群網絡、社交媒體網絡、線上待辦清單與多公司的合作等等。簡言之，就是「許多單一個體組成完整的群體」。

（二）系統是「硬體單位或軟體功能構成的整體，或者軟硬體兼具，用來處理單一目標」。例如電腦、電腦硬體、軟體、網路、應用程式和其他電子系統，讓人類活得更快、更輕鬆、更好，減少複雜過程和處理情緒的成本和需求。

（三）系統是「完成目標時制訂的一組原則和過程——組織良好的計畫和方法」，也就是用符合預期的方式，建立最有效的方法，追求理想的結果。整齊有序的處理方式或價值觀，反覆創造良好的結果，減少錯誤、提升效率、避免浪費資源。

◎自動化作業

系統創造自動化作業，你的人力變得多餘。自動化作業解決人力資源的瓶頸，不需要支付昂貴的金錢，聘請技術良好的工作人員。自動化作業讓我們獲得自主的時間和自由。自動化作業減少重複進行瑣碎工作的時間浪費，以及過度依賴一般人力、專業技術人員。由於工作量減少，我們腦海的「記憶體」也獲得更多工作空間。自動化作業追求最快速、單純和輕鬆的方法，以最好的效率，建立最棒的成果。

事業和生活的所有行動和功能，幾乎都可以建立有效率的方式，節省時間支出。我們只需要以系統自動化開始，逐步使用各種策略和進階應用。

• 事業系統化

以下的步驟雖然單純，卻可以擴展你的事業規模，協助事業系統化，讓你遠離日常的瑣碎工作：

第一步：寫下必須親自處理，需要發揮知識的每一件工作，以「重點事項」或「心智圖」的形式記下所有即刻處理任務。

第二步：使用口述錄音應用程式或螢幕截圖，記錄你說的每句話，或者銷售、行銷、計畫、事業發展過程、構思願景的細節。

第三步：在每個星期二，將所有筆記和錄音檔案傳送給數位助理或個人助理，請他們編排順序，製作成紀錄本，詳細標出頁碼、圖片和索引系統。

第四步：要求數位助理或個人助理在每週五下午三點以前回傳製作完成的紀錄本，將紀錄本發給公司（事業）中的每一位同仁，確保他們理解內容並且按照計畫進行。除此之外，蒐集回應，週末前交給數位助理或虛擬助理。

第五步：每個星期閱讀紀錄本的部分內容，每個月完整閱讀所有內容。如果一個人完全不認識你，是否可以按照紀錄本的規劃，完成你的工作？隨時修改相關內容，保持整齊簡潔。

第六步：你的事業規模成長之後，要求團隊成員按照上述步驟，製作他們的紀錄本。請管理同仁要求他們的團隊也比照辦理。如果想要創造最大的槓桿效果，要求你的個人助理替你製作。製作系統化工作流程已經是一種槓桿效果，讓個人助理替你製作，就可以發揮槓桿效果的槓桿效果。

想要成功建立系統化運作，許多人看似同意（卻鮮少完成）的關鍵就是立刻開始。

如果你正要開始聘僱員工或者推廣銷售，則不是好時機，可能會打亂事業節奏，影響銷售量，也會花費更多時間，難度更高。

建立自主性的應用程式

善用以下的簡單系統和應用程式，可以協助你發展自主性、全球流動能力，賺到更多錢並且享受自由生活。

- 各類型的線上行事曆。
- Dropbox 或 Google 硬碟等線上檔案共享平臺。
- 能夠在所有手持裝置上使用的社群網路平臺。
- 顧客關係管理系統。
- 電子商務系統（蘋果支付、PayPal、iZettle 和其他信用付款應用程式）。
- 有聲書和電子書。
- 文書作業硬碟和伺服器（可以遠端存取辦公室的中央系統）。
- 密碼保密系統（用一個應用程式管理所有密碼）。
- 遠端視聽系統（提供家庭和辦公室的自動化作業和安全保護）。
- Trello 或其他工作管理應用程式。

- Evernote 或其他線上文件製作分享程式。

◎**良好的作業程序就是最棒的效率**

想要執行系統化工作，最優秀的實踐方式就是建立良好的作業程序。效率就是反覆執行系統化作業，就像處理待辦清單，從A到Z，從第一項到第十五項工作，按照正確的順序進行，並且持續分析，反覆修正錯誤。

你能不能讓作業程序更流暢，或者縮短步驟，減輕作業負擔，甚至創造槓桿效果和經濟成長？

請讀者至少一個月用一天的時間，仔細思考，不要從事任何工作，核對事業的關鍵績效指標，管理各項帳戶，計算所有的利潤和損失，並且分析原因。

金錢藏在細節中，你也可以請求一位事業更有成就的朋友，擔任「私人董事會的隱形執行長」，集思廣益，檢查所有缺失，降低成本並且增進收入。

◎**決策**

如果你希望事業成長，就不要妨礙自己。我必須承認，這是非常難以達成的挑戰。倘若你的事業仰賴自己的知識，你就是事業的核心人物，代表你正在妨礙事業成長。

你不只需要建立槓桿效果和自動化作業，更重要的是，你必須讓關鍵的團隊成員進行決策。如果你不讓他們決策，代表他們永遠都要請示你的意見，其實跟你親力親為沒什麼兩樣。

聘請傑出的人才，讓他們理解你的願景，允許他們犯錯，支持他們而不要控制他們，更不能妨礙他們！

四、人力資源槓桿

建立人力資源槓桿的重點，不是聘請員工擔任你的跟班。許多企業經常產生錯誤認知，我以前也曾經如此。

我們誤以為員工「替我們工作」，我們支付「他們的薪水」，所以他們必須「聽我們的指令」。這種想法就像我們認為自己是家長，所以小孩應該要聽話。如果你曾經對員工使用「我是老闆」的王牌，你可能已經失去他們的信任，甚至造成憤恨不平的情緒。

人力資源槓桿的關鍵在於建立合作、情感和良好的關係，而不是薪水或聘僱關係。將每一位員工視為潛在的合作夥伴或承包商，建立公平交易的槓桿，他們的專業技能和職位使你獲益，而你則提供薪水和良善的對待。

人力資源槓桿的核心是提供明確的遠景，領導員工追求理想，給他們希望、信念、收入和安全感，讓他們覺得自己受到重視。

你和員工可以互相服務，就像是合作關係一樣，而非權力關係。想要用其他人的時間和專業技能建立最優秀的槓桿效果，關鍵就是良好的人際關係。

聘請員工、顧問、承包商或建立合作關係時，所有的員工，包括個人助理、數位助理、營運管理者、管理總監甚至執行長，還有其他類型的工作夥伴，例如承包商、顧問和特聘專業人士都希望在這個關係中發揮自己的槓桿價值。

想要建立有效率的人力資源槓桿，善用其他人的時間和專業技能，最好的方法就是重新檢視你的收入創造價值。在待辦工作清單中，只要任何工作的價值，低於你的收入創造價值，就應該委任辦理。用任何方式，包括現金或三十天短期支票支付薪水，讓自己得到時間，處理真正有價值的工作。

許多中小企業家都會面臨相同的困境。他們認為「我可以做得更好」、「我沒有能力聘請員工」、「我不想聘請員工」或者「我必須讓其他人知道我很努力工作」。沃爾頓剛創業時也是如此，但現在沃瑪超市聘請超過兩百萬名員工。賈伯斯創業時和另外一位史帝夫在車庫創造了蘋果電腦的第一個主機板。蘋果電腦公司現在的營運基礎建立在賈伯斯創造的不朽傳承。

一九五四年，迪克（Dick）和麥克（Mac）兄弟開了第一間麥當勞。一年後，麥當勞成為連鎖餐廳。雷・克羅克（Ray Kroc）才是關鍵的願景家，讓麥當勞成為聘請一百九十萬名員工的大型連鎖餐廳，每日收入高達七十五萬美元。

即使你不想創立如此浩大的事業，請記得，他們一開始都只有一名員工（或者孤軍奮戰），也曾猶豫是否應該聘請員工，推動成長規模。

• 提出新的問題，改寫大腦的想法

許多人經常有這些想法，「我必須做到」、「我做不到」或者「我要怎麼做到？」關鍵的問題在於他們並未發揮槓桿效果，才會引發壓力、過度工作或浪費時間。與其糾結「我要怎麼做到？」不如思考「我可以找誰來做？」提出更好的問題，就會創造更好的生活品質。

很多人相信，有錢人之所以可以建立槓桿效果，就是因為他們有錢，但你沒有資源。你必須支付日常開銷、孩子的教育費用、繳交房屋貸款，肩負重責大任，時間非常有限。你的想法沒錯。然而，請記得，你愈晚建立槓桿，你成為他人槓桿的時間就愈長。如果其他人做得到，你也可以。生活槓桿是每一位偉大企業家都知道的系統和哲學。

五、觀念和資訊槓桿

創意觀念可以解決問題。某個人雖然身無分文，但他能夠解決問題，將觀念轉化為價值，創造優渥的金錢收入。所有的金錢收入都是從構想開始的，請善用這些構想的槓桿效果。**一個人真正的槓桿限制不是現金，而是創意和智慧**。

莎拉．布萊克麗（Sara Blakely）剪掉連身褲襪的下半部後，二〇〇〇年，Spank 牌塑身衣的觀念就誕生了。前三個月，布萊克麗在自家公寓後方處理銷售業務，賣出五萬

組塑身衣。時至今日，原本看似瘋狂的觀念也變成完整的全球品牌產品。二〇一二年，布萊克麗名列富比士的億萬富翁，她的公司預估可達兩億五千萬美元營收。珍妮佛·泰芙（Jennifer Telfer）看見兒子拍打柔軟的玩具，想要將玩具當成枕頭，孕育寵物枕頭的想法。讓人抱在懷裡的寵物枕頭就此暢銷。

二〇一〇年的銷售量為三億美元。五十歲的喬爾·吉利克曼（Joel Glickman）一直都在自家的塑膠工廠工作。有一天，他開始剪裁塑膠吸管，產生K'NEX積木玩具的雛形概念。孩之寶和美泰爾玩具工具拒絕吉利克曼的提案，他決定挪用自家工廠的塑膠射出工具，自行生產玩具。

一九九三年，K'NEX積木玩具問世不久之後，玩具反斗城的創辦人表示，K'NEX是這幾年最好的產品。四年之後，吉利克曼的玩具銷售額超過一億美金。

• 如何發揮觀念的槓桿效果

一、找出社會的需求或問題
二、將需求或問題化為挑戰
三、集思廣益，形成觀念
四、將觀念轉化為解答
五、將解答變成金錢

第一個步驟最困難，而第五個步驟可以創造最多金錢收益。全世界的人都在抱怨問題或需求，創新家則捲起袖子，實現《金錢》哲學的槓桿效果，開始面對挑戰（第二步）。因為他們知道，只要完成第五個步驟，就會取得偉大的成就和收入。

一九九一年三月二十日，艾瑞克．克來普頓（Eric Clapton）的四歲兒子康納（Conor）從紐約公寓的五十三樓意外墜落身亡。幾個月之後，這個悲劇讓克來普頓創作〈天堂之淚〉（'Tears in Heaven'）。這首歌成為電影《迷途枷鎖》（*Rush*）的主題曲，收錄在極受歡迎的專輯《MTV 不插電》（*MTV Unplugged*），榮獲一九九三年的葛萊美獎，也被列入多個「最佳歌曲」清單，唱片銷售量超過七百萬張。克來普頓說：「我幾乎是在潛意識裡將音樂視為一種治療，而且成功了。我找到幸福，用音樂治療傷痛。」

◎資訊行銷

科技加速金錢的流動，金錢也加速科技發展，人類得到前所未有的資訊取用方式。學習和教學比以前更快速簡單，在彈指之間，就可以隨時隨地找到學習的對象。最強大的資訊貨幣可能就是資訊行銷。資訊銷售已經變成最大的創新成長產業之一，在全球創下超過一千億美元的產值，而且年成長率高達三十二．七％。九十八％的資訊已經數位化。

在數位新時代，民眾在每分鐘下載四萬七千個應用程式，創造八萬三千美元的銷售額，聆聽總時間為六萬一千一百四十一小時的有聲書，發表十萬則推特文，瀏覽六百萬個臉書頁面，上傳三十小時的影片，以及觀看一百三十萬個影片。

如果妥善建立數位時代商機，你不必儲存貨品，也沒有生產限制，可以用最小的日常支出，創造最大的槓桿金錢收益。

在第三十九章，我將會詳細介紹在資訊行銷市場找到利基的方法。

CHAPTER 36

複利效應

如果睡蓮在池塘水面的面積，每天會成長一倍，三十天之後就會蓋滿整個池塘。但是，第二十九天時，睡蓮的面積只有池塘的一半，而且最後三分之一的時間，睡蓮的面積會成長超過五十％。

倘若你在高爾夫球場與人打賭，第一洞只賭一英鎊，但每一洞都加倍。到了第三洞，賭注金額是四英鎊，第六洞變成三十二英鎊，第九洞則是二百五十六英鎊。到了第十五洞，賭注金額已經高達一萬六千三百八十四英鎊，十八洞的金額為十三萬一千〇七十二英鎊。如此高金額的賭注，起點只是一英鎊。

許多人的內心都悄悄懷抱鄉愿的想法，渴望得到睡蓮最後一天的成長，或第十八洞的複利效應賭金。但人生和金錢的運作原理並非如此單純。最後一天（或者隔天）的成果同時具備最頑固的慣性和最強大的動能。

只有到了盡頭，我們才能享受最美好的槓桿成果，而且必須先付出努力。你希望建立巨大長久的財富，必須懂得如何將眼光放遠。

萬丈高樓平地起

如果你有研究過太空梭的燃料，就會發現太空梭從地面起飛時，需要耗費一半的燃料，太空梭離地一英尺時已經用完九十六．二%的燃料。太空梭啟動之後的短短幾秒鐘，就快要用全部的燃料了。

換句話說，太空梭需要的燃料主要都用在起飛這段過程。太空梭只需要剩下的少部分燃料，就可以探索無垠的宇宙和回到地球。建立財富的道理也是如此。

從地面開始建立基礎需要最多的能量。靜止的物體傾向於靜止，我們必須努力推動這個物體，才能減輕往後的負擔。

要把這個現象當成是阻力還是助力，完全是看你怎麼想。萬事起頭難，但快到終點時，反而愈來愈輕鬆。一開始勢必得付出比較多，但能藉此減輕後續的競爭和負擔。

如果你正在經營利基事業或創業，在單位時間之內，金錢和時間的關係的確不成正比。一開始，你必須付出最多心力，處理最低層級的工作，取得實際的結果。雖然很不公平，但時間本來就不公平。

時間不是線性，也不是單純的進位制度，並非所有單位的時間都能創造相同的獎勵，也沒有同樣的價值。一旦你設立足夠的動能和複利效果，到後期只要付出極少的心力，就能得到最好的成果。這種情況其實也不公平，但這才是時間和金錢收入的法則。只關注於當下這個小時的人，很容易變成月光族。只關注每一天的人，則會找到工作，執行管理階級決定的任務，而管理階級則會以「星期」為單位。層次再高一點的管理階級，著重的是每月計畫或年度計畫。

而最高管理階級則是執行企業主構想的未來計畫和願景，為期三到五年。企業主受到有遠見的人鼓舞，因為這些人可以看見數十年後的發展。而這些有遠見的人則是受到各時代聖賢的影響，他們關注下個世代的人類和地球的永續發展。換言之，一個人的願景和財務收入，其實取決於他是否能夠看見更長久的未來。

◎無形資產

每一天，我們都應該繼續建立足夠的動能和複利效應，創造巨大的無形資產。許多人因為無法實際「摸到」事業動能和複利效應，所以放棄賺錢的大好機會。

還沒看見樹根，就決定放棄種樹。樹根愈深入地裡，就能長得愈高。想要得到甜美的果實，必須孕育強壯且四處蔓延的樹根。無形的資產可以將抽象的觀念化為實際的成果，讓精神變成物質和金錢。

無形的資產包括名譽、善意、品牌價值、網絡、心智空間、信任、客群、追隨者、支持者和推薦人、分享率、觸及率和曝光度、資本、利息、過去的解決方法、信念、靈感和人脈，其實都能發揮更深入廣泛的效果，而且不會遇到像有形資產帶來的阻力。

複利效應沒有捷徑

有些人喜歡天馬行空的致富方式，他們的內心很容易被影響，天真地認為可以用某種方式，不需要經歷「付出許多努力，只能收到稀少成果」的起步階段，直接跳往「得到豐厚成果，不必過度辛苦付出」的結局。

天真的人容易受到誘惑，以為能夠找到建立複利效應的捷徑。樹根還沒有機會成長，他們就決定放棄，尋找下一個新事物。

他們不斷砍掉重練，從頭來過。唯一呈倍數成長的只有痛苦、可悲和低落的自尊心。只要事態的發展不如預期，他們便開始抱怨。諷刺的是，也許他們根本還沒失敗。雖然目前的結果不盡人意，但只要他們願意持之以恆，就會獲得財富和幸福。怎樣都比曇花一現後立刻放棄好。只要堅持下去，即便只是表現持平，還是有辦法賺到錢。

改變的代價

請讀者想像一下，如果人生也有資訊清單可供參考，像是汽車的抬頭顯示器或電腦遊戲的資訊欄位，你可以看見「剩餘生命」、「生命能量」、「力量」、「武器」、「人物優勢和缺點」或者「剩餘彈藥」，也能即時知道自己的選擇和行動造成何種結果，是否浪費了彈藥和能量，整體成績是進步還是退步。

當然，真實的人生不可能有這種顯示介面，但請你想像自己能看到能量或評估無形資產和進步的量表。想像自己的行動，以及未來的複利效果，會讓你的人生更好還是更差？

你確實看見進度表上顯示你只剩下最後一哩路，即將享受到美好的果實，那麼你就當然不會放棄，因為你就快要成功了，這個時候放棄，勢必得付出極高的代價。

輕易改變，意味著這些累積的複利效應全都化為烏有。

如果伍茲在十八歲時，因為尚未取得大滿貫賽事冠軍而放棄高爾夫，代表他放棄十六年來的時間投資，放棄超過八十%的進度，無法得到多項冠軍，或者進入高爾夫名人堂。最好的高爾夫教練都知道，即使只是改變微小的揮桿動作，都會讓球員付出非常長期的練習代價。請讀者務必慎重思考改變或轉換跑道。

如果愛迪生在第九千九百九十八次實驗放棄，就不會有現在的燈泡。許多人其實可以成就偉大，卻太早放棄，還沒逆轉「付出許多努力，只能收到稀少成果」到「得到豐厚成果，不必過度辛苦付出」的過程。

大多數的有錢人都相信，賺到人生的第一個一百萬最困難，也需要最多時間。我建立真正的事業之後，花了四年才賺到第一個一百萬。更重要的是，我隔年的收入已經超過一百萬。後來只需要三個月，就賺到兩百萬以上。複利效應成功運作之後，到了後期，我們已經進入最慵懶輕鬆的階段，完成最少工作，獲得最好的財務回報。隔年，我們的收入還會將近成長一倍。相較於巴菲特，我認為自己依然只是小人物，他已經建立長達六十年的複利效應了。

社群媒體的即時性

我們活在即時行樂的年代。我們觀看點閱率破千萬的網路影片，喜歡閱讀一夜致富的名人故事，觀賞健身前後的六塊腹肌對比照，以及疾病被一夜治癒的神奇報導。

這都是因為我們喜歡走捷徑。不切實際的幻想誘惑我們，因為我們沒有清楚的目標，才會把注意力擺在這些看似容易的事物上。然而，這種態度，長期下來會讓人貧窮且自尊低落。只要重新開始，就要再度處理播種、灌溉和施肥的過程。重新開始的頻率愈高，你就失去愈多自信，不再認為自己有能力創造複利效應財富，只能一次又一次錯失良機。正是因為你懷疑自己的能力，所以才會想走捷徑。這個惡性循環只會周而復始。

◯長久維持的財富

一棵樹的樹根愈是深入地裡，就能長得更高大，孕育寬闊的葉子，替未來的雨林生產種子（造福後代）。複利效應創造動能，可能讓你的財務進步或退步。持續惡化的負債會吸引更多負債，不停成長的金錢也會吸引更多金錢。事實上，有錢人經常苦惱自己擁有太多金錢，無法迅速投資，因為複利效應會疊加。他們將獲利轉入投資，又創造更多金錢。沒錯，有錢人確實因此更有錢。請讓複利效應替你賺錢，不要輕易放棄，迅速度過「付出許多努力，只能收到稀少成果」的起步階段，邁向「得到豐厚成果，不必過度辛苦付出」的美好時期。

CHAPTER 37

八十／二十法則

一九〇六年，義大利經濟學維弗雷多·帕雷圖（Vilfredo Pareto）發明了一個數學方程式，描述義大利境內的財富分配不均現象，指出二十％的人擁有八十％的財富。一九四〇年代晚期，約瑟夫·朱蘭（Joseph Juran）博士將「八十／二十法則」取名為帕雷圖原則，意指二十％的人擁有八十％的財富。

帕雷圖原則逐漸應用於日常事物中的不平等分配，而八十／二十的比例也變成相對分配的原則。在極端的情況裡，可能變成九十％和十％，或者九十五％和五％，甚至九十九％和一％的財富和成功分配。

以下是八十／二十法則的例子：

二十％的付出，創造八十％的成就。

二十％的勞工，完成八十％的工作。

二十%的消費者，帶來八十%的收益。
八十%的價值，來自二十%的努力。
八十%的財富，集中在二十%的人口。
八十%的抱怨，來自二十%的顧客。
八十%的銷售額度，來自二十%的產品。
八十%的支出，來自二十%的日常開銷。

後來，理察．科赫（Richard Koch）推出了一本書，名為《八十／二十法則：事半功倍的成功祕密》。科赫認為：「八十／二十法則是高效率人物和組織最偉大的祕密之一。」科赫將帕雷圖的原則帶入現代世界，研究如何在過度工作且生產力低落的年代，創造事倍功半的理想局面。他認為：

- 少數的投入能創造多數產出。
- 要把重點放在那些會帶來最大滿足的活動。
- 大多數的工作只能創造低價值，必須消除或減少八十%的低價值工作。
- 少數因素創造多數效果。
- 找出關鍵少數——用二十%的付出，創造八十%的結果。
- 在商業世界中，專注在利潤最高的產品和顧客，減少其他工作。
- 少數決策影響多數結果，例如選擇職業、處理債務、投資和經營人際關係。

- 愈努力不能保證收入愈多，要把精力放在關鍵工作，忽略其他事項。

我認為科赫提出的原則非常精準。相同單位的時間，無法創造相同的價值。我相信帕雷圖研究財富分配時，找到普世通用的金錢、商業和生活槓桿法則。你可以接納帕雷圖原則，用最少的時間和金錢投資，創造最大利潤，用最少的努力，獲得最多的收穫。

大多數的人只能艱辛工作，無法理解什麼才叫做拚事業。他們的受挫，只能慢慢累積成成果。帕雷圖原則就像硬幣，一面是八十／二十，另一面是二十／八十，而且適用於生活的所有領域。

八十／二十法則的重點不是「努力工作」，而是找到正確的選擇，有效率地工作，才能保存最多時間，獲得最高的時薪，用槓桿效果建立財富和金錢。如果你可以結合八十／二十法則和複利效應，就會得到最可觀的動能。在第二十七章，我們討論時間和金錢的關係時，曾經介紹加總每週收入，除以工作時數之後，計算收入創造價值。

當時，我們提出的例子是「收入創造價值＝（每週）收入／（每週）工作時數」：

一千英鎊／五十五小時＝每小時十八．十八英鎊

導入八十／二十法則，八十％的收入來自二十％的時間（另外八十％的時間，只能創造二十％的收入），所以收入創造價值公式產生巨大的變化：

八十％的收入創造價值＝八十％的週收入／二十％的週工作時數

八百英鎊／十一小時＝每小時七十二．七二英鎊

相較於直線的時間計算，經過八十／二十法則調整的收入創造價值提升了四倍（四百％）。但是，如果繼續考慮「八十％的工作時間，只能創造二十％的收入」，就能發現缺乏效率的可怕：

二十％的收入創造價值＝二十％的週收入／八十％的週工作時數

二十英鎊／四十四小時＝每小時四．五四英鎊

相較於直線時間計算得到的十八．十八英鎊，缺乏效率的收入創造價值只有四分之一（減少四百％），但如果比較高效率的收入，只有十六分之一。

在二十％的時間，你賺到的金錢，可能超過八十％時間的總收入。讓我們繼續加入複利效應。如果你非常清楚自己的 VVKIK，將八十％的低價值工作全數委任外包，只要完成兩倍的高價值工作，就能創造以下結果：

- 你外包了六十％的工作時間，假設一小時的成本為十英鎊，總成本就是三十三小時乘以十英鎊＝三百三十英鎊。
- 你用剩餘的四十％時間，完成兩倍的高價值工作，收入為二十二小時乘以七十二．七二英鎊＝一千六百英鎊。
- 你擁有六十％的空閒時間，可以自由應用。
- 你用二十二個小時賺到一千六百英鎊。原本的方法只能在五十五個小時賺到一千英鎊。

- 你的每週收入增加兩百七十英鎊，每週工作時間減少三十三小時。
- 你的五十年收入增加七十萬兩千英鎊，五十年工作時間減少五萬三千五百八十小時。五萬三千五百八十小時就是六年又四十二天。

請注意，上述的金額並未計算通貨膨脹，而且你必須有紀律遵守槓桿效果、八十／二十法則和複利效應。曾經有人批評我，認為這種時間觀點過於市儈。我完全同意他的說法，畢竟這是你自己的人生。

但是，我們的人生都在倒數，剩餘的日子可能也不多了。我們應該更重視時間，堅持採用高效率工作法。

有錢人的時間觀念就是如此，他們也妥善投資時間，創造財富。學習這種方法很簡單，只是即便這方法很完美，還是會浪費時間。所以我只有提高兩倍的高價值工作。

一開始，我們會習慣性地抗拒，需要透過練習才能適應。然而，時間是最珍貴的資源，也是最重要的資產。如果我們不願意將時間投資在關鍵成果領域、收入創造工作還有更多自己熱愛的目標，就會成為其他人的賺錢傀儡。倘若你不讓生命處理最重要的目標，時間就會被低價值的瑣碎工作占據。

◎八十／二十法則的結論

八十／二十法則讓我們明白財富如何分配，為什麼永遠不會平等，你又能夠如何效法這個原則，設定自己的時間和工作。我們不必藉由他人的資源，只要改變作法，就能提高賺錢速度，增加個人國內生產毛額和金錢流動。專注最重要的關鍵成果領域和收入創造工作，至少每六個月就要重新評估工作安排，這就是有錢人持續發揮複利效應的關鍵祕密。

人際關係、旅遊地點、交通、學習、閱讀、有聲書和線上學習、消費、媒體、行銷、節省成本、購物、家務工作、社交、生活工作平衡、電子郵件、會議以及銀行業務等，生活中的一切，都能適用八十／二十法則。

CHAPTER 38

銷售就是服務他人、解決問題和造福社會

尋找自我最好的方法，就是在服務他人時，徹底遺忘自我。

——聖雄甘地

想要創造長久穩定的財富，必須注意三個重點，我稱之為「造福社會的三核心」：

一、在乎人類

如果生命沒有價值，那就不用實踐理想了。用自己的方式，服務社會且解決他人的問題，才能創造自己獨特的價值。改善人類生活，促進社會繁榮，就是我們支持人類進化的方法，把價值和服務投入全體，增加愈多，你就愈成為整體中珍貴的一分子，社會

仰賴你的付出，才能順利進步演化。「啟蒙後的自利」就是一個相對應的觀念。你的服務能力愈好，替社會解決愈多問題，問題的規模愈大，你的人生也會得到更多財富和幸福。比爾．蓋茲創業的願景不是「創造我的個人電腦」或「治癒一名小兒麻痺患者」，而是將眼光看向全球。

銷售就是服務他人，讓買家在公平交易的條件下，獲得自己想要的價值。銷售必須關心買家，用產品提供功能和價值，藉此交換金錢或其他收益。銷售必行為必須重視買家，並且提供價值。賺錢只是銷售行為的自然結果，也是一種服務。我們藉由公平銷售交易，促進整體經濟發展，獲得金錢收益。他們用價值和金錢購買產品或服務，也增進他們的個人國內生產毛額。

所有的服務行為都會創造更繁榮的經濟市場，提供更多服務機會。服務不是單向的，並非銷售者服務買家、員工服務雇主，或者家長服務孩童。服務是一種雙向行為，可以促進經濟發展和人類進步，但也可能造成反效果。

足球員服務球隊的方法就是得分、救球或助攻隊友，也能因此獲得獎勵。他們不是平白無故拿到每週三十五萬英鎊的收入。他的薪資、贊助和肖像權利金，來自他對球隊、教練和支持者的貢獻。如果球員沒有辦法完成高水準的傳球、防守、得分或助攻，就不可能得到良好的薪資。他對球隊的貢獻會直接影響球隊的戰績和薪資。如果其他球員提供的價值和服務較差，他們的薪資就會更低，倘若其他球員提供的價值和服務較好，他們的薪資當然也會更高。

球員毫無建樹，就會失去自己在球隊中的位置，最後沒有合約。倘若其他球隊看重球員提供的服務，希望買下球員，可能也會願意支付轉隊費和更高的薪資。足球員就像銷售人員，我們活在這個社會，都像一位銷售人員，必須提供服務和產品，才能促進社會流動。對「銷售人員」產生錯誤的認知，無法創造偉大的財富。我聽到別人抱怨足球員領高薪時，內心總是無法認同。你也許會覺得足球員的工作只是在草地上追來追去，但這不是重點。重點是足球員的薪水準確地反應他們在公平交易條件中的服務價值。他們用盡全力參加比賽。

所有人都能得到自己的價值，不多也不少。足球員按照規則和法條比賽。最好的足球員賺到最多錢。最好的足球員娛樂觀眾，提供人生的目標、希望和享受。

二〇一五年，全球有七億觀眾打開電視看英國超級足球聯賽的曼徹斯特對戰利物浦。最好的足球員啟發人心，讓他們想要踢足球，拿出最佳表現。最好的足球員是最好的銷售人員，他們用自己獨特的方法，經銷足球理念，就像最好的藝術家也是最好的銷售人員。我做不到，很多藝術家生活貧困的原因正是如此。銷售和藝術，都是藝術創作的重點。

一旦銷售和價值交換的流動關係終止，造成片面的自私行為或破壞公平交易精神，市場機制就會開始重新調整。舉例而言，如果足球員不停受傷，球隊老闆就會提出「按日記酬」的新合約。倘若球員名不符實，他們領了高薪，卻無法拿出最佳表現，價值下降，薪資減少，甚至被轉賣到其他球隊。假設球員無法維持高水準表現，可能會被下放至培訓隊，與替補球員一起練習。

足球員的薪資是一個很好的個體觀察工具，讓我們理解銷售、服務、解決問題和薪資回報之間的關係。足球員的表現愈好，也會獲得各種周邊合約，賺到更多錢，例如品牌贊助、產品代言、銷售分紅，甚至連張貼社群網站文章都有收入。在經濟學中，這種收入被稱為「邊際收入」。他們在主要領域的表現愈好，就愈能創造邊際收入。他們在專業世界的水準愈高，代表服務更多人，解決更多問題，形成最主要的銷售能力。

上述的銷售也會產生複利效應。職業足球選手羅納度張貼一則推特文章，據說可以獲得三十萬三千九百美金的收入。經年累月的努力付出、在專業領域拿出大師級表現，並且建立規模可觀的服務，產生良好的複利效應，讓買家清楚看見我們的珍貴價值。足球員的一生都在追求專業「藝術」，也像創業家一樣承擔風險。職業球員的生涯非常不穩定，大多數的人無法成功，一次嚴重的運動傷害，可能就會造成生涯結束。

如果職業運動員提供的價值下降，收入也會立刻受到影響。請讀者思考老虎・伍茲（Tiger Woods）的例子。醜聞爆發，贊助商立刻取消合約，媒體大肆抨擊。他的職業表現無法提供服務，民眾也不再珍惜他們提供的價值。

「服務他人」和「解決問題」帶來的價值，也能證明所謂的「財富平均分配」或「財富平均重分配」都是迷思。社會主義下的理想社會，不鼓勵個人提供價值，服務社會成員和解決問題。資本主義能夠平衡人的自利與人際關係，創造雙贏的服務和價值。但其他社會經濟系統壓抑自利，可能用非常不公的方式，獨善少數的統治者。

你的收入會平衡反應服務的類型、服務的規模、解決問題的類型以及規模。這才是真正的「銷售王牌」，而不是宣傳小冊子或者成交的技術。

請讓我提出一些例子，說明其他的傑出人物或企業公司如何在不同的領域，用不同的方法服務社會，解決問題：

- 利樂公司（Tetrapak）的創辦人盧本・羅興（Ruben Rausing）之子漢斯・羅興（Hans Rausing）擁有一百億美元的淨資產，原因是利樂公司最知名的發明：包著塑膠膜的紙盒牛奶包裝（利樂包）。
- 便利貼每年替 3M 公司創造將近十億美元的營收，但便利貼其實是一九六八年時的意外發明。
- 肯・摩德斯替汶萊國王設計髮型的價格是兩萬三千美元，不包括讓摩德斯從倫敦的杜徹斯特飯店前往東南亞的旅行費用。其他知名髮型設計師的價格通常是四百美金至一千六百美金。
- 知名的電腦遊戲俄羅斯方塊，雖然簡單，卻賣出了一億套。
- 羅曼・阿布拉莫維奇（Roman Abramovich）擁有一艘遠近馳名的遊艇「日蝕」，

據說造價在四千五百萬美金至十二億美金之間，船上員工人數為七十人，設置二十四間客房，兩座直升機停機坪和一臺潛水艇。

- 比爾·費吉（Bill Foege）提出治療天花的全球策略，造福一億三千一百萬人。費吉現在是蓋茲夫婦基金會的顧問，提供治療小兒麻痺的意見，並且在二〇一二年時獲頒美國總統勳章。

他們都用不同的方式服務社會，解決問題。你也可以學習他們，提出自己的服務方法，解決人類的問題。便利貼替許多人解決了單純的小問題，利樂公司的多項專利紙盒設計也一樣。阿布拉莫維奇的遊艇雖然只服務一個人，卻創造許多就業機會和物質服務。費吉的慈善服務得到收入和名譽。俄羅斯方塊解決人類的娛樂需求。摩德斯提供物質服務，或說是滿足虛榮心。

> 如果生活變得困苦，不妨試著幫助更多人，生活就會順遂。——羅伯·摩爾

你替別人賺更多錢，就等於替自己賺更多錢。專心增加服務社會和解決問題的規模。不要害怕，處理問題就能提升價值。你的收入創作價值增加，自我價值也會增加，你的收入、服務和規模也會自然提升。

二、在乎自己

如果你只專注服務他人，忘了珍惜自己，那只會造成成本增加，利潤下降，也無法

維持銷售和服務。價格和價值提高，銷售也會增加，吸引更好的消費者和推薦人，增強自我價值。請投資自己，原諒自己和他人造成的錯誤與傷害。允許自己提出公平的高價格，就會找到重視服務價值的高品質客戶。

持續提升自己，解決更大的問題，和重視你的朋友相處。愛自己的本性，而不是汲汲營營模仿他人。不要為了未來的信譽和成績，延後實現價值，甚至放棄眼前的努力。讓全世界看見你的獨特，允許其他人享受你的才華。

三、在乎金錢

允許自己熱錢、賺錢，分享錢。謹慎計算並且追蹤分析你的淨價值。注意個人財務、利潤空間、損益。替工作設下專屬的關鍵績效指標。擺脫所有的罪惡感、羞恥心，以及害怕被人批評愛錢的恐懼。

金錢只是這個世界處理公平價值交易的機制。學習如何投資，理解金錢管理系統，讓金錢照顧你的生活。培養並且改善金錢知識和金錢關係。

教導你的孩子認識金錢哲學，也讓不瞭解你的人有機會學習。建立良好的付款系統，迅速取得公平的報酬（薪資）。不要賤價販賣自己的價值。

銷售的八個步驟

• 以下八個步驟可以創造更輕鬆自然的銷售成績：

一、介紹自己。面帶微笑介紹自己的身分。人與人的第一印象建立在前三秒至五秒。你的聲音、穿著、眼神、行為舉止、貼心和自信都非常重要。

二、建立友誼。維繫關係，關心他人的日常生活，找出兩人的共同話題，就能降低銷售的難度。傾聽他們說話，尋找共同點，表現真誠的關心。

三、理解需求。他們的主要需求是什麼？他們的即刻需求又是什麼？他們認為什麼方法最重要？尋找他們生活的缺失或問題。如果你可以改善他們的痛苦或滿足需求，就能減少銷售過程中遭到拒絕的次數。他們的需求愈深刻，銷售的難度就會愈簡單。

四、確認並且覆述對方的需求。你必須深入理解對方的真實需求。他們提出需求或問題之後，清楚地重複一次，用言語確認。絕對不要用猜的。

五、創造並且提供價值。替對方量身訂製解答，提供他們無法拒絕的價值。如果一個人說他的經濟能力不能負擔，沒有時間，或者沒有意願，代表你尚未表達正確的價值。在這個情況下，你應該重新確認對方的需求，傳遞正確的價值。人不會缺錢，他們缺少的是動力和欲望。如果你提供動力，他們會找到足夠的金錢。

六、完成交易。銷售後向對方請款，明確執行交易條件。確認會面時間、向對方索取信用卡資訊、安排運送事宜。

七、提供服務、照顧和價值。完成服務後持續關心對方。致電給客戶了解問題，理解客戶的價值，提出往後提供的產品或服務。即使已經完成付款，仍然要維持公平交易的環境。

八、要求推薦和回應。順利完成交易之後，客戶應該會成為你的支持者，請教他們是否認識朋友願意購買相同的產品或服務。請客戶推薦三位朋友的聯絡方式。請客戶誠實表達建議，改善服務或產品。

不要耍花招

如果你唬弄客戶，他們最後一定會發現。藉由施加壓力、各種花招逼迫對方完成交易，客戶內心一定會不滿意。你必須提供更多售後服務，增加成本。不開心的客戶不會推薦朋友。你的言行舉止必須真誠，而不是刻意偽裝，才能贏得客戶的支持。銷售不是耍嘴皮子，而是要詢問、傾聽和付出。

想要保持好的銷售，必須真心服務和解決問題。巨大的財富來自提供服務。與其花時間研究說話的語調、用話術或其他花招逼客戶成交，不如仔細思考如何服務社會、解決問題和關心客戶，看見客戶的需求，提供關鍵的服務和價值。持續改善產品或服務，提供解決問題的方法，你的產品價格和財富都會隨之提升。

CHAPTER 39

行銷就是金錢

假設你是一間店的老闆，銷售就是將產品賣給店內的客戶，行銷則是讓他們走進店裡的方法。沒有客戶，東西就無法銷售，行銷是商業最重要的基礎功能。行銷就是金錢。

如果沒人購買，即便產品再好，也比不過大眾喜愛的平庸產品。當然，偉大的創新產品非常重要。我假設所有讀者都喜歡好東西。你細心設計，參考群眾意見，持續改善產品或服務，建立良好的行銷方案，將產品交給顧客。顧客非常渴望購買產品或服務，開心地向朋友推薦。你的產品或服務愈能配合客戶原本的需求，適應目標客群，就能減少行銷成本和難度。產品的市場磨合減緩金流速度，拙劣的手法，或是向不對的客群行銷，都會妨礙你賺錢。

偉大的行銷需要藝術和科學。對市場的直覺、經驗、欲望、美學以及各種無形的特質都是藝術，有助於提升產品聲勢。科學則是分析行銷的關鍵績效指標，建立基礎行銷投資決策。結合藝術和科學，提升品牌價值、良好的意念和經驗，同時持續測試、評估和修正方向。行銷藝術和行銷藝術的結合，會讓你在競爭市場拔得頭籌。

建立品牌的稀有程度

如果你的行銷策略是採用減少供應和促進市場需求，那麼價值自然就會上升。倘若你的品牌是以慈善掛帥，那麼很多有錢人就會成為你的忠實客戶，價值也會提高。例如NIKE就是創造非常稀有的高價格商品（獻給行家的限量版喬丹鞋），創造購買熱潮，同時行銷低價商品（印刷品、書籍或六十美元的訓練器材）。

行銷策略

我提供二十四個行銷策略，讀者可以參考如何藉此發揮槓桿效果，將行銷效果轉化為具體的收入，藉由產品和服務，創造財富和金錢。

一、追求獨特，並且忠於你的特質。

二、創造話題和爭議。

三、先尋找少人關注的商機，再開拓格局。

四、永遠都要懂得行銷，把這些觀念藏在行動、電子郵件或推薦信中。

五、先提供價值，再追求金錢。
六、要成為業界的權威人物或明星。
七、如果一個策略有效，就用到不能用為止。
八、策略失敗之後，要想新的方法並測試一番。
九、準備拓展規模之前，必須謹慎測試。
十、測試各種點閱廣告（臉書、谷歌、推特、Instagram、Reddit 和其他高流量的社群網站）。
十一、讓服務和產品在高流量的社群網站曝光。
十二、將不熟悉的社群網站追隨者移動至你更熟悉的網站。
十三、以品牌價值和社會公益為主軸，重新調整行銷策略的方向。
十四、創造新的媒體曝光、能量和情感，發揮槓桿效果。
十五、計算客戶價值（LCV=Lifetime Client Value，總銷售金額除以總客戶數量）。請注意，客戶價值不等於總銷售金額除以總產品數量。
十六、計算獲得一位客戶的最大成本（Maximum Acquisition Cost）。
十七、將一部分的客戶價值轉為行銷投資（客戶成本會因此上升）。
十八、計算事業的關鍵績效指標，例如「平均每位客戶創造的收入」（PHR, Per Head Revenue）、「網站廣告平均點閱成本」（CPC, Cost Per Click）、「客戶參與成本」（CBOM, Cost of Bum on Seat）以及「平均每位客戶的購買金額」（PPC, Purchase per Client）。

十九、重新設計品牌資訊，符合社群網站的規模和風格，擴展觸及效果。

二十、完成銷售之後，永遠讓客戶滿意，請他們推薦給朋友。

二十一、今天不行銷，明天沒客戶。

二十二、在艱困的時候，也不能減少行銷成本。行銷永遠是最後一道防線。

二十三、絕對不要依賴單一行銷來源（從二十個管道找到一位客戶，遠勝過於在單一管道找到二十位客戶）。

二十四、詢問消費者和目標群眾，他們想要什麼服務和產品，你的品牌應該建立哪些新的服務，停止哪些既有的服務，保持哪些特定的價值，提供哪些重要的產品。

資訊和網路行銷

全球一共有四十億人使用電子郵件，七十九%的人口使用社群網站，五十一%的人使用部落格，網路研討會的人口觸及率高達四十九%，十六%的人收看網路廣播節目。網路潮流正在急速增加，毫無消退的跡象。印刷媒體、電視廣告和傳統銷售產業面臨顛覆革新。接觸目標客群的成本已經減少，經營事業的日常開銷也降低了。只要一部二手筆電和良好的無線網路訊號，創業並且拓展規模的速度更勝以往。

想要進一步減少日常支出，並且迅速成長的關鍵，就是找到和事業相關的重點資訊。民眾對資訊的需求與日俱增。由於取用資訊很容易，「自學」產業也蓬勃發展，無論是無償教育或付費教育皆是如此。谷歌現在儲存的資料容量為十五億位元組，相當於三千萬部五百 GB 的個人電腦！由於資訊沒有倉儲和創業成本，你得以「打包」知識，放在網路上，推銷給全球的客戶，幾乎沒有阻礙。你能夠用低成本販售同樣的知識數百萬次，因為下載沒有任何「產品數量」限制。你還可以重新編排包裝知識，推出不同的形式，例如線上會議、實體書、CD、DVD、電子書、有聲書、iTune、Audible、iBooks、電子報、網路廣播節目、臉書社團或專頁、iTunes 大學版、付費閱讀平臺、研討會、導師教學或智囊團會議。你的知識產品價格可以是一英鎊或五萬英鎊，取決於內容非常普遍，或者極度稀有且必須親自向你學習。

我們剛開始發展不動產的時候還很年輕，雖然滿懷理念，但品牌的價值很低。我們決定展露自己的獨特才華，顛覆傳統的房地產產業。我們接納網路和資訊行銷的力量，在論壇、電子課程、電子報、PDF 文件和各式活動中提供免費的珍貴資訊。我們終於獲得關注，當然也有批評。二〇〇八年，我出版《房地產投資的祕密》時，書本的銷售量勝過預期。這本書已經邁入第四版，創造數十萬英鎊的利潤。我們找到足夠的讀者數量，可以舉行活動了。第一次舉行活動時，現場有七十五位來賓。我們非常開心，簡直不敢相信。當時沒有社群網站，只能藉由電子郵件聯繫。活動的成本是九十七英鎊，卻帶來七千兩百七十五英鎊的收入，而且工作時間不到一天。當天討論的資訊部分取自《房地產投資的祕密》，加入個人經驗和個案討論之後，延伸成完整的課程內容。我們邀請有興趣的來賓參加更深入的「房地產投資大師班」，為期兩天，一個人收費一千九百九十五英鎊。一共二十五位來賓決定參加，創造四萬九千八百七十五英鎊的收入。

所有的教學資訊早就在我們的腦海中，因為房地產是我們熱愛的工作，我們也喜歡討論房地產。這些資訊現在可以創造每年兩千萬英鎊的價值，而我們並非房地產事業的壟斷者，甚至不是規模最大的公司。我們教導的數十位學徒已經開始建立自己的資訊行銷事業，用他們獨特的方式教育學生。我們都有成長的空間，因為民眾渴望理解房地產的革新發展。

我們可以創造一個產品，例如這本書，然後用許多方式不停獲利，創造被動收入以及長達數十年的循環收入，變成書店和相關機構的暢銷書，讓社群網站成癮者轉貼宣傳。亞馬遜書店、谷歌、臉書和 Udemy 擁有數百萬名使用者，他們已經替你節省時間，找到客戶。只要善用時間槓桿，發展資訊行銷，能得到最好的時間投資報酬。

無論你的才華或經驗領域是什麼，其他人可能面對非常辛苦的創業過程，只要你善用社群網站媒體，就能迅速解決。

每天幾乎都有一個新生的社群平臺，你可以註冊免費帳號，立刻發揮槓桿效果，接觸數百萬客戶。每個人的心裡都有一本書，問題是這本書都藏在他們心裡。請發揮獨特的知識，服務社會，取得良好的報酬和被動收入吧！

CHAPTER 40

要創業、受聘，還是內部創業？

長久且合法的工作賺錢之道有三種，隨著時代進步，三種方法也產生融合，分別是：受聘、創業和內部創業。

三種方法各有優缺點。你的人格特質可能只適合其中一種，不適合另外兩種。在人格發展和商業世界中，著重男子氣概的人輕視受聘或內部創業，但這種觀點非常短視。你應該慎重思考自己的人格特質、知識、經驗和風險承擔能力，選擇最好、最適合且最能獲利的工作方法，絕對不要認為「另外兩個選擇比較好」。當然，你能夠先在其中一個領域發展，設定另一個目標，逐漸減少轉換跑道的風險。如果你都已經努力了二十年，那就不要輕易放棄。

受聘

受聘的好處是得到相對安全的生活，能用穩定的薪資支付日常花費，接受妥善的訓練和支持。這條路很明確，從大學畢業後就非常穩定，一路走到退休生活。當職員也有辦法顧到你的健康，對成家及其他方面都有益處。你或許可以找到一間新創產業的大公司，獲得上述好處，被升為資深人士，領取優渥的薪資，包括股份和數百萬的分紅。

但是，你必須花上數十年才能出人頭地。近年來，工作環境的穩定性也受到影響，許多低薪工作都很不安全。在上次的經濟蕭條中，許多人遭到資遣，退休金被取消或是拿不回來。受到環境影響，我們的退休年齡很快就會變成一百三十七歲！某些產業的工作益處已經受到損害，但受聘的缺點毫無改善。受聘市場並未提高三十%的工資，藉此保障員工的風險。許多人被迫尋找第二個收入來源，在某些情況下，他們最後選擇冒險一搏，自行創業。

現在，讓我們看一看如何善用本書的哲學，發揮最大的槓桿效果，在最短的時間內，成為一位良好的員工，發展個人職業生涯。

職員如何建立槓桿

善用本書的哲學，思考受聘帶來的好處，如何平衡員工和雇主的利益，然後用心追求。如果你成為公司不可或缺的人才，薪資和職位都會提升。倘若他們不欣賞你的價值，其他公司就會請獵人頭公司挖角你。以下是符合公平交易，快速發展職業生涯，創造最多金錢收入的槓桿方法：

- 理解管理人員、老闆或雇主的價值。
- 思考如何提升公司的最高價值領域，讓公司的利益最大化。
- 從事自己想要的工作，不要委曲求全。
- 每個月定期和管理者見面，討論你的工作表現，聽聽對方的看法並改進。
- 提出讓公司賺錢的構想，在合理的情況下，要求分紅。
- 追求明確的公司理念、目標和時間規劃，以獲得最高價值和分紅。
- 超越預定目標。
- 建立傑出的效率，妥善管理時間生活，創造最顯著的進步。
- 客戶至上。

創業

本書的重點不是法律和會計制度的差距，所以我不會花時間探討個人創業、個人貿易商、經營有限公司或合資開設債務有限公司的差距。讀者可以請教會計師或專業人士，理解不同創業形式的結構和法規，明白相關需求。本書強調的「創業」是指替自己工作。我必須警告各位讀者，創業的最大缺點就是承受更大的風險。較大的風險代表更好的報酬。因為你必須負全責，不能躲在企業後面。你必須擁有多元技能，還要承受好幾個月沒收入，不知道怎麼餬口度日等等。

創業之路可能非常孤獨，只有你、網路和空蕩蕩的房間。你沒有團隊或能量，也缺乏人力，找不到後盾。你不用面對辦公室政治，但必須妥善管理自己的工作時間，無法享受企業提供的職業培訓計畫。生病或懷孕時也沒有勞保或支持系統。往好處想，創業的人可能不會因為上班的憂鬱心情而生病……

說完創業的缺點後，現在就要提出它的驚人優點了。有些人注定就是創業家，你可能就是其一。我曾經兩度受聘，其中一位雇主就是父親，但我被開除了三次，真是了不起的紀錄！我非常確定自己不適合當員工。我很幸運能找到創業這條路。你可能也非常熱愛挑戰，不會因為創業的缺點而畏懼，因為你渴望承擔風險。你知道創業的回報非常迷人。你喜歡自由的生活，並著迷於靈光一現的瞬間，更享受事業的偉大成就，所以你願意全心投入。你喜歡親力親為，不願受制於他人。你知道自己可以改變世界，也希望創造不朽的傳承。

創業年代

有很多誘因會讓你萌生創業的念頭，也或許你已經是位創業家了。面對挑戰，繼續追求成長，不要裹足不前。其中有些挑戰是不變的，有些則會隨時代變動，以下是一些具有突破性的挑戰：

- 光纖網路問世之後，電子商務和網路銷售蓬勃發展。
- 虛擬實境、人工智能和物聯網科技的急速發展。
- 地球人口快速成長，一天增加二十萬人。
- 時間變成最稀有的資源。
- 無人機和自動化作業取代人力。
- 政府和退休金制度無法保障我們的未來。
- 網路縮短世界的距離。
- 現代世界的流動性和生活槓桿應用，用手機和筆電（雲端系統）就能創業。
- 創業成本和日常支出持續減少。
- 金融世界的顛覆發展，例如群眾募資和加密貨幣。

善用景氣循環而獲利

我很期待時勢造就的機會與利益，藉由創業預防風險。在歷史上，人類世界從未像現在這樣緊密相連。然而創業之所以誘人，不只是因為上述的突破性發展。政府需要創業家，並替創業家開創了一條道路，可以打造事業、擴大規模，建立收入，並且迴避風險。你經營一間公司，繳納稅金，創造就業機會，完成重要的國家貢獻。國內建設、交通、健康保險、消防警力都仰賴於創業家的稅金。所得稅和資本稅是創業家的稅金回饋。英國政府幾乎對所有的購買行為課徵增值稅，目前的稅率是二十%。除此之外，企業家必須繳納商業稅、員工的國家保險稅（員工本人也要繳納個人國家保險稅金）、企業稅、個人所得稅、每個員工也要繳納個人所得稅、資本利得稅以及其他的隱形稅金。產生BCDJ惡劣態度的人不理解稅金可以支持地方經濟，促進創業收入。

身為創業家，我很榮幸能協助社會進步，也十分感謝各地政府和自治單位提供的減稅機制和保護措施。以下是創業家所持續享有的益處：

- 有限責任公司制度，讓我們足以承擔一定程度的風險，而且這些風險是由公司承擔，而非你個人。
- 政府可以杜絕市場壟斷。
- 讓民眾過得幸福快樂，延年益壽。

- 政府降低利息。
- 政府提升印鈔量。
- 累進稅率、減稅和保障。
- 鼓勵創新。
- 創業家可以用成本抵稅；員工的薪水則必須先扣稅。

上述的機制能減少創業風險，保護創業的利潤和生產。如果創業家過度貪婪，政府也會干預管制。政府在企業收入中課徵稅金，協助社會發展。

創業家在已開發世界中可以享受平衡的機會和管制方式。你找到目標然後創業，努力經營並且平衡風險，政府也會提供減稅服務。你可以藉由合法的方式，用公司處理個人事宜，增加商業成本，減少帳務利潤，藉此節稅。由於企業的稅金是在完成所有成本支出才計算，你可以先購入資產，無須先行繳納增值稅，將原本應該繳納的金額投資在其他事業，藉此獲利，再繳納稅金。

除此之外，你也能合法聘請稅務專家，建立企業和個人節稅機制。許多資本支出、旅行、物品、教育和其他費用都可以折抵稅金。等到報稅時，相較於受聘，創業可以節省超過一半的稅金。如果你在創業的數十年間，妥善利用節稅機制，發揮複利效應，可以省下將近六到八位數的金額。

• 如何發揮創業槓桿

許多人以為創業很難。然而，無論年紀或經驗，創業其實比想像中還要容易。我們只需下定決心，準備接受創業的優缺點，就可以立刻開始。

網際網路已經整理全世界的資訊，易於探索和吸收。只要按下鍵盤，你可以登入無線網路，設定亞馬遜書店或 ebay 等電子商務帳號，無須任何費用，開始販賣用不到的舊物品，賺得一小筆創業基金，添購更多產品，繼續販售。

你不需要任何前置作業、庫存或日常支出。你可以在 P2P 的線上金融平臺或群眾募資網站找到金主，在社群網站中免費或用低價找到客群，建立個人品牌，培養品牌價值，孕育忠實的客戶基礎，甚至營造全球熱潮。

在世界各個角落，你幾乎都能夠免費創業。你也可以支付低廉的成本，迅速建立應用程式或其他科技工具，只用一臺手持行動裝置就經營自己的事業。感謝光纖網路，我們甚至享受光速付款速度，只需要提供信用卡或手機支付工具。如果你已經擁有自己的事業，這些資訊非常重要，可以協助你拓展規模或建立更龐大的系統。以下的方法讓讀者發揮創業家的槓桿效果：

- 清楚自己的夢想、價值觀和事業目標。
- 馬上創業。一開始的事業規模可能很小，甚至只是兼職。沒關係，設定一個目標日期，追求更高的收入。

- 創業時，趁早建立槓桿系統，並且持續強化。
- 招募最好的人力資源。
- 你可以先承接外包工作，或者將事業當成兼職的嗜好或習慣。
- 創造良好的創業文化，吸引其他人的注意。
- 堅持銷售的八個步驟。
- 藉由群眾募資生產服務或產品，請教群眾意見，持續改善。
- 聘請員工或團隊成員時，務必明確描述工作內容和關鍵成果領域。
- 藉由改變、成長和顛覆，持續啟發團隊成員。
- 妥善管理金錢，謹慎應用關鍵績效指標。
- 將部分獲利轉為投資，增加獲利額度。
- 善用槓桿效果，委任辦理工作，將時間用於提升願景和策略。
- 繼續教育自我，研究其他成功的商業案例和人物，效法其他利基產業的觀念。
- 發展品牌價值，提升公共關係，管理信譽。
- 發展良好的延伸商業網絡。
- 參與慈善事業。

管理領導團隊追求成長時，賞罰不是最重要的關鍵成果領域以及管理策略，而是得鼓舞人心。

你的團隊應該接納各式各樣的人才與專業技巧，但這些人的夢想和文化觀念是相近的。如果能夠賞識對方的最大優點，他就會展現最好的一面。給予陷入低潮的夥伴支持，挑戰那些快到達顛峰的成員。

如果你希望提升員工的生產力，讓他們從事有意義的工作，並且更上層樓，偉大的願景能夠讓員工完成驚人的成果。相反的，員工的能力也會超乎他們的想像。

結合熱情和專業，工作與假期，你和員工之間會更團結，獲得鼓舞和動力。持續修訂徵才策略，隨時關注最優秀的人才。當他們準備好了，就可以立刻聘請他們，當你需要人才，也不必屈就其他人選。至於薪資，必須保持公平：如果你只想付出香蕉，當然只能找到猴子，但超額支付薪資，也會讓員工心生罪惡感，無法專注工作。誠心接納員工的意見回應，讓他們參與策略和願景規劃，誠心贈送禮物，表達善意，慶祝他們的人生大事和生日，還有就職紀念日。關心員工的職場表現和私人生活。讓他們表達不滿和挫折，不要因此產生不好的情緒，他們就會珍惜你的善意。協助他們滿足需求和價值，他們就會是最好的員工。

◯內部創業（雖然任職於其他人的公司，依然保持自主性）

在鼓勵創業的現代社會，內部創業是受聘和創業的結合體。內部創業讓我們可以享受當員工的安全和保障，同時具備創業的自由和自主。具體而言，內部創業的形式可能是讓你能在家工作，或者減少待在辦公室的時間。

你負責管理一項計畫，而不是從事瑣碎的小工作。你擁有自主性和帶人的機會。你能夠管理自己的部門，公司主管或企業主尊重你，認為你是個領袖。在《生活槓桿》中，我曾經分享過一個故事。故事的主角將所有的工作委任外包，雖然待在辦公室，卻不需要親自處理工作。他因而遭到解雇。但是，在這個商業顛覆的年代，許多創新進步的企業歡迎內部創業精神。你必須在職場競爭良好的工作機會，也要同時吸引有才華的人與你共事，內部創業可能是最好的選項。我的團隊成員雖然是員工，但他們也經營自己的電子商務和投資房地產。如果一位員工來找我，提出一個新的計畫或部門設計，希望得到更多自由工作空間或者創造了不起的改變，我很少拒絕。我們的關係更像合作夥伴。他們藉由我的金錢發揮槓桿效果，支付日常生活的費用，我協助他們發展創業的才能。他們也可以測試自己適不適合創業，不必承擔完全失敗的風險。有些人把握機會，成功完成一項計畫，可能會就此離開，開始經營自己的公司事業。一開始，我確實很難過，以為是自己開門送走一位傑出人才。現在我明白這是一份偉大的禮物。許多傑出的房地產投資者都將創業成功的契機，歸功於發展不動產。

● 如何發揮內部創業的槓桿

以下是如何在內部創業時發揮槓桿效果，賺到更多錢的方法。有些方法很像受聘槓桿，另外則與創業者的方法相似。

- 尋找管理者、企業主或雇主的價值。
- 思考如何提升公司的最高價值領域，讓公司得到最好的益處。
- 內部創業時，努力領導計畫和公司部門，將它們視為自己的企業。
- 將新的契機和投資計畫交給雇主，提出計畫書，包括你的分紅利潤額度。
- 提出新的節省成本方案，交給雇主，並且要求合理的回報。
- 每個月定期和管理者見面，討論你替公司創造的成果，傾聽回應，提升表現。
- 詢問明確的公司理念、目標和時間規劃，配合個人的最高價值領域和收入分紅。
- 超越預定目標。
- 學習創業知識，例如管理、領導、招募和行銷，讓自己成為不可或缺的重要人才。
- 建立傑出的效率，妥善管理時間生活，創造最顯著的進步。
- 工作時保持效率，就能享受休閒生活。
- 永遠都要服務並且在乎客戶。

- 不要害怕分享自己的理念，勇敢提出計畫書，尋找讓公司成長的方法。如果你很害怕，或許需要尋找另外一位雇主或合作夥伴。

在這三種創造並且給予金錢的方法中，無論你選擇何者，都能夠順利成功。請讀者花時間仔細思考，也可以和伴侶討論，因為良好的選擇有助於家庭平衡和長期發展。

這三種方法都可以培育富有且生活平衡良好的成功人物，而所有的億萬富翁都是創業家。

CHAPTER 41

用熱情賺錢

你能結合熱情和專業，工作和假期嗎？你可以從事自己所愛，愛你所選嗎？你能發揮嗜好，創造財富嗎？答案是肯定的，但不見得總是能夠成功。你必需學習正確的模式和系統。

我相信一個道理：工作不該是為了餬口而從事自己討厭、憎恨或不擅長的領域。你愈想經營雙元生活，希望在辦公室照顧家庭，或者在家處理公事，就會變得疏離沮喪。將家庭生活完全隔絕於工作之外，讓你陷入兩極情緒，無法享受也不能體驗當下的快樂。根據care2.com網站的資料，「民眾最常見的不快樂原因」第一名就是「討厭工作」。如果你不喜歡自己的工作，就不值得浪費數十年。我鼓勵有這種心情的讀者開始思考改變生活，請參考『如何結合熱情和專業』。許多人工作餬口，但大多數改變世界、實現目標的人，都是用生活實現工作，或者同時維持工作與生活。

○家庭生活和工作生活

太在意工作，讓你無法在家安靜休息。太重視家庭生活，你又賺不到錢，職業生涯停滯，不能出人頭地。無論如何，犧牲其中之一，只會造成內心失衡和悔恨，有時候甚至同時影響家庭和工作。但是，為什麼我們一定要壁壘分明看待工作和生活？

「平衡」是很罕見的理想狀態，就像鐘擺在兩個方向擺動，不會停在完美的中央位置。想要追求家庭和工作的平衡，在最好的情況下只是緣木求魚，在最差的情況則是徒勞無功。你不需要犧牲奉獻，就能得到美好的家庭和生活，就像理想的工作。

我並不是請你一邊抱著孩子，一邊用手機回覆電子郵件（我試過了，你要嘛掉了手機，要嘛摔了孩子）。你可以帶著家人度假，早上進行公務會議，讓小孩參加「孩童之島」（Kidszania）[1]主題館的活動。

你也能在另一個國家安排演講行程，帶著家人同行，享受小旅行。如果家人對你的專業領域有興趣，讓他們一起參與學習。讓小孩就讀環境良好的私立學校，與其他家長一起募資或投資。倘若你想參加外地的課程和研討會，不妨帶著家人一起出門，不要遠離他們。和其他企業主或有錢人一起吃飯，向他們學習知識。在晚上安排組織管理社群網絡的活動。和百萬富翁一起打高爾夫球。參加最好的俱樂部和健身房，培養興趣和照顧身體，也能夠認識傑出的朋友。拜訪新城市時，記得觀察當地的房地產。在上班日的中餐時間，和家人一起吃飯。享受多國家的生活，例如夏天待在英國，寒假時帶著孩子和家人住在溫暖的城市。

和家人促膝長談，一起規劃家庭時光——把假期、約會、家庭聚會寫進行事曆。只要在行事曆安排絕對不能改動的計畫，其他的工作就會自動找到適合的時間。倘若你不謹慎處理，行事曆就會被各種活動佔據，無法完成重要的計畫。你愈提前安排重要計畫，全世界就會幫忙你挪出時間處理工作、演講或旅行。你可以照顧理想的家庭和工作，根本不需要過度犧牲。我討厭假日，我的妻子琴瑪不喜歡這樣。結婚的前五年，每逢假日，我都在抱怨，認為事業毫無進展，假日只是浪費時間。

我發自內心想要一直工作，她則希望可以坐在沙灘上享受人生。我在假日時總是坐立難安，她非常不高興。時至今日，我們終於可以結合工作和假期。我在世界各地舉行演講、寫作營、高水準的智囊團研討會，家人也到摩納哥、開曼、佛羅里達、特內里費和杜拜等度假聖地享受假期。工作和生活確實可以完美結合，實現熱情和專業，工作與假期。琴瑪終於可以好好放鬆，擁有美好的假期。我們一起帶著孩子享受人生，他們參與我的工作生活，我不會錯過他們的成長過程。

我們能夠結合工作和生活，不需要埋頭苦幹十個星期，只為了與家人共度一個週末。現金不值得我們犧牲家人，只要妥善規劃，遵守稍後提出的六個重點問題。

家庭成員的生活價值不盡相同，很難同時讓每個人快樂。你必須理解他們的價值。

請詢問你的伴侶和孩子：「你們最重視的生活價值是什麼？」但不要以為他們是在針對你。仔細傾聽，就會形成理想的藍圖，知道如何愛他們，照顧他們，和他們一起生活。當你希望追求自己的重要價值，也會明白如何讓他們支持你。你會慢慢知道許多人用盡一生的時間，依然無法實現所愛的理想。但是，只要方法正確，我們可以打造理想的家庭生活，滿足每位家庭成員的價值和目標。我和琴瑪就是如此。我們結合了工作和假期，所有人都實現了心願。我和數百名朋友分享結合工作和假期的觀念，徹底改變他們人生的所有領域。

除了家人之外，你也應該知道商業合作夥伴、摯友、上司、管理總監或團隊主要成員的理想價值——所有可以協助你實現願景，在生活中扮演重要角色的人。想要長久維持關係，雙方都要實現自己的價值。讓家人和關鍵的夥伴一起參與個人事業目標規劃和願景思考。每年都和家庭成員一起討論，讓每個人提出對家庭價值和願景的想法。孩子年幼時，就讓他們設定目標，追求有價值的理想，心情變得更愉快，你也有機會教導他們正確的知識和技巧，使他們往後順利追求理想生活。再次強調，你可以在工作假期時完成上述目標。

消除工作和家庭的隔閡，找到有效利用時間的方法，結合熱情和專業，工作和假期，就能得到更好的事業結果，創造更偉大的傳承。你跟孩子之間的關係會更融洽，和伴侶的感情也會加溫。

如何結合熱情和專業

從現在開始，詢問自己六個關鍵問題。隨著你逐漸成長，每年至少要重新回顧一次這些問題和答案。

一、我喜歡現在的事業嗎？

如果你剛開始創業，雖然尚未成熟，或者你事業有成，無論是基於專業或熱情，你已經擁有足夠的興趣和靈感，願意完成第一階段的工作，承受創業那些披荊斬棘的挑戰和時間付出。這個起點很好，確保你不只想賺錢，也擁有熱情。你可以隨時轉變方向，尋找任何有趣的事物，只要遵守財富公式，解決有意義的社會問題，都能夠賺錢。

二、十年之後，我依然喜歡事業的生活嗎？

我喜歡藝術、房地產和成為房東。但我是一個喜新厭舊的人，只要開始拓展事業和維持發展，就會變得盲目不理性。隨著時間過去，我無法用藝術賺錢，我的熱情也消失了。我討厭支付日常生活費用的壓力和商業化的藝術經營，我的熱情也備受考驗。

我只有在剛開始創業時，才有成為房東的熱情，因為我很興奮，終於可以成為自己的老闆，但靠著房租過活沒有未來。我對房地產的熱情不在於瀏覽物件、議價、管理房客或者和仲介商打交道。事後仔細思考很重要。我參與且放棄了許多事業領域，獲得寶貴的經驗，我知道判斷這個領域是否值得投入的關鍵，就是「十年之後，我是否依然熱愛這個領域」。

我終於明白，寫作、商業世界的教學相長、個人發展和金錢才是我的終生熱情。我花了好多年，轉換了好幾個領域，才學會這個道理。但沒關係。任何領域都能創造金錢，或者讓我們學習經驗。生活中的大小事都是一場測驗。我們可以找一個合適的利基領域，當作墊腳石，追求理想的未來生活，結合熱情和專業，一步一步爬上職業生涯的階梯。只要眼光放遠，就可以預防迅速致富的妄想，避免失敗，盲目和拖延。

三、如果事業變得困難，我依然喜歡嗎？

一帆風順時，一切都很簡單。然而，有意義且永恆的事業都會要求你面對挑戰，提升智慧和成長。如果你認為自己享受事業領域的挑戰，或者已經準備捲起袖子，實際努力，尋求他人的支持，代表你找到了適合自己的理想領域，可以實現願景和價值。

四、我是否具備足夠的技巧和經驗（或者願意學習）？

如果你只是喜歡某個領域，但缺乏技巧和經驗，那不是事業，而是嗜好。真正的事業需要興趣、技巧和經驗。每個人開創事業時的基礎不盡相同，只能逐漸獲得經驗。最好的事業是你擅長而且非常喜歡的領域。雖然許多人都擅長自己熱愛的領域，但不是必然。

五、我的事業有市場嗎？

缺乏市場的偉大理念也只是空談。只有價值和公平交易，沒有市場，更無法拓展或者維持事業。你喜歡這個事業價值，不代表全世界的人都這麼想。讀者可以觀賞《龍穴之投資創業》（*Dragon's Den*）影集[2]，看看參賽者如何盲目相信自己的想法可以解決全球問題，而五位（或六位）評審如何評論。迅速調查市場的方法很多，善用谷歌搜尋，尋找關鍵字，觀察搜尋結果的網頁數量，尋找社群網站是否有相關主題的社團或專頁，測試點閱廣告的效果和流量，在網路論壇提問，在亞馬遜書店或 Audible 網站尋找相關書籍。只要用一天的時間，就可以完成辛苦的研究工作，開始實際測試事業市場。

六、我的事業可以持續獲利嗎？

有些市場會產生景氣循環，另外一些市場則著重投資時機，例如聖誕節期間大量出現於商場的短期商店，都會在新年結束之後消失。有些產品講究季節時機，另外一些市場經常發生重大改變，還有一些市場已經非常成熟，難以進入。如果你選擇穩定的事業，可以長期維持，就能更有效率地發揮複利效應。請記得，重新開始需要非常龐大的能量，務必慎重選擇。

面對上述六個問題，你愈能堅定同意，代表你選擇的事業或領域愈好，可以創造更長久的巨大財富。如果（一）、（二）、（三）的答案為「是」，缺乏（四）要求的經驗，代表你空有熱情，這個領域只是嗜好，並非事業。

倘若（四）、（五）、（六）的答案為「是」，但你沒有熱情，這個領域是一個令你討厭的工作。假設六個問題的答案都是肯定的，太好了！你找到了一個充滿潛力的事業領域，可以結合熱情和專業，工作和假期，並且賺到非常多的錢！

---

1 「孩童之島」是孩童主題館，讓四到十二歲的小孩能夠體驗成人在現實生活的職業活動，尋找未來志向。

2 龍穴是英國廣播公司製作的影集，參賽者必須向五位評審（有時為六位）提出想法和企劃，吸引評審的投資。

CHAPTER 42

印刷金錢的執照

這是簡單的四步驟模式，就像一張允許印刷鈔票的執照，可以繼續成長並且重複使用，絕對不是投機取巧的打帶跑策略：

一、調查

進行網路群眾調查，理解目標市場客戶，建立正確的觀念、系統和方法。調查重點客戶和現有顧客群，詢問他們的需求。善用問卷三大重點：一、開始，二、停止，三、保持。

你希望我們開始哪些新服務（產品）？

你希望我們停止哪些舊服務（產品）？

你希望我們保持哪些原有的服務（產品）？

探索客戶更深刻的需求。他們想要解決哪些問題？他們希望獲得哪種服務？哪些服務或產品可以改善他們的生活，更快速、更長久、更有娛樂價值並且更快樂？哪些服務能夠節省他們的時間，讓客戶獲得自由？沒有足夠的測驗和調查，貿然投入一項新事業領域，不但非常冒險，而且代價高昂。一九八三年，雅塔利（Atari）電腦遊戲公司推出《異形》（E.T.）遊戲，遭逢慘烈的失敗，只能將七十萬份遊戲卡帶埋在墨西哥的垃圾處理場。千萬不要重蹈覆轍。迴避風險的最好方式，就是在製作百萬份產品之前，充分理解客戶的需求。

成本最低的快速調查方法，就是詢問現有客戶或即將成為客戶的群眾。充分的調查結果，可以讓你胸有成竹，知道飢渴的消費者想要購買哪些產品或服務。群眾調查的魔力在於，調查本身就是一種行銷策略。如果你親自參與產品或服務的開發階段，在上市之前，你已經曉得這個產品。知道上市日期之後，這個產品就會像你最愛的樂團出新專輯，不停在耳旁嘮叨絮語。倘若製作人接受你的意見，推出你渴望擁有的產品，你會認為自己參與了產品製造。你的內心認為自己是產品的主人。既然你知道自己想要，就會相信購買這個產品沒有任何風險，也會推薦朋友購買。

這本書的英文標題和副標題就是藉由網路社群成員調查完成的。我的理念來自社群成員。我詢問意見，測試接受度，按照群眾回應，完成綜合修改，繼續請教他們的想法。許多人已經知道英文標題和副標題。我不必喜歡這個書名，我們只需要讓出版社接納即可！如果你也想要寫書，除了按照上述方法，也可以事先進行網路群眾調查，決定理想的出版形式，例如實體書、電子書或有聲書。

二、解決問題

我們必須下定決心替客戶解決問題，包括推出產品、服務、系統、標準程序、應用程式、觀念、資訊、智慧財產權、執照、連鎖經營、顧問、修復和其他形式。善用網路群眾調查，理解最好的解決方法，採用線上服務、影片、手冊、書籍、DVD、個人服務、直播、網路研討會、應用程式、雲端服務、盲人點字、文書謄寫處理、翻譯、面對面諮詢等等。讓客戶得到他們想要的產品和服務，而且符合理想的形式。

三、服務社會

創造產品和服務，持續測驗修改，並且拓展規模。將最低價的商品投入市場，試探小客群的反應。讓早期購買者享受折扣，請他們提出回應，發展二・〇版本的產品（服務）。先求有，但減少成本，再求完美。要求客戶提出最誠實的意見，傾聽他們的想法，建立產品優勢，讓他們向朋友推薦這項產品。持續推陳出新，發展至三・〇版本或七・〇版本，穩定改善產品，或者因應市場改變而進行全面更新。從一・〇版本開始和群眾保持接觸，照顧他們的需求，不能只想著賺錢。

谷歌公司創業時，希望把搜尋引擎賣給商業公司，並且將演算法技術賣給其他搜尋引擎公司。銷售成果相當悲慘。谷歌決定大破大立，創造自己的廣告演算方法，讓各家商業公司向他們購買廣告。使用者搜尋特定關鍵字時，就會跳出該公司的資訊。谷歌公司幾乎在一夜之間從「受歡迎的搜尋引擎公司」變成「商業廣告的巨人」。二〇〇八年，谷歌向美國證券交易委員會申報的廣告收入為兩百一十億美元。

四、拓展規模

你的產品受到歡迎，建立非常公正的意見回應客群和測試資料庫之後，就可以準備拓展規模了。你不應該過早擴展，但也不要停下腳步。你推出新的產品或改版，就是繼續培養上一個產品（版本）的良好接受度。你可以安全輕鬆地創造更好的產品服務，增加產品附加效果，創造更長久的經營系統和作業流程，處理更廣大的銷售量。

善用上述的四個步驟，建立一個良好的事業系統，就像申請一張印鈔許可證，讓你面對挑戰，實現願景，創造源源不絕的財富，同時避免將存貨埋在垃圾處理場的風險。我做了非常仔細的調查，這四個步驟可以應用在所有產品和服務。即使是最好的願景家，也幾乎無法靠著自己的才能，理解客戶的需求。美國汽車大亨福特說過一句名言：「如果當年我問客戶想要什麼，他們一定會說更快的馬。」福特的例子是非常少數的例外。雅塔利如此傑出的公司，缺乏正確的步驟，也會承受險峻的失敗。

CHAPTER 43

價格和價值

許多人相信，價格和價值是「先有雞或先有蛋」的難題。如果你的自我價值過低，產品或服務的價格可能也會太低；倘若定價過高，銷售量下跌，你的自我價值也會受損。假設你提升價值，價格並未改變，獲利空間則會減少。擅自提高價格，產品或服務的價值並未增加，導致客戶觀感不佳，你將失去他們的支持。我們應該怎麼處理這個難題？

從自己開始做起

改變自己，就會改善金錢收入。放下過去糾結的罪惡感和羞恥心，原諒自己，也原諒曾經傷害你，讓你生氣的人。停止抱怨，因為他們的程度就是如此，不要責備他們。

無須害怕尚未實現的未來。擺脫自我設限和幻覺，還有宗教、社會、家庭、媒體和成長背景傳遞的成見。繼續投資時間和預算，增進社群網絡、自我價值和知識。

理解並且測試價格彈性

「價值和公平交易」之間有一種簡單的定價模型。價格彈性是一種指標，測量產品或服務改變供給之後的價格變化。在供給和價格之間，我們可以找到一個甜蜜點，獲得最理想的價格，不必減少供給量。所有產品和服務都具備一種難以理解且持續改變的關鍵變項，也有最高、最低和最平均的定價。你必須藉由區隔定價進行測試。請確實在自己的事業領域中探索所有的定價策略，在市場前線測驗各種產品價格，找出供給和利潤的甜蜜點，決定增加或減少供給端，提高客戶價值（LCV）和獲利空間。有些產品價格非常固定，其他產品價格則必須因應市場改變，還有另外一些產品毫無價格彈性，甚至沒有價格限制。

如何提高價格

產品和服務的價格必須足以支付企業的成本開銷，創造公平的利潤空間。在供給量較少的情況下，利潤比例可能是四十%；平均供給量創造二十%的利潤；最高供給量（促銷）時，利潤只有五%。你必須持續注意自己的關鍵績效指標，清楚知道銷售額和淨利空間，否則會持續銷售產品，卻承受損失，甚至造成複利效應損失。產品或服務必須獲利，才能滿足自己的目標，建立符合資本主義利潤原則的事業。如果無法達成上述目標，你的產品或服務並非事業，只是慈善工作或嗜好。利潤讓我們可以向社會大眾提供有價值的產品和服務。市場和客戶反應會讓你明白價格是否過於貪婪。如果價格過高，為了處理市場反應、聲譽受損和公關成本，你必須提高產品和服務的價值，或者退款，讓價格回到平衡點。價格測試協助我們平衡自利和社會關懷。然而，我強烈建議讀者可以立刻提高五%至二十%之間的價格，不必先增加產品或服務價值，也不會承受過大的風險。五%可以彌補通貨膨脹造成的損失，十%就能創造利潤，而漲價二十%之後的利潤繼續投資，提升產品服務價值，也替你和公司股東帶來更好的收入。企業的規模愈新或愈小，市場愈容易變動，調整價格的難度就愈低。

提升產品和服務的價值

你也許依然擔心提高價格之後，將失去客戶、引發抱怨或造成觀感不佳？這是很常見的擔憂，否則人人都會提高價格定位。二〇〇八年，我購買了人生第一支勞力士戴通拿。我在二手市場支付了超過五千英鎊，取得使用三年的全不銹鋼錶款。八年之後，同型號的勞力士戴通拿錶款新品價格是一萬〇兩百英鎊。

如果你還是害怕漲價，請進行價格彈性測試，或者逐漸增加自信心，緩慢提高價格。我希望讀者可以克服提高價格的恐懼。然而，如果你依然擔心，我也建議先提升產品和服務的價值。想要獲得更多收入，我們可以先付出更多。分析市場模型、產品和服務特質，思考以下方法：

- 提供更好的服務。俗話說，天下沒有不勞而獲的午餐。想要怎麼收穫，就要怎麼栽。但是，請小心謹慎，不要過度付出，否則你的獲利空間降低，甚至造成虧損，也不符合公平交易的精神。增加二%到五%的成本，提高十%的產品或服務價值，就能輕鬆維持十%的價格提升，也不會引發客戶的不滿。
- 創造更迅速、簡單、良好的交貨品質。許多人購買產品或服務，是為了解決問題，或滿足內心的感受。賣方的交貨品質愈好，他們願意付出更多金錢。提升交貨速度，減少運送阻礙，改善送達效率，你的價格也會立刻上升。
- 尋找不會提高成本，但可以增加產品價值的方法。你可以找到許多小技巧，讓客戶覺得自己獲得更多價值，例如飯店在枕頭旁放置貼心的巧克力、車商免費贈送地毯、餐廳服務生在帳單最後的小費欄附近簽上自己的名字以及「感謝您」。你也可以增加產品或服務的各種形式，例如提供線上內容，不必增加成本。愛彼錶曾經推出限量版的皇家橡樹海岸（Royal Oak Offshore）款式，限量版與一般版的差別不大，但價格提升五十％。你也能夠提供更高價的客製化服務，例如超雀（Overfinch）汽車改裝廠推出的荒原路華（Range Rover）客製化，或威圖（Vertu）的客製化高價手機。請和團隊夥伴集思廣益，尋找讓客戶覺得產品更有價值的方法，仔細探索，用創意取代成本。

- 重新包裝產品，讓它變得性感！蘋果電腦產品的包裝非常精美，和產品本身一樣令他們自豪。消費者打開蘋果電腦產品包裝時，感覺就像拆開夢寐以求的聖誕節禮物。產品和服務的包裝可以讓消費者產生深刻的印象，提升價值感知。許多盲測證明酒和食物的包裝（擺盤）也有一樣的效果。尋找包裝的各種方法，提升產品形象價值，也可以增加售價。讓你的產品和服務變得獨特，因為民眾認為特別的事物具備特別的價值。
- 提供「免費價值」。在大量資訊快速傳遞的年代，想要獲得更多，必須給予更多。天下沒有白吃的午餐。你願意先提供更多益處，就會得到更多收益。提供「免費價值」是指讓客戶享受比以前更多的免費價值，藉此增加信心和購買意願。你可以在市場最前線提供產品的免費資訊或免費使用機會，增加消費者信心和經驗。這個方法也能夠提升客戶終生價值。英國倫敦劍橋大學的國王學院旁，有一間商店就靠著提供免費的軟糖吸引客戶。這個例子很簡單，卻非常有用。我的家鄉也有一家水果商，提供美味碩大的紅色草莓免費試吃。許多路過的人被試吃吸引，走進店內，意外地買了一大籃草莓。這是一個網路和資訊的年代，提供產品或服務的高價值電子書、使用報告、有聲書或Youtube影片，都可以建立客戶信任，消除市場摩擦，提升購買機會。目標就是讓潛在的新客戶認為：「如果這個產品（服務）提供的免費體驗這麼好，正式的商品一定更棒！」我的網路廣播節目《顛覆企業家》是免費的，也沒有安排任何廣告，卻創造數十萬英鎊的商業利潤。這就是增加產品前線免費價值的好處。讀者可以思考自己的事業能夠提供哪些免費價值。

如果你可以在上述五個例子，各自提升四％產品服務價值，代表你可以提高二十％的產品服務價格。還猶豫什麼？立刻進行吧！

定價過低，會讓你無法吸引高消費水準的客戶

許多人思考客戶、商業和金錢時，認為提高價格會造成損失。但他們的思考方向錯了。價格是吸引客戶類型和建立理想商業模式的主要方法。俗話說：如果你只出得起香蕉，當然只能請到猴子。這個道理也適用於定價策略。

產品價格或服務費用會吸引擁有消費能力的客戶。如果你的定價過低，等於拒絕高消費能力的客戶。想要設定低廉價格，藉此吸引高消費能力的客戶，只是一種無稽的想法。價格必須釋放正確的訊息。你的價格正確，可以區隔沒有能力支付或者不願支付的客戶。換言之，這是非常好的篩選方式，能夠替你節省時間，杜絕只看不買、浪費時間或者想半價購買的人，也可以吸引能夠輕鬆購買產品或服務的客戶。他們喜歡你的產品，珍惜你的價值，也更有眼光。他們的社交網絡更好，可以將你推薦給朋友。請立刻將價格提升至合理的高度，建立高水準品牌，吸引高消費能力的客戶，創造財富、金錢和獲利空間。為什麼還要猶豫？立刻進行吧！

○平價化商品和市場價格限制

許多人拒絕提高價格，認為市場已經面臨價格限制。他們相信這個產業出現一個無法超越的限制，市場也成熟、飽和而且平價化（commoditized），只能採用標準化的價格。他們的想法其實是將一個開放自由的外在世界，想像成封閉的內在世界。為什麼不能顛覆一個產業？如果你認為自己的事業領域已經進入平價化階段，你有三個選擇：

一、顛覆市場，強力提升價格和服務

是否記得手機只能打電話的日子？後來出現了簡訊功能，手機科技持續進展。蘋果公司推出iPhone，徹底改變產業，不只創造更多價值，甚至徹底改變人類對手機的認知。音樂、應用程式和所有的功能彷彿觸手可及，終於打開手機產業的價格大門。俗話說，把五百英鎊交給有錢人，他會在一天之內賺到一百萬英鎊；把五百英鎊交給窮人，他會立刻去買iPhone。蘋果徹底改變了手機產業，打破既有模式，改變原本的價格限制。

你還記得以前的廉價吸塵器嗎？看起來雖然像《超時空奇俠》（*Dr. Who*）裡的反派機器人達立克斯（Daleks），但依然盡忠職守地清潔環境。後來，戴森公司出現了。我很清楚地記得，我曾經拜訪一位在銀行界擔任資深管理職的朋友。他邀請我到他的新家參觀，我非常期待。他打開大門，邀請我和其他朋友進入屋內之後，第一件事情就是帶我去看他的櫥櫃以及數位新時代的工具：戴森吸塵器。他的表情很驕傲，彷彿這臺吸塵器就是他的新生兒。一九八〇年代，他買了一臺老舊吸塵器時，完全沒有這種喜悅。

請切記，如果你敲竹槓或者超收價格，絕對無法全身而退。客戶的反應和廣大的市場機制會立刻進行平衡。其他競爭者並未遵守公平交易法則，不要在意。他們遲早會被質疑。你只需要專注照顧自己的客戶和支持者。在蘋果電腦和戴森的例子中，兩間公司都創造了獨特的價值，讓人類的生活更輕鬆、迅速、簡單，並且保存寶貴的時間。他們在產品中導入了人體工學和優雅的設計理念，確實滿足市場的需求，讓科技產品成為時尚穿搭品，建立一種特別的槓桿效果，增強客戶的自我價值。蘋果電腦在市場上取得優越的成功地位之後，他們的挑戰是在賈伯斯過世後，客戶是否願意繼續保持忠誠？繼任者能不能保持同樣的創新步調？如果蘋果電腦的新產品過於昂貴，或者毫無進步，可能就會引發朝換代，因為手機科技產業是全世界最資本主義化的市場。

二、建立突破市場的高價品牌

想要避免定價造成的錯誤，獲得額外的收入，並且測驗產品服務的價格彈性，我們也可以保存既有的產品模式，另闢蹊徑，創造一個突破性的高價品牌，吸引擁有高消費能力的顧客。

三、轉換利基領域

你有很多選項可以提升售價。如果看完所有可能的方法，你依然強烈排斥漲價，也可以自由選擇另一個新的利基產業。倘若你希望賺錢並且改善世界，改變利基領域和市場是不錯的選擇。但是，其他市場可能更為艱困、競爭且成熟穩定，請小心選擇。你有選擇的自由，而且可以自己作主。

市場價格 vs 你的價格

市場價格可能變得平價化或標準化，例如航空業和保險業，但我們依然要思考「你的價格」。就像方才討論的重點，我們可以顛覆平價化的市場，打破價格限制，例如蘋果電腦和戴森公司，「你的價格」同樣沒有極限。地球上的所有人都擁有無窮無盡的每小時最高薪資、自我價值最高額度和最大價值。除了自我設限，一個人的信念、自我認知和價值不會有任何極限。因此，**我們應該在「自我價格」和市場價格之間達到完美的平衡，才能發揮槓桿效果，善用時間、經驗和個人才華，創造價值**。傳奇手錶設計師傑拉德．尊達（Gerald Genta）替任何一間廠牌的手錶創作，都會提升廠牌的價值。他曾經替沙夫豪森萬國錶、百達翠麗工作，最著名的作品就是愛彼錶的皇家橡木錶。此錶要價不斐，市場趨之若鶩（而且令人上癮）。好萊塢明星阿諾．史瓦辛格、NBA 籃球員俠客．歐尼爾，足球職業明星李奧．梅西、方程式賽車世界冠軍麥克．舒馬克都曾經替愛彼錶代言。批頭四樂團成員保羅．麥卡尼之女史黛拉．麥卡尼（Stella McCartney）替 H&M 和愛迪達設計產品時，也提高兩間公司的品牌價值。雅柏．柯倫替德本漢姆（Debenhams）代言時，產生同樣的正面效果。你可以替自己的事業和品牌創造同樣的價值。

持續提升個人表現，增進「你的價格」，你的產品價格就會提高，同時顛覆整個市場，徹底改變定價標準，創造前所未有的產品認知。如果其他人能提升你的事業或品牌價值，你也可以考慮商業合夥經營。

個人財務天花板

川普和流浪漢的銀行戶頭都有一百萬美金時，他們心裡有何感覺？流浪漢可能會覺得自己贏了大樂透，但川普則擔心自己的財務是否出了狀況，怎麼只有一百萬美金？一個人對「很多錢」的觀念，決定了他的財務天花板。一千英鎊和一萬英鎊不是很多錢，一百萬英鎊或一千萬英鎊也不是很多錢。在這個世界上，還有數百倍、數千倍的金錢，正在迅速流動。二十％的有錢人，掌握了八十％的金流。改變「金錢非常稀有」的心態，迎接富足的觀念，才能移除個人的財務天花板。世上的金錢豐富有餘，你也應該有錢。沒有任何利基領域、平價化市場、經濟景氣循環或小氣的客戶可以定義你的價值或者你的財務發展。如果你聽見自己說「這筆錢真多」，請立刻糾正觀念。未來的你（可能是一位億萬富翁）會認為這筆錢根本微不足道。你在健身房會逐漸增加啞鈴的重量，你也應該持續提高個人的財務極限。

○可以實現生活目標的價格

符合公平交易的賺錢，可以增加個人自尊心，因為你付出時間和努力，獲得合適的報酬。你的價格和價值逐漸提升。你的愉快感激會反應在產品和服務，客戶的愉快感激則會呈現在更多銷售和推薦口碑。你藉此創造公平的利潤，產品服務的銷售規模提升，你再投入利潤，改善品質和價值。於是你的價格和價值增加，吸引更好的客戶，他們珍惜你的產品服務，願意支付更多金錢。好客戶讓你賺更多錢，你提供更多服務，創造理想的成長循環，增加金錢流動速度，繼續提升價格和價值。

CHAPTER 44

亙古不變的賺錢之道

雖然許多人認為賺錢很難，但我相信世上存在許多機會。本章的重點不是最新的賺錢潮流。曇花一現的方法不久就會被淘汰。真正的商業模式或賺錢機會必須長久維持，創造動力和複利效應，並且遵守本書提及的賺錢哲學。

有些模式雖然賺錢，但你不會喜歡。另一些模式，你喜歡但不會賺錢。還有一些商業模式兩者兼具。想要成功，就要找到這個商業模式。你必須自問：

（一）我如何成為這個商業領域的佼佼者，甚至是最傑出的人？

頂尖人物具有極可觀的收入。錢來得快也去得快，但經驗和知識不會消失。妥善應用知識，就能獲得力量。在特定的商業領域中，擁有最多知識的人，能夠獲得比例驚人的收入。

職業拳擊手的平均薪資是七萬五千七百六十美元。米格爾．庫托（Miguel Cotto）是歷史上單一拳擊賽事收入最高的第十名，可以賺到八百萬美元。他的收入高達職業拳擊手平均收入的一百〇六倍。世間萬物都不平等。如果你認為職業拳擊手擁有的是「技巧」或「天賦」，而不是知識。讓我們看看律師的薪水。根據相關資料，全球收入最高的律師身價為一百七十億美元，是第十名的兩百一十二．五倍。收入最高的律師擁有的知識，確實可能高於收入第十名的律師，但不可能超過十倍。

如果你投入時間，努力學習，專心成為專業領域中的頂尖人物，也很可能賺到優渥的金錢、控制權和生活自由。甚至能夠發揮槓桿效果，選擇名利雙收、生活自由的專業領域。

（二）我能不能找到熱情所在，而且不會覺得工作無聊？

放下無法賺錢的憂慮，思考自己真正熱愛的事物。鉅富和幸福的人都有一個共通點：他們大部分時間都在做自己喜歡的事。你的熱情會散發吸引力，讓別人願意付錢購買你的產品或服務，支持你實現目標和理想，因為你促進人類社會的進步。

（三）如果錢不是問題，我想要做什麼？

如果錢不是問題，工作就像度假一樣開心，你想要做什麼？什麼目標讓你覺得「我很快樂，根本不辛苦」？哪些目標讓你發揮最好的一面？讓其他人獲得啟發？你最大的優點是什麼？仔細思考，找出答案，建立真正的事業。

（四）如果我面對最艱困的挑戰，會怎麼樣？

有些產業不只讓你面對挑戰，甚至你還會享受其中。程式設計師或科學家喜歡艱困的挑戰。他們不會因為一次挫敗而退縮。這個世界永遠都有挑戰，挑戰是一種測驗，試探你是否找到正確的職業。可以忍耐一切，解決最艱難挑戰的人，也擁有最優渥的收入。

（五）我喜歡在哪些領域服務社會、協助他人？

你想在哪個領域服務社會、協助他人？你或許熱愛某個領域，但不喜歡服務他人，反之亦然。請仔細思考這個問題，才能清楚看見專業領域、財富和金錢的方向。

真正的事業發展模型

你是否曾經夢想沒有重新開始和擴展事業的成本，獲得貴人相助，從事自己所愛，愛自己所選，創造理想平衡的工作和生活？你確實可以實現夢想！以下就是方法：

選擇可以輕鬆駕馭且沒有設限的職業。這才是職業生涯有保障的真實定義。如果現在的職業限制你的發展，代表你的選擇是錯的。如果沒有任何風險，你可以選擇毫無極限的職業、角色和職業生涯道路，無拘無束地賺錢，並且改變社會，發揮無窮無盡的影響力，獲得自由，揮灑創意。你的事業和獲利空間都有無限可能。為什麼要限制自己？

結合熱情和專業，尋找正確的專業定位，成為最傑出的人物，並且（在大多數的時候）享受工作，將無關緊要的瑣事委任外包。

研究最成功的人物和你的偶像，學習他們最好的優點。偶像創造了你渴望的生活理想，很有可能也學會如何結合熱情和專業，賺到非常可觀的收入。理解他們追求成就的經驗和方法，發揮槓桿效果，才能更快完成自己的旅程和事業。

你以為這個道理誰都懂。問題是，大多數的人卻以為難如登天，或者憎恨成功人士。但其實很多人都是白手起家，成功人士只是找到正確的方法和模式，才擁有今日的成就。

全球前百分之一的鉅富所擁有的錢，是全球半數窮人總資產的六十五倍左右。這點告訴我們什麼事？如果別人可以白手起家，發財致富，你也可以！學習他們的特質和策略，並釐清自己該堅持什麼，放棄什麼。

在「個人發展」的領域中，放棄經常被認為是軟弱。然而，除非你放棄高價值、高回報或非常重要的目標，才是真正的軟弱。**放棄低價值和時間報酬的瑣碎工作，其實是非常睿智、堅強且勇敢的行為**。不要因為別人說「放棄代表軟弱」，而勉強堅持某個目標。賈伯斯重返蘋果時，做了非常知名的決策。他撤除大部分的產品，讓員工專注在少數創造利潤的重要產品。我們必須明白自己該做什麼，而且做自己懂的事。不要花時間處理別人的計畫，或者聽信別人不負責任的工作和生活建議。

數十年、數百年來都非常有用的事業模型

研究歷史上的鉅富，雖然他們專注的利基領域不同，依然具備相似的特質，其中最主要的共同特質就是「良好的事業網絡」。這個觀念是指，我們必須建立新的事業網絡，或者發揮原有網絡的槓桿價值，創造廣泛的事業觸角。

近代的新興產業包括鐵路、鋼鐵、光纖網路、半導體……等。鑒古知今，我們可以獲得非常重要的知識。雖然這個世界可能不會出現下一次的淘金熱或鐵路熱，大多數的石油也已經被開採挖掘，但隨時隨地都會出現下一個重要的事業網絡，創造可觀的利潤。很多事業網路將開創新的顛覆發展，照顧人類的基礎生活權益，例如環保和再生能源、星際旅行、量子資訊交換。

資產基礎模型

資產基礎模型是指發展事業時，擁有固定的資本和收入。事業長久發展之後，可能會建立資本價值，在損益表中增加房地產、股票、資本商品、股東或股份。

我們可以發揮資產基礎模型的槓桿效果，建立更多被動收入，降低固定支出，達到開源節流的理想。舉例來說，如果事業使用的房地產沒有任何貸款，你的獲利空間就會

提高。以下是資產基礎模型的例子，可以作為目標參考，甚至綜合採納：

• 房地產

直接購入房地產，設定對事業有利的貸款方案。透過它來增加事業資產，房地產可以有效保值，提升資本緩衝空間。你還能夠銷售事業股份，交換資本、合約或者聘請顧問進入董事會。最後一種方法則是創造以資本為基礎的產品或服務，例如智慧財產權和加盟經營權。

根據富比士的調查，全球十大新興小型事業中，有五項屬於房地產、建築、不動產和建設業。這個結果令人意外，也可說不太意外，因為房地產在數個世紀以來都保持成長。自從人類社會在一〇八八年開始實施稅賦制度之後，房地產每年保持十%左右的增值，包括短期的大幅波動和緩慢成長。然而，房地產領域非常成熟，五項新興事業屬於房地產領域，實在令人驚訝。在許多城市，由於移民湧入，人口增加，加上當地議會和政府缺乏妥善的發展計畫，導致房屋供給短缺，加速建設業的發展，特別是在倫敦等城市造成房價上升。

將房地產事業列為多重收入來源之一是非常好的方法，只要妥善管理房地產循環利潤的槓桿效果，就能夠創造良好的收入。房地產不容易受到景氣影響，通常也是銀行唯一接納的貸款抵押品。

• **智慧財產權（觀念、專利、執照、特許加盟經營、資訊和音樂）**

智慧財產權具備資本價值，能夠創造循環收入，例如樂團的專輯、特定的使用執照、專利和創造多形式的商品。擁有資本價值的智慧財產權可以直接賣出、簽訂加盟契約、租賃，或者光是擁有智慧財產權就能創造利潤。

藉由開放特許加盟經營，單一資產（例如資訊、商業系統或專利）可以發揮槓桿效果，創造全國或全球利潤。例如麥當勞在全球授權三萬六千多間分店，聘請四十二萬名員工。加盟經營權也可直接賣出，或者繼續持有，收取盈餘。

音樂專輯、歌曲、書籍、遊戲、線上課程或其他形式的智慧財產權，只要創作一次，就可以賣出數百份或數千份，賺到數年或數十年的利潤。這些形式的智慧財產權也能重新包裝，例如手機應用程式、實體活動、休養課程和限量款，增加獲利。發揮智慧財產權的特色，創造其他商品、贊助或代言，也可以進一步提高品牌價值。在你的專業領域中尋找創造智慧財產權的機會，增加更多資本和收入。

• **投資（股票、債券和其他金融商品）**

我的房地產事業也經營投資，購買其他的房地產，創造長期的收入和資本成長，例如企業大樓和訓練機構。巴菲特收購波夏克．海瑟威控股公司之後，替自己和股東進行投資。獨立財務顧問提供建議，收取費用，建議客戶如何投資。股票市場、貴重金屬市場、藝術、綠色能源和其他領域，也有受到政府管制或完全自由市場的投資行為。不是每個人都希望進行額外投資，但請記得世界首富巴菲特這麼做。如果你認為自己有這個能力，不妨把握機會。

- **提供貸款（融資）**

提供貸款是賺錢的自然過程。銀行提供貸款，中央銀行也提供貸款。錢會滾錢，將錢藏起來是不會增加的。隨時間過去，借貸予人者都會擁有可觀的財富。某些人鄙視這種做法，有些宗教則禁止有利息的貸款行為。如果你能夠超越上述想法，認為它能提供良好的服務，滿足市場需求，就可以將之加入你的事業項目。事實上，消費者提供金錢給生產者，經濟環境才會逐漸成長。在第三世界國家，許多新興事業必須仰賴小型貸款。貸款當然有風險，但所有的事業模型都一樣。在你有錢後，你應該要開始思考這條路。

- **實體資產（貴重金屬、藝術品、手錶、酒、經典車）**

實體資產和商業模型可以保持資本價值。如果你的事業就是銷售資產，可以同時建立獲利空間和資產數量。你的存貨價值可能會逐漸提高，其他產業的存貨價值則是緩慢下跌。近年來，許多保時捷經典車款的價格水漲船高。藝術品和經典錶款漲價時，經銷商也會自己買進藝術品和經典錶款。如果你非常重視資本，注意平衡資本與收入是良好的經營方法。

- **改變世界的重要事業領域**

能夠改變世界的領域通常可以持續成長，包括顛覆世界運作方式的科技，例如環保回收能源業、科技業、藥品業和探勘業，以及經過時間考驗的成熟領域，像是健康照顧、保險、食品和居住安全。只要人類依然保持本性，就要滿足需求，創造改變世界的科技。馬斯洛（Maslow）提出的理論認為，人類有五種不同等級的需求，其中四種需求是「匱乏需求」（deficient needs），如果無法得到滿足，就會產生追求的動機。不滿足的時間愈長，動機愈強烈。每一級的需求，都必須先滿足前面的需求。人類已經進步，即使在第三世界，也能滿足最基礎的需求。第五種需求（成長需求）變得愈來愈重要。不是人人都可以實現更高層次的成長需求，也就是實現自我、完成生活目標。馬斯洛的五種需求等級為：

第一級需求：生理需求（食物、水、溫暖、休息）。
第二級需求：安全（居住安全、生活平安）。
第三級需求：歸屬感和愛（親密關係、友誼）。
第四級需求：自尊心（名譽和成就）。
第五級需求：自我實現（實現潛能和創造力）。

滿足上述任何需求的事業都會成長。服務生理需求的專業領域能夠持續發展，但可能已達飽和。沃瑪超市提供食物，員工人數為全球第三，只有兩個政府部門的人數比沃瑪超市更多，其中之一就是滿足安全需求的美國國防部。然而，如果第二級的安全需求受到威脅，也無法滿足第一級的生理需求。保險產業非常巨大，因為它滿足了第二級的安全需求。

不同的需求，解決不同的問題。約會網站、婚禮規劃和社群網站的出現和發展，代表人類需要愛情、歸屬感和友誼，這些都是強烈的情感，如果你可以連結人與人之間的關係，就創造了非常有意義的事業。《哈芬登郵報》認為線上約會產業價值二十二億美元。改變市場型態的 Tinder 應用程式出現之後，發展非常迅速。結合網路和社群網站，解決人類歸屬感需求，就能讓你的事業迅速茁壯。

馬斯洛需求理論的第四級和第五級強調「成就感和自我實現」。人願意支付龐大的金額，讓自己可以在別人眼中顯得重要不凡。你可以認為這是自尊心或虛榮心作祟，馬斯洛則認為這是需求。

許多人花大錢整型，也是為了被別人接納，並且提升自己的地位。我們四處都可以看到相關證據，購買頭等艙機票或價值五萬英鎊的手錶（我就是在說自己），奢華的婚禮和大鑽戒、名牌手提包……這些都利用人類情緒的槓桿效果，減少產品服務銷售過程的阻力。

改善健康、延年益壽、快樂、和平、自由、保存時間、追求生活平衡以及增強自信，都是社會大眾關心的主題。除此之外，還有各種令人上癮的事物，所以香菸、咖啡、甜食、藥品甚至非法毒品才會利潤驚人（我絕對不是在鼓勵非法毒品事業，只是強調上癮需求創造的驚人產值）。

• 娛樂

數個世紀以來，人們花錢享受娛樂。中世紀和文藝復興時期，貴族或王室成員通常會聘請小丑娛樂客人。小丑也是市集常見的表演藝術家。我們強烈渴望娛樂，就像追求資訊和教育。任天堂推出 Wii 主機之後，成為全美坐擁第七大客戶群的公司，光是這臺主機就有三千九百四十萬名用戶。一般家庭認為 Wii 是孩童喜歡的產品，相對應的周邊，例如 Wii fit 手把則協助延長主機的壽命。

電玩遊戲是全球第六大的產業。根據富比士調查，樂高是全球排名第八十六的品牌，價值高達七十一億美元。在富比士「全球最大企業排名」中，迪士尼高居第七十二位，市場資本額為一千六百九十三億美元。

上述娛樂產品都不是為了滿足人類的基礎生活需求或功能。擁有一個以上的良好事業模型雖然很不錯，但若無法持續發展也是枉然。有些事業的發展空間比較好。具備寬闊事業網絡，可以快速建立槓桿效果。

知名通訊軟體 WhatsApp 藉由使用者對使用者直接的訊息溝通模式，吸引廣大的客戶群，發展五年之後，以十九億美元的價格賣出。九十八%的資訊已經數位化。每分鐘，人類送出兩億餘封電子郵件，下載四萬七千個應用程式，創造八萬三千美元的銷售金額，下載六萬一千四百一十四小時的聲音檔，上傳三千張照片，觀看兩千萬張照片，發表十萬則推文……

資訊銷售事業非常容易發展，因為你可以善用光纖網路的槓桿效果，觸及全球市場，成本非常低廉。「資訊行銷」是一種現代產業，專門銷售重要的資訊，全球產值超過一千億美元，比前一年增加三十二·七%。在過去二十年，線上媒體的銷售量出現顯著成長。Audible 網站擁有超過二十萬本有聲書，iTune 在二〇一三年賣出兩百五十億首歌曲。

網路資訊和課程幾乎沒有固定成本，唯一的成本就是創作。你可以用自家電腦創作音樂，或者把對世間的不滿和推文包裝成商品，經由免費使用的社群網站，只消一秒，就能接觸數十億的客戶。你還可以設置線上商店，不必任何成本，隨時準備就緒，使用 PayPal 等電子商務平臺進行金錢交易。資訊事業的成本非常低，不用儲備貨物或者支付經常開銷，在家就能立刻創業，不需要房地產，隨時隨地享受廣大的全球客戶。

除此之外，你可以販賣同樣的低成本資訊內容數百萬次，沒有任何的「下載存貨」限制。重新包裝資訊，推出線上版本、實體書、CD、DVD、Kindle、iTunes……等付費線上平臺，或者在研討會、導師教學、智囊團會議和商業休養中心進行販售。就像這本書，創作一次之後，賺到許多次的收入。一旦產品完成，就能產生數年、甚至數十年的循環被動收入，創造熱潮，讓經銷商和合作夥伴大發利市，甚至受到社群網站狂熱者的轉載分享。資訊和觀念行銷或許是最好的槓桿應用，發揮時間的價值，用最少的成本創造最大的收穫。

每個人至少在一個領域中具備獨特的天分、技術和專業知識，勝過於許多人。別人在這個領域體驗的痛苦，你反而能夠輕鬆解決，造福社會大眾。你只是還不知道自己的價值。現在你終於明白了！

合夥人與商業合資

合夥人、商業合資或聯合經營都是良好的事業經營模型，讓雙方攜手合作，拓展事業。許多知名公司的合資非常成功，例如索尼和愛立信、英國維珍集團和 MBNA 銀行、柯倫和德本漢姆、Nike 和喬登、荒原路華和捷豹汽車。當然，不是所有商業合資都會創造理想的結果，務必確定你和合作夥伴能夠結合彼此的願景和價值，擁有不同的專業技巧和客戶群。贊助和代言是特殊的商業合資，名人或企業投入金錢，支持合作夥伴，藉此贏得曝光機率。

不必過度冒險的創新事業模型

所有想要改善人類生活的創新事業模型，都值得探索。然而，這個世界可能還沒準備好迎接創新，所以務必謹慎，不要過度顛覆或者領先潮流。「六度分隔網站」是世上最早的社群網站，觀念基礎來自六度分隔理論。一九九七年，六度分隔網站問世之後，曾經獲得大幅度的成長，最後逐漸消失。如果時機正確，六度分隔網站會不會成為第一代的臉書？「有事問吉夫」（Ask Jeeve）網站太早出現，並未取得成功，但這個網站的範例，奠定谷歌搜尋引擎的成功。

我們如何改善已經存在的服務或科技？賈伯斯在全錄（Xerox）公司的測試工廠看見了滑鼠，據說，賈伯斯也學習全錄公司當年設計的使用者圖形介面。蘋果不是第一間使用觸控科技的手機製造商。宏達電先採用觸控科技，但具備切換功能，而賈伯斯非常討厭切換，決定改善手機觸控科技。音樂的演變也是如此，新的音樂類型鼓舞了其他類型和樂團，產生風格融合或創新發展。據說嘻哈音樂的起源來自拳擊手穆罕默德·阿里非常有節奏感的詩，當初只是為了嘲諷對手。

符合景氣循環或反景氣循環的事業模型

有些事業領域非常符合景氣循環，另外一些則相反。房地產的價格下降，容易導致租金上升。在不景氣的年代，非生活必須品或高檔商品的銷售量會下降，但許多小型商店如雨後春筍般蓬勃發展。德國的奧樂齊（Aldi）和利多（Lidl）等平價超市在二〇〇七年之後的經濟衰退潮中興起，其他折扣零售業者也是。俗稱的「罪惡產業」，例如香菸、酒精和賭博通常也在景氣衰退時獲得成長。巧克力銷售量更是如此。

有些事業領域更容易對抗景氣衰退。除了上述提到的產業之外，刺青藝術家、速食店、糖果商店和寵物美容都能在不景氣時獲得成功，還有健康照顧、網路安全、約會、家具修繕、殯葬和教育產業。

套利（Arbitrage）

一九九二年九月，索羅斯靠著做空一百億英鎊，單日賺到十億美元。英鎊大跌百分之十，索羅斯也被稱為「擊垮英格蘭國家銀行的男人」。索羅斯的交易觀念很單純：英鎊高價時賣出，低價時買回。金融術語稱之為「做空」，也就是趁著貨幣跌價時獲利。

二〇一六年，英國脫離歐盟的傳聞甚囂塵上，英鎊非常弱勢，貨幣套利的機會再度出現。套利是在不同的市場或採用不同的形式，同時購買或賣出同一種貨幣或財貨的投資獲利行為。我必須在此強調，我並非建議各位讀者如何購買金融商品或從事金融投資，而是提醒各位注意在不景氣的環境中依然可以獲利的事業領域，培養自己觀看未來的願景。

二〇一六年，手錶價格高漲，由於英鎊貶值，美國製造的手錶價格甚至比英國本土的手錶還高。金錶的價格漲幅特別驚人。由於投資手錶的獲利無須繳稅，只要注意進出口的稅制，手錶買賣變成非常好的美元英鎊獲利工具。多年來，英鎊很少呈現如此孱弱的價格，也創造了空頭機會。當然，如果英鎊非常強勢，也能進行反向操作。

經常有人想要知道我持有哪些資產，以及各種資產的比例。我配合全球經濟環境、景氣循環、利息和通貨膨脹指數調整資產分配。

如果利息非常低，沒有必要保留現金；利息很高，就值得保存。利息高的時候，必須減少貸款金額或槓桿設定。倘若貨幣弱勢，你就要持有更多實體資產。倘若市場價格非常強勢，你可以考慮脫手資產；假設市場價格弱勢，或者你相信景氣準備回升，請思考買入資產。你當然無法預測準確的走向，但歷史和經驗是良好的指引工具，你也可以在不同的時間點，用不同的額度進行買賣，藉此降低風險，平均分攤成本。

市場永遠都有機會。**許多人認為只有景氣繁榮時才有投資機會，但衰退時經常有更大的利多空間，因為你逆勢投資，反而減少競爭，現金流動的速度也會大幅改變**。微軟就是在景氣衰退期創立的。二〇〇七年和二〇〇八年的全球景氣衰退期，我們的房地產競爭者也退出市場。我們與同領域最大的企業合併，成為少數屹立不搖的房地產公司。如果市場繁榮，我們不可能有這些機會，因為競爭者的規模比我們大一百倍。

你的資產基礎愈大，套利空間和對抗景氣的槓桿空間也會重新分配。你可以在景氣衰退時事先做好準備，景氣繁榮時事先做好對抗衰退的預防措施。

多收入來源的槓桿效果

百萬富翁平均擁有三個收入來源，許多公司甚至更多。蘋果的產品包括 iPhone、iPad、桌上型電腦、Apple TV、應用程式商店、iCould 雲端和其他服務。有錢人可能都有一個主要收入來源，但卻多元分配獲利組合和事業模型，藉此鞏固財富。你可以將利潤重新投入專利開發、房地產、股票、其他公司的股份，或者善用知識，舉行演講，創造資訊產品。

只有單一收入來源，不利於長期的財富發展。如果局勢變動，你的財富也會受到影響。倘若你想要轉換跑道，甚至經歷中年危機，單一收入來源會讓你沒有餘裕。收入來源會產生複利效果，因為你可以將利潤轉投資在其他獲利管道，繼續成長或者開發新的收入來源。建立多重收入來源的關鍵挑戰在於方法和時間。

如果你只有一種產品，就只有一種收入。倘若你希望同時經營五個產品，就會不堪重負，無法專注發展其中任何一個收入。**睿智的處理方法就是保持主要收入，但將少量時間投入額外收入**。將七十％的時間和資源投入主要收入，二十％的時間和資源投入次要收入，十％的時間和資源投入第三重要的收入。七十％的主要收入增加之後，進行系統化管理，交出控制權，將原本使用二十％的次要收入，改變為主要收入工作，原本十％的第三收入成為二十％的收入，開創新的十％收入。

你原本只有一個主要收入和兩個次要收入，現在則擁有一個完全自動化經營，可以產生被動收入的系統，還有一個主要收入和兩個次要收入。重複進行上述過程，建立兩個系統收入、一個主要收入和兩個次要收入。完成一個系統收入之後，才能開創新的收入來源，這樣工作量就不會太沉重，也都能兼顧。一個樂團不會同時寫五首歌。他們一次發表一張專輯，建立支持基礎，開始舉辦循環演唱會，販賣周邊商品。如果採用這個模型，日復一日便會建立非常可觀的財富。

跨越多重收入的槓桿效果

你可以發揮現有收入的槓桿效果，提升多重收入的速度和金額。如果你擁有房地產投資組合，聘請仲介就能建立多重槓桿。既有的投資組合、房地產知識、經驗和合約發揮了槓桿效果，讓你更快建立新的收入來源，不必從頭來過。Airbnb 住宿網站曾經討論聘請房門人員，提供額外服務，例如叫計程車或者補充冰箱飲料食品，增加住宿服務的奢華享受，甚至涉足房地產買賣。只要集思廣益，你也可以像 Airbnb 一樣建立額外的多重槓桿收入效果。他們甚至想讓客戶累積航空里程，兌換住宿服務。你的事業領域還有很多潛在的收入機會，能讓你在更短的時間內賺到更多錢。

CHAPTER 45

如何籌措資金

賣出公司一半的股份，換取數十萬英鎊的資金之前，請慎重思考。天下沒有白吃的午餐。發揮創意觀念，才能創造收入，你可以思考各種方法，發揮槓桿效果，順利募款。

在此之前，請清楚思考想要獲得資金的原因：

- 想要追求無法獨自成功的迅速成長。
- 想要發展無法獨自製造的產品。
- 想要讓董事會得到更有經驗的投資人。
- 想要投資房地產或其他資產，但資本不足。
- 想要讓自己逃離艱困的局面。

如果資本可以協助你完成上述目標，最好的起點是提供最簡單的擔保品，藉此迅速獲得資金。所有的募款方法都有成本，請仔細思考自己願意付出何種代價。

家族支持

在英國，如果父母已經決定將遺產交給你，他們活著的時間愈長，你就能得到愈優惠的節稅金額。如果遺產的內容是錢，那麼你可以在他們在世時，事先向稅捐機構辦理繼承，或是完成財產交接，類似預支遺產金的概念。如果你希望繼承家業，而不是單純領錢，也可和家人一起討論，並且聘請一位傑出的稅務顧問。

親朋好友支持

這些投資人不是專業的融資者或合夥人。他們可能從來沒有提供貸款的經驗。好處是你會獲得比銀行更好的利息。你可能需要說服他們並提供資訊，讓他們願意投資。最重要的是，他們必須信任你。如果投資失利，你會同時失去錢和朋友。然而，相較於銀行，他們更容易原諒你。朋友或家人的支持是從頭開始的好起點，但不適合大型投資方案。

銀行貸款

近年來，銀行持續增加個人無須擔保的貸款金額。只要你的信用紀錄良好，就可以迅速獲得現金。利息低的時候，貸款可以創造價值。小額貸款的速度很快，而且促進金錢流動，但金額龐大的長期個人貸款成本很高。有些人甚至申請多筆個人貸款。請謹慎應用，不要因為急需用錢就負擔高額利率。現在，你甚至可以用手機應用程式申請貸款。

抵押資產淨值，申請融資

如果你有房地產或其他資產，可以作為擔保品，重新調整財務分配，將資產淨值轉為融資金額。利息低的時候，房貸的長期成本較低，抵押淨值融資可以輕鬆創造金錢，藉此發揮槓桿效果，購買其他資產或投資事業。如果你能找到一位商業貸款者，提供良好的資產組合，可以藉由淨值融資節省數千英鎊的利息。善用資產的浮動抵押方法，也可以募款，無須實際抵押多項資產。

抵押資產，申請融資

這個方法和上述方法類似，只是抵押已經沒有任何貸款的淨資產（例如自住房屋）向銀行申請融資。如果你可以提供擔保品，就能獲得更好的貸款利息條件。找一位比較好的銀行承辦人員，聆聽所有選項。你的房地產具備現金價值，若不妥善利用，就會失去槓桿效果。你應該善用這個優勢。我們可以輕鬆將一個房地產的資本轉為三到五個的房地產投資方案，並且保有原本的房地產。

賣出事業股權

賣出事業股權或淨值，能夠募資投入新產品研發、聘請更多員工或行銷。你依然保有一定程度的利潤。你可能需要讓投資者看見長期穩定的獲利，或者善於銷售事業願景。新創事業則可尋找天使投資人，例如倫敦的「商務天使投資中心」和「天使之巢」。你必須清楚知道事業的目標，用明確且誘人的方式表達。從短期角度而言，事業股權換來的資本很便宜，甚至完全免費。但長期來說，你會逐漸失去事業控制權和一部分的利潤。如果天使投資人的人脈很廣，經驗豐富，則是相當值得的交易。

投資人或天使投資人的貸款

私人貸款介於家人朋友和銀行之間。你向其他人貸款，他們可能是毫無經驗的投資者，願意出資但不收利息，或者向天使投資人或投資禿鷹貸款。即使不屬於任何法定機構，任何人都可以提供合法有據的貸款、直接購買事業股權或者參與合資運作。任何人都可能是未來的私人投資對象，請溫和待人，將他們視為潛在的合作對象。

參加天使投資人聚會活動，和每個人保持良好的互動，建立資源豐富的投資網絡以及非常有價值的通訊錄。每一次的聚會都有無限潛能。

過渡貸款

過渡貸款非常昂貴，但可以快速填補金融缺口。如果你必須盡快取得現金，完成一項計畫，過渡貸款是一個選項。倘若你已經有其他妥善的應對方案，只需要迅速拿到現金，過渡貸款非常好用。然而，由於過渡貸款的利息高達每個月二%、三%，甚至更高，只適合短期資金需求。

群眾募資

群眾募資平臺可以讓你接觸一般民眾，在符合平臺的規定下，聯繫借貸雙方，凝聚資金和投資意願。你可以具體說明投資風險，增加民眾投資意願。一般而言，小額的借貸金額不必提供擔保品。這些平臺服務和應用程式讓群眾募資變得更簡單，也更有利潤。特定產業的群眾募資平臺也開始出現了，例如房地產。

開創募資（Kickstarter）

開創募資是群眾募資平臺的新型態，建立有別於傳統募資方法的新途徑。募資人必須提出計畫，設定明確的截止期間和最低投資額度。如果期限已到，募資人尚未完成目標，平臺就不會發放任何資金，這是一種保障機制。全球各地的民眾都可以使用開創募資平臺，據說已經有九千四百萬名投資人和十九億美元的資金，完成二十五萬七千項計畫。投資人會得到實體或獨特的收穫獎勵，而不是現金回饋和事業股權。

商業合資

商業合資是指其中一方負責經營事業或管理資產，另一方提供金錢，也可以雙方合夥經營事業，權責分明。你可以和合夥人簽訂契約，決定持股數量或投資金額分配方式。

商業合作的角色、股份、投資金額都很有彈性。你和合夥人的專業知識技巧可能非常相似或互補，只要有助事業發展即可。商業合資是很常見的高效率經營方式，可以保持事業和資產持續成長。許多募資方式最後都會轉為商業合資，很多良好的事業體也會彼此合作。

信用卡

信用卡貸款的優點是快速，但代價很高。信用卡公司也會提供零利率貸款服務，但只要超過繳費期限，就要承受循環利息。如果你擁有多張信用卡，也可以善用所有信用卡加總的貸款額度，但務必謹慎。無論個人緊急用途或商業投資，信用卡都應該是最後一道防線，必須迅速繳清。收入優渥的人提高信用卡的貸款額度，申請更多張信用卡，只是為了建立保險機制，並且享受購物紅利。二〇一五年，一位中國籍的億萬富翁用信用卡購買價值一億七千萬美元的藝術品，獲得非常可觀的免費飛航里程點數。

在拍賣網站售出不需要的物品！

如果上述的方法都沒用，請清理儲藏室、閣樓和櫥櫃，盡可能變賣二手商品。二〇〇八年時，為了配合未婚妻的想法，我賣掉我的電子鼓和很多套音響，拿到的錢足以買下一間小房子。除此之外，賣二手商品也符合財富的真空法則。我因此獲得動力，積少成多。如果你已經是有錢人了，那你也可能堆了許多用不到的物品，立刻仔細清點，讓它們發揮槓桿效果吧！

◎建立良好的現金流動管道

聰明的策略和方法讓我們保持良好的人脈、取得資本、妥善經營商業合作關係、減少摩擦並且降低成本：

• 在不缺錢時就建立良好的人際關係，尋找潛在的合夥人

如果你突然需要用錢，別人也會感受到你的迫切，沒人想要和亡命之徒合作，或者借錢給你。他們不會「為了解決你的絕望」而借錢或跟你合作。他們必須擁有良好的動機。我們應該將眼光放遠，在不缺錢時，就建立良好的人際關係，等到時機到來，就能妥善應用。重點在於飛黃騰達後也要不斷學習，並且懂得付出。任何人都可能是未來的投資人或合夥人，所以待人以善，保持心胸開闊。

• 獲得他人關注，但不要惹人厭

讓別人看見你的努力，經營良好的社群網絡。每個星期參加一次社交活動，一年就有五十二次。你絕對會獲得注意。將熱情和專業結合在商業社交場合。分享自己的知識，幫助朋友，讓其他人可以在安全距離觀察你。哪天你希望他們投資，這就是影響決定的關鍵。不要讓人認為你只是想賺他們的錢。

• 關注所有網絡成員的動態

觀察所有人，記住你喜歡他們哪些特色，關注他們的動態，進行第四步驟。

• 第三次和第十次的接觸經驗最重要

許多人在第五次的聚會或實際接觸時，開始思考自己想不想和你合作或繼續往來。少數人不需要這麼多次，有些人則仰賴七到十次的經驗。我調查過數千名民眾意見，才得到這個結論。請睿智處理人際關係，慎選詢問募資意願或討論事業經營的時機，行為要有分寸，務必清晰表達，讓其他人理解你的想法。即使一開始無法建立合作關係，他們也會留下好的商業合作印象。

• 收放自如

所謂的收放自如，就是懂得何時保持內向，何時又該熱情。如果你只能選擇其中一種極端，外向比較好，但最好維持冷熱兼具，讓別人看見你的努力，關心他人，分享知識，繼續學習，保持相對的謙虛，留下良好的印象。

• 理解潛在合夥人重視的價值

練習說話的語調，保持溫柔、簡短和優雅，同時具備說服力，將焦點放在潛在合夥人身上。理解他們重視的價值，使你的談話內容可以「搔到癢處」。每一次的聚會，都要讓其他人相信從你身上學習到重要的知識，而不是讓他們覺得你只是來索取好處。

• 達成協議

建立良好的關係之後，等到合適的時間，就能探討商業合資的細節。首先，你們必須先完成意向書（雖然沒有法定效率，但明文記載雙方的合作計畫），至少說明各自的角色、股權和責任。隨後，完成商業合資、合夥或入股等法律文件，切記聘請法律顧問。簽訂法律合作文件可以保障雙方利益，也強迫自己履行合約中的責任，確定金錢流向、安全條款。

找到有錢的合夥人，他們會打開通往財富的大門，繼續和你合作，將你介紹給其他人脈廣泛的有錢人，減少拓展事業的阻礙和合作疑慮。你會在許多意想不到的場合遇到未來的商業合作夥伴或合夥人。我在彼得伯勒的第一個房地產社交圈認識荷馬。有趣的是，我最後才決定向他攀談。我和每一位朋友交換名片，關注他們的動態。四個星期之後，荷馬協助我在一間房地產投資公司找到工作。又過了三個月，我們合資購買了第一個房地產。到了年底，我們已經擁有二十個房地產。十一年過去了，我們的合作關係愈來愈堅強。你不應該還在「努力準備」，而是「準備就緒」。許多人正在觀察你，美麗的財富就在眼前了！

CHAPTER 46

管理金錢、善用金錢

你可以努力賺錢，或者用錢滾錢。你能夠用時間換錢，或者擁有創造被動收入的資產，保存珍貴的時間。任何人都可以妥善規劃，遵循有系統的方法，成為有錢人。

你的起點不重要，重要的是立刻出發。許多人知道世間萬物的價格，卻完全不了解什麼叫做價值。他們不珍惜時間，不懂工作，不明白有形商品會貶值，也不清楚資產的價值會逐漸增加。媒體傳達似是而非的觀念，教導觀眾如何省小錢，卻沒有討論如何管理金錢，創造財富。

除非你學會妥善管理資產，否則不會賺錢。你欣賞的事物都會增值，而你期待的目標會實現，但世上沒有所謂「我應得」的道理。專注學習如何管理金錢，欣賞金錢之美，尊敬金錢法則，並且嚴格遵守金錢管理系統，才能創造真正的財富。你愈符合這些方法，就會愈輕鬆，你培養更多好習慣，就能發揮更好的槓桿效果和複利效應。

不知道如何測量，就無法精通其中的道理

許多人認為理財變得愈來愈難，因為錢常常摸不到看不著。我們以前工作一個星期，就會得到一袋薪水。你可以實際接觸到錢，這是一種可以實際感受的測量單位，代表每個星期的工作報酬。時至今日，大多數的金錢都藉由匯款或電子商務交易，速度更快。薪水也會先扣除稅金和國民保險，就連帳單都變成電子帳單，愈來愈少實際接觸。錢來得快也去得快。愈辛苦賺來的錢，我們就愈珍惜。

我們必須改變舊的觀念，用新的理財方式。

建立理財系統的五個步驟

（一）妥善管理金錢

只有你可以負責管理自己的金錢。父母、監護人、獨立財務顧問、理財專員、經紀人都無法，只有你可以。有一次，我到銀行想要進行一筆交易。他們剛整修完，放了新的會談桌讓你可以與理財顧問面對面討論。我想要處理的交易非常簡單，銀行的承辦人員請我到桌子前稍坐片刻，等他們處理相關文件。該名顧問大概二十歲左右，制服的尺寸有點太大，名牌也並未配戴整齊。他在電腦上輸入我的銀行帳號後，興奮地把眼睛

睜得斗大。我的存款其實不多，他卻開始拿出一套排演過的說詞，說明我可以如何善用金錢，他又能夠提供哪些投資建議。我猜他當時的年薪大概一萬四千英鎊左右。我很有禮貌地拒絕了。他一直不死心，我依然沒妥協。交易完成後，我走出銀行，開始思考方才的事件，愈想愈不高興。那位年輕人其實沒做錯事，他才剛入職場，想要向我介紹投資建議。但是，銀行居然讓一位毫無理財經驗的小伙子向我推銷？這就是銀行的致命錯誤。我就此下定決心要好好學習理財，而且百分之百自行管理。我也建議讀者效法我的目標。

不過，本書的目標不是批評銀行的錯誤或騙局。每個人都有權利推銷自己的業務。金錢是生活最重要的事物之一，我想請求各位讀者親自管理、保護、精通金錢的大師技巧，持續學習並且成長。金錢就像孩子，你不會把孩童的成長過程外包給其他人處理。沒錯，我非常講究槓桿效果，但有些事情絕對不能委任辦理。我的一位朋友失去大筆金錢之後，詢問他的理財顧問：「我的錢真的消失了嗎？」這位顧問回答：「當然沒有，只是被別人賺走了！」沒有任何一位獨立財務顧問、理財專員或經紀人會像你一樣在乎你的金錢。沒有任何一種金融商品在乎你的心情。你應該學習其他人的知識，但自己掌握財富。請妥善規劃財富，衡量並且監控個人財務狀況，妥善分配金錢，追蹤記錄財務情況，並且享受金錢之美。如果你失去財富，不可以責怪任何人，只能繼續學習，提升自己的知識，賺到更多錢。

（二）制訂未來的財務計畫

你已經全權處理自己的財富，就得制訂詳細的短期和長期計畫。你可以開始規劃擺脫債務，制訂日常預算、每個星期和每個月的計畫，隨後就是六個月、一年、三年、十年甚至五十年計畫。終極目標就是對後世的貢獻。

• 擺脫債務

為什麼一個人會負債？讓我們先理解負債的人。根據資料，美國人一輩子會繳納超過六十萬美元的利息。如果你背負債務，請記得自己並不孤單，但你已經知道債務造成的負擔。你的第一個財務目標就是快速擺脫惡劣的債務，假如債務來自資產負債，更該立刻處理。從現在開始，絕對不透支。設定自動轉帳繳納債務，每個月盡可能償還最大額度。拿到薪水時，立刻繳納貸款，可以有效阻止花錢的衝動。先償還金額最高的債務，就可以稍微減輕利息負擔。如果銀行的利息很低，也可以考慮整合債務。倘若目前的財務狀況惡劣，盡可能和銀行協商，延後還款日期，或者延長債務期限，分成數次小額繳納。設定徹底擺脫債務的日期，盡可能迅速結清。債務會產生複利效應，你必須犧牲短期享受，追求往後的財富。每半年都要檢查進度，調整支出，降低浪費，完全擺脫債務。

• 設定生活預算

擺脫債務之後，你應該制訂每日生活預算，盡可能存錢和投資。強迫自己學會如何妥善應用小額金錢。如果每天自己準備午餐，一生可以節省十一萬兩千美元。只要懂得管理小額支出，就能妥善處理更大的開銷。我們必須妥善應用每日預算，否則無法賺到更多金錢。減少不必要的開銷，開始打造第一筆存款——這是財富的基礎。用合乎預算的金額購物，每個星期可以找一天的時間，稍微享受消費的樂趣。即使你已經獲得財富，一樣要用謙卑的態度，盡量控制支出預算。

有效率控制每日生活預算，時間觀念會愈來愈寬闊。你開始制訂每星期和每月的生活預算和財務規劃（取決於你領取週薪或月薪）。制訂一筆固定金額，領到薪水之後，直接轉為「不可挪動的儲蓄」。減少特定的轉帳開銷和個人支出。如果情況適合，也可以兼職，創造兩個或三個不同的收入來源，建立個人獲利空間，

收入增加之後，我們要開始提升計畫。首先，每半年到一年要增加定存的金額，準確計算儲蓄空間，設定為目標。其次，個人日常支出的金額可以稍微增加，但絕對不能超過收入增加的幅度，並且限定日常支出在收入金額中的比例。增加投資金額，貢獻社會，替孩子準備重要的教育經費以及購入資產。

到了五年至十年的計畫階段，我們可以準備建立龐大的事業了。每年的財富成長目標為一倍至兩倍之間，取決於現有的規模。企業或個人事業剛開始起步時，比較容易

迅速成長。如果你能維持五十%的年成長率長達十年或更久，你已經和發展不動產與微軟公司並駕齊驅，表現得很好。你也能夠設定充滿雄心壯志的目標，涉足尚不了解的領域，就像一九六一年，美國總統甘迺迪希望在一九六〇年代結束前，讓美國太空人登陸月球。他的理想非常宏大，開創了一條道路和制訂日期，最後讓人類社會取得空前的成功。你可以規劃未來的志願，這些目標令人振奮，甚至有點嚇人，但可以鼓舞人心，也不需要立刻追求。不要一廂情願認為自己可以在不切實際的短時間完成目標。妥善規劃退休生活、遺產、學費，甚至是基金會或慈善事業。

改變世界的人和企業都會思考五十年和人生傳承計畫。日本企業發揮「改善」精神，建立二十五年至五十年的未來規劃。豐田汽車思考人類社會數十年的發展。明治維新則是長達一百年的計畫。許多偉大的願景家和億萬富翁制訂超過生命長度的計畫。很多人高估短期的成績，卻低估一生的成就。從現在開始規劃，贏在起跑點，就能實現偉大且鼓舞人心的願景和目標，也不必負擔立刻實現的壓力。你可以尋求指引，制訂睿智的策略，拒絕不重要的瑣碎工作。有趣的是，長期計畫通常可以協助我們完成短期的目標和理想。長遠的計畫包括價值成長、下定決心成為世界富人，或者像馬斯克一樣移民火星。

（三）四個重要的財務基石

這四個重要的財務基石可以讓你從「控制個人財務」提升至「生活富足」。聰明人會立刻改變現況，瞄準重要的目標，引導自己提升財務基石的層次，追求富裕和金錢。

一、穩定生活

擺脫債務後，我們進入第一級的財務基石，用資產收入達到收支平衡。我們雖然可以生活無虞，但尚未享受富足。計算基礎生活支出，包括食衣住行、家庭開銷、水電瓦斯和必需品，但不可以增加其他項目。只要仔細精算，就會發現基礎支出其實非常少，絕對能夠達成目標。

二、安全生活

第二級的財務基石就是安全生活，你擁有資產創造的收入。相較於第一級，第二級的生活讓你享受假日旅行的樂趣，汽車、電視、網路和零用錢。你當然可以得到合理的生活水準。但是，在這個階段，我們還不能過度享受成果，必須謹慎注意金錢。將第一級的穩定收入提升五〇%，建立安全生活，你可以自行決定增加或減少十五%。

三、自由生活

你可以用資產創造的收入，實現理想的生活方式，享受旅行，讓孩子就讀好學校，購買奢侈品，不再為錢擔心。到了這個階段，你可以成為「生活風格的創業家」，經營一間「生活風格企業」。你還不算是發大財，但已能將第二級的安全生活收入翻倍提升。

四、富足生活

到了第四級，你可以隨時隨地和任何人一起享受任何事物。更棒的是，你根本不需要支付任何費用，被動收入就足以照顧你的生活，甚至持續成長。你實現富足的生活，享受奢華的物品，創造社會貢獻，繼續追求財富成長。將第三級的自由生活收入提高五倍，創造根本不可能用完的收入吧！

以上四個等級的生活理想就是「財務基石」，因為這些目標是我們旅途的查核點，從擺脫債務、滿足日常開銷，一路提升至富足生活。每一次提升等級，我們就得到成就感，最後終於成就自我理想寓言。我強烈推薦讀者每半年都要按照這四個等級的基石設定目標。定期檢查進度。只要完成階段目標，就稍微獎勵自己，成功提升等級之後，可以大方犒賞自己。

（四）金錢的七種層次

金錢一共有七種層次的使用方法，只要發揮正確的槓桿效果，以適當的順序使用，就能創造財富格局。

❶消費（滿足需求）

根據需求而消費是人類的首要生存法則。許多人身陷債務，根本無法負擔基礎需求，只能背負債務。這有可能是因為缺乏理財知識、暫時無賺錢能力，或者虛榮心作祟等。但是，絕大多數人都能靠著比想像中更少的金錢而活，但他們早已奢侈成性，搞不清楚是「必要」還是「想要」。請仔細調整生活預算，符合你和家人的基礎水準，設定穩定的生活目標。

「滿足欲望」的消費是大多數人貧窮甚或破產的原因。這種消費方法將錢用在負債商品或消耗品，導致價值受損，也無法創造資本或持續收入。有錢人也容易受到欲望消費的影響，特別是剛開始適應富裕生活的人。根據蘇格蘭寡婦金融公司（Scottish Widows），有將近十五％的英國人毫無存款，三十三％的英國居民名下存款不到五百英鎊。只有十二％的英國居民擁有五萬英鎊以上的存款或投資。

有錢人和窮人最大的差別，在於有錢人購買資產，資產創造被動收入，藉此保存資本。他們花費被動收入，購買消耗品，妥善應用時間、資本和金錢，能夠保持收支平衡，繼續增加資本。因此，應該妥善管理日常消費水準，減少欲望消費，直到擁有足夠的儲蓄和資產緩衝空間。

此外，任何貶值的物品都會損害資本。我們應該盡量保存資本，在二手市場、樣品拍賣、網路拍賣、促銷活動、暢貨中心、購物中心購買奢侈品，或者添購過季商品。如果你用一年的收入購買非必要商品，就會產生可怕的複利效應。請小心謹慎，不要陷入邊際效應遞減的陷阱。

• 把花費習慣變成投資習慣

如果你可以把許多的花費習慣變成投資習慣，那麼你就運用了八十／二十法則，省下並且賺進幾千幾百萬的金錢，同時還擁有一般人所沒有的生活技能。把你買下的實體物品都想成現金流失，用投資人的角度看待每一筆花費，去思考：

步驟一：沒有這個東西，我還是過得去嗎？
步驟二：我可以買折舊率最低的二手貨嗎？
步驟三：我可以把它變成一項資產嗎？
步驟四：在它貶值前，我有可能把它賣掉或拿去交換別的東西嗎？
步驟五：最低成本的做法是什麼？
幾乎任何物質都可以用上述五個步驟來衡量，包括一些保值的物品，像是車子、手錶、包包、珠寶、衣物、家具、電器用品，甚至假期和旅行。

消費的機會成本和十五年的意義

許多花費或投資的資本，都會產生潛在的「機會成本」，也就是可以創造更好收入的成本。很多人會思考投資成本，卻忽略消費時的機會成本。你會在稍後的文章內容中看見資本儲蓄足以創造的驚人複利效應，請在花錢時考慮這些因素。如果你更進一步思考錯誤的消費在十五年後造成的損失，其數字之驚人，會讓你明白小額的儲蓄也會相當可觀。

❷儲蓄

儲蓄是理財的第一階段，聽起來非常簡單，但許多人依然做不到。儲蓄是建立財富的基礎，也是甜美果實的種子。除此之外，儲蓄也能讓我們理解建立財富的基礎重點，例如延後享樂、紀律、眼光放遠，妥善管理金錢才能吸引更多財富。但是，扣除複利效應，儲蓄本身沒有辦法創造財富或者實現你的生活願景，所以只是第二層技巧。儲蓄的問題就是難以完全實現所有的益處。

以下是儲蓄的力量，但讀者也可以發現，光是儲蓄，並未使用第三層的技巧，效果其實非常有限。馬修・華森（Matthew Watson）在我的社群網站中曾經提出一個問題。他說：「羅伯，根據複利效應，如果我每個月儲蓄三百英鎊，一年就是三千六百英鎊，但銀行的利率很低，複利效應要怎麼發揮作用？」我的答案是：「馬修，沒錯，第一年只能存三千六百英鎊，假設銀行的利率比通貨膨脹率高出二％」：

第一年結束：三千六百七十二英鎊。

第二年結束：七千四百一十四・四四英鎊（加上一整年的利息）。

第三年結束：一萬一千二百三十七・七八英鎊。

第四年結束：一萬五千一百三十五・五四英鎊。

……

第五十年：四十三萬八千五百八十五・五英鎊。

你可以看見複利效應如何創造驚人的滾錢速度，投資愈久，力量愈強。除此之外，你也能注意一開始的小金額，就算利息只是從二％變成三％，也會造成重大差距。但複利效應需要經年累月的付出，即使到了第五十年，每個月三百英鎊的儲蓄也只能獲得四十三萬八千五百八十五．五英鎊。假設資本總值的每年被動利潤為五％，代表五十年後，儲蓄金額可以讓你得到一年兩萬一千九百二十九英鎊的生活費用。但五十年後的通貨膨脹可能會大幅降低兩萬英鎊的價值。根據英國住家價格調查資料，五十年前的英國房地產平均價格是三千四百六十五英鎊，這筆錢現在只能買二手車了。五十年後，這筆錢又能買到什麼？可能只有一個星期的食物或基礎生活用品。

我們還有增加儲蓄收入的方法以及簡單的策略，讓你享受更簡單的金錢人生。過去十年來，許多身價百萬、億萬的導師，都會教導我：

- **先讓自己得到薪水（先投資自己）**：這是儲蓄、賺錢和創造財富最重要的概念。許多人最後才投資自己。我們獲得收入時，已經先被扣除稅金、國民保險以及就學貸款。等到稅後薪資進入銀行戶頭，又要減少一半，支付房貸、房租、水電費、網路、第四臺、汽車、醫療、生活用品、行動電話、慈善捐款、健身房……你還沒實際用到這筆錢，就已經支出完畢。誰最後才拿到錢？就是你。我們要改變這個狀況。許多人誤以為他們不能支付自己的薪水，因為他們負擔不起。但是，他們之所以無法負擔，就是因為他們總是最後才照顧自己。**我們應該準備兩個銀行帳戶。第一個是存款帳戶，第二個是花用帳戶**。無論一開始的儲蓄金額多少，收到薪水時，立刻分開處理，我們可以尋找其他方法彌補差額。每個人都有尋找資源的能力，所以立刻投資自己，發揮內心的創意槓桿，建立良好的儲蓄金額。

- **保存現金（避險）**：要有一定程度的儲蓄，才能開始投資。除此之外，儲蓄也可以避免你受到「不穩定衝擊」的傷害。根據美國聯邦準備會的資料，五十二％的美國人付不出四百美元的緊急費用，需要轉賣物品或貸款。如果沒有足夠的儲蓄，就會因為人生的突發狀況而大失血。請設定理想的避險金，這筆錢不能動。用其他資本進行投資，讓避險金額慢慢成長。

- **把錢分成好幾桶金**

把你的錢依不同的目標和用途，以一定的比例分配，這樣的系統可以讓你更有錢。以下是你可以建立的「金桶」，你甚至可以分別把它們存放在不同的銀行帳戶裡。

這些比例只是針對初步這樣做的建議，當你的錢越賺越多時，那麼支出的那桶將會減少，而其他桶則會成長。

第一桶：五％存而不用。

第二桶：五％救急金。

第三桶：二％作為未來的夢想基金。

第四桶：五％拿來自我投資（例如用在教育或追隨導師）。

第五桶：三％拿來投資。
第六桶：二％回饋社會。
第七桶：八十％用作日常花費。
等你有錢後，你可能會調整成以下比例：
第一桶：三％存而不用。
第二桶：〇％救急金。
第三桶：十％作為未來的夢想基金。
第四桶：十五％拿來自我投資（例如用在教育或追隨導師）。
第五桶：三十五％拿來投資。
第六桶：十％回饋社會。
第七桶：二十％用作日常花費。

◯銀行帳戶管理

感謝科技進步，我們現在可以用手機應用程式，輕鬆藉由網路管理銀行帳戶。請先確定你所有的銀行帳戶都已經開啟網路銀行和手機應用程式功能，設定為常用帳戶，就可以在任何時間地點轉換金錢，不會受到任何嚴格的限制。將其中一個帳戶當成主要的生活開銷帳戶，另一個帳戶則是房地產投資、其他類型資產、房貸、保險、房租等支出收入帳戶。如果你已經建立商業合作關係，也要設定一個新帳戶，雙方都能使用，作為合資用途。每一個帳戶都要有存款，並且高於銀行每月扣繳的金額。將所有帳戶密碼存在保密應用程式中，方便使用。按照上述的建議方式設定不同的「金桶」，就完成自動化管理的銀行帳戶系統了，可以立刻在全球各地立刻妥善投資、儲蓄、管理、移動金錢。你的商業銀行帳戶都要開啟線上和手機存取功能，你能夠在任何時間立刻檢查金流和帳戶餘額。你賺到更多錢之後，就會需要更多銀行帳戶，處理更多金流。這個系統有能力管理更多帳戶。

- **儲存硬幣**：妥善儲存硬幣，會發現金額的成長速度驚人。我替小孩儲蓄一便士、二便士、五便士和十便士的硬幣，讓他們以後可以練習投資。二十便士的硬幣是特殊獎品，鼓勵我的兒子贏得高爾夫球比賽（他已經食髓知味，我必須提高獎勵）。五十便士、一英鎊和兩英鎊的硬幣則全數轉為金幣，妥善儲蓄。
- **盡量將鈔票換成硬幣**：我將五元英鎊的紙鈔換成金幣，只花十英鎊、二十英鎊或五十英鎊的紙鈔。我也喜歡將面額較大的紙鈔換成更多小鈔和硬幣，便於儲蓄。一年下來，我可以累積數千英鎊的儲蓄。我與合夥人在許多房子都準備了硬幣收納盒，也用同樣的方法處理硬幣。我們還有計算硬幣的機器，只要丟入硬幣，就會嗡嗡作響，計算總金額。雖然硬幣的相對價值很低，但可以創造無比的樂趣。這也是非常好的紀律和方法，能夠與孩子分享。

我在稍早的篇幅介紹複利效應的力量，也是為了說明愈早開始儲存硬幣，就能創造可觀的價值。你可以購買小豬撲滿，將硬幣丟入，設定一個日期，準備在未來享受紀律創造的美好成果。很多超級富豪也有類似的古怪樂趣，我認為硬幣管理反應你的金錢處理能力，也能夠吸引更大筆的金錢，甚至熱愛金錢。

但是，銀行的儲蓄利息很少能夠跟上通貨膨脹。你儲存愈多金錢，國家的貨幣系統就會讓你承受更多損失。今天的金錢比明天的金錢更價值。只要你累積足夠的資本基礎，就可以迎接第三層的金錢使用方法，戰勝通貨膨脹和機會成本。

❸借錢（融資）

精通儲蓄和金桶管理後，就可以用好的借錢方式進行投資。你能夠抵押房地產，投資其他房地產，或者融資投資事業。投資時，務必睿智使用擔保品。景氣不佳時，銀行會確保擔保品的價值，用最嚴格的方式審查貸款。景氣熱絡時，銀行也會放寬貸款標準，承擔更多風險，讓許多不值得信賴的人成功貸款，但利息非常高，導致貸款人無法承擔槓桿效果，容易遭受市場波動影響。

二〇〇七年之前，許多人使用次級房貸得到金錢。每隔兩年，他們就會重新申請更高額度的房屋貸款，或者藉此取得現金，增加貸款負擔。這是一種無法長久維持的方法，傷害許多銀行和私人投資者。倘若他們妥善儲蓄這筆錢，或者進行風險較低的投資，就可以安然度過二〇〇八年的經濟大衰退，甚至得到難得一見的獲利機會。投資的利潤愈大，風險愈高，你必須慎重思考貸款，不能像二〇〇〇年代中期的許多屋主，將貸款金額視為不勞而獲的金錢。沒有良好的槓桿，借錢也無法創造美好的財富，務必謹慎選擇安全低利息的貸款，和銀行建立良好的信用關係，才能進入第四層和第五層的金錢使用方法。

❹投資

必須妥善儲蓄，才能開始投資。因為投資必定有風險。如果投資失敗，又沒有足夠的儲蓄金錢，你將一無所有。你有基礎的儲蓄金額，承擔不穩定的風險，建立足夠的緩衝空間（例如六到十二個月的生活費用），就可以開始將原本預定儲蓄的金錢轉為投資。如果情況允許，請盡快開始投資，避免通貨膨脹和心血來潮的消費。

剛開始投資時，應該找尋知識門檻和風險都相對低的目標。你可以設定每日獲利目標，將這個金額放在皮包或隨身包包中，但不要用掉。這是一種純粹的心理緩衝，將這筆錢放在獨立區域，遠離日常生活費。十一年前，一位導師教我這個小技巧，我一直維持迄今。我不能解釋其中的原因，但我確實因為這樣賺到更多錢。除此之外，這個方法也代表如果你投資失敗，陷入財務困境，至少還有一筆救急金。

完成一開始的練習之後，你可以開始投資股票、房地產或者熟悉的領域。由於你具備這個領域的知識，風險較低，也更為容易。第一次的投資賺到足夠的利潤，或者存到一定程度的金錢之後，才能增加投資組合。投資金額逐漸提高，也要注意避免風險，例如投資低風險低報酬的資產（黃金和債券）。隨後，你可以逐漸嘗試高風險的投資，包括不熟悉的熱門產業、特定的高風險股票、更昂貴的房地產或者附加服務（聘請租賃管理人處理房地產等等）。

❺嘗試高風險投資

許多投機客以為自己是投資人。投機是超高風險的投資，獲利空間也非常可觀，但你必須能夠承受損失。沒有足夠的投資經驗，貿然從事投機事業，就像沒有相關知識就直接創業，你可能會血本無歸。

唯有經驗和技巧充足，建立多層次的投資組合，擁有風險等級各異的投資方案，可以妥善保護自己免於損失慘重後，才可以嘗試高風險的投機行為。

它可能是你不了解但非常想要嘗試的投資，波動起伏很大的領域，或者毫無實際成果的新興科技。巴菲特不了解科技領域，所以從來沒有在那斯達克股票市場投資科技業。事實證明，他非常睿智。許多特殊的商業模型和資產類型，都需要投資人具備獨特的專業知識，才能創造美好的利潤，例如手錶、酒品和藝術。除非你可以證明利潤空間，否則這些領域看起來都非常危險。仔細理解艱困的投資領域，可以避免投資淪為投機。一旦你擁有充分的姿勢，才能降低風險。

有時你必須依賴直覺，就跟賭博一樣。有些人說服自己相信賭博是一種投資，事實並非如此。只要穩定建立多層次的金錢使用方法，確實有適合投機一搏的時空條件。投機需要很多金錢，也要妥善控制情緒。

❻避險

避險是一個好問題。有錢之後，這個世界就會想要和你拿錢，教導你如何成長。你需要避險才能防堵損失，就跟賺錢一樣必要。你可以發展多元經營、節稅、根據通貨膨脹調整事業、自行設置保險措施還有防護策略，藉此探索避險的世界。

你的財富增加，稅金也會提高。你獲得愈多物質商品，維護、保險費用以及遭竊的損失也會增加。購買資產和投資時，都會產生手續費、稅金、佣金、設備費和各種隱藏成本，必須謹慎注意。根據美國證券交易委員會提供的資料，價值十萬美金的投資組合，只要投資手續費產生〇．七五%的改變，可能就會讓你在二十年後承受三萬美元的損失。雖然比例很低，但只要基礎金額夠高，損失就會相當可觀。一旦有更多錢，更多競爭對手、企業和慈善單位就會希望你捐更多錢給他們。

你可以創造多元投資，建立多層次的資產和財富，包括低風險的基礎財富保護措施、儲備資本、購買創造循環收入的資本或事業，以及不為人知的資產，藉此迴避風險。你需要對抗風險、竊賊還有投資損失。除了這個方法之外，你也能夠另外儲藏資本和流動資產。不要炫耀財富，應該保護並且隱藏。保護金錢比賺錢更重要。

❼付出

完成前面六階段，你就可以開始回饋社會了。當然，你一直都能夠捐出一定比例的收入。更好的方法則是貢獻重要的時間和專業知識，建造六種不同層次的槓桿時間，完成更多社會貢獻。許多窮人太早開始捐贈過多金錢，因為他們有罪惡感、充滿恐懼，而且對金錢感到羞恥。他們認為捐贈金錢可以減緩痛苦。但他們根本沒有足夠的經濟能力，最後變得貧困，只能仰賴有錢人的資助而過活。還有另外一種人，從來不願意貢獻，過度自我中心。這個社會也會找到方法讓他把錢吐出來，恢復平衡狀態。

金錢知識愈成熟，你的經驗和專業技巧就會比金錢本身更有價值，可以賺到更多錢。你的洞見和經驗可以創造「不必花錢」的投資機會，至少「不用花自己的錢」，其他人會拿錢請你投資。你發揮槓桿效果，建立商業合作關係，善用複利效應，建立品牌價值和名聲，得到多重收入。你的金錢愈多，你就想要回饋更多，這個世界會認為你是給予者，這個世界會讓給予者得到更多益處。

（五）資產和負債

資產創造循環收入，負債奪走你的收入，減少你的價值。簡單來說，資產創造金錢，負債造成金錢損失。很簡單，對吧？但現實生活中的資產負債很複雜。有些人認為家庭住宅是資產，因為房價上升，你不必支付房租，所以是一種資產。但另外一些人相信家庭住宅不能創造收入，所以應該屬於負債。實際上，許多物件只要妥善管理，就能成為資產，但經營不善則會淪為負債。

因此，關鍵在於你是否能夠妥善投資，創造資本收益或收入。如果你送一棟房子給傻瓜，房子很快就會變成負債。但是，你學會一個觀念，就會迅速變成資本和資產收入。資產的能力和強度取決於投資人的知識和經驗、市場趨勢、景氣循環時機、銀行利息、貨幣匯率狀況和更多因素。一般人認為房地產和股票屬於資產，但不見得永遠如此，請仔細閱讀以下的重點摘要：

明確知道資產經營的策略和類型：你想要創造資本還是單純賺錢，你希望獲得主動營收還是被動收入？

如果你買房並非用於自住，那麼這個房地產必須創造收入。倘若你購買黃金避險，就是保存資本。你親手建立事業，必須投入工作多年，結合熱情和專業，從事有意義的工作。你投資共同基金，就不應該參與管理運作。因此，請務必清楚知道各種投資的方向和目標。創造多層次的財富規模之後，就會擁有多元收入來源，包括主動和被動收入。不要過度天真，也不要情緒用事，妥善規劃並且冷靜執行，才能迴避風險。

不要認為「好投資」一定有好結果，「壞投資」就會有壞結果

好的投資方案，如果執行不當，也會有壞結果。看起來沒有吸引力的投資方案，只

要睿智處理，發揮經驗，可能創造好的收入。請無視坊間小報毫無根據的評論或者媒體刻意營造的熱潮。他們根本不了解資產和商業運作。持續漲價的完美手錶看起來可能平淡無奇。獲利空間最好的房地產或許只是符合一般標準的住家。昂貴的藝術品不見得是最傑出的創作。觀察群眾趨勢，並且忽略他們的想法，通常是最好的做法。時間、經驗、知識，可以讓你找到最好的投資方案與利潤，其他人通常都無法發現。

渴望深入學習你投資的資產類型

就像前面討論的內容，世上大多數的利潤來自極小部分的投資人和企業主，他們擁有最優秀的知識。這種分布不合比例。因此，睿智的方法就是選擇主要的專業領域，長期深入學習，絕對不要中斷，使用七十%至八十%的時間，投資這個產業，另外尋找兩個有熱情或興趣的領域，但不是主要獲利領域。如果你找到合夥人，發揮彼此的槓桿效果。我採納商業合夥人的股票投資建議，他則請教我投資手錶的意見。他負責購買大多數的房地產，我規劃商業經營策略。我們的主要領域就是房地產，同時提供教育和租賃服務，作為收入副領域和興趣。我們喜歡理解各種事業模型和資產類型，但僅限於此，因為我們知道自己的時間和經驗無法應對。專注發展知識，用八十%的時間繼續改善測驗，剩下二十%的時間用於多元探索（如果有意願，也有專業人士引導，就可以調整比例）。

比較其他資產和投資機會創造的利潤和好處

無論在任何時間地點，沒有任何一種資產絕對比另一種資產更好或更壞。當然，有些資產的歷史悠久，但所有的資產都會經歷高低好壞的循環。銀行的貸款門檻、利息、貨幣波動和政府管制，都會在不同的時間，對所有資產造成不同程度的影響。有些人在英國脫離歐盟的期間做空英鎊，另外一些人則在美國大選期間投入更多資金，還有一些人在經濟衰退結束之後，大舉投資銀行和高端市場，或者趁著英鎊弱勢，大發匯率財。上述的策略都是短期操作。我們應該永遠記得比較不同的資產和機會成本。利息、手續費、獲利空間、時間都要列為變項。二〇一六年，手錶價格非常高。我從來不想賣錶，卻無法抵抗重大利潤的誘惑，這是十年來難得一見的機會。同樣在二〇一六年，英鎊對美元的匯率來到歷史最低點，我也開始注意以前沒有興趣的投資領域。

策略性分配資產

延續上一段的討論，讀者必須睿智分配資產。太多流動資產，如果銀行調低利率，就會讓你同時承受通貨膨脹和機會成本造成的損失。然而，如果現金過少，物價太低，你又會錯過理想的購買時機。

不要將雞蛋放在同一個籃子，這樣太危險。但是，資產也不能過度鬆散，會影響槓桿效果和複利效應。你的資產組合和事業規模夠龐大，重新分配和鞏固基礎就能創造良好的收入。倘若你的貸款金額是一億英鎊，年利率為四％，一年的利息就是四百萬英鎊。減少一％的利率，光是利息就能節省一百萬英鎊！額外投資金錢和時間的收入可能不到一百萬英鎊。至少一年一次，你必須重新檢查資產分配的比例是否符合策略、願景和環境機會，包括投資組合、增加或減少槓桿效果、專注資本或創造收入、投資有形商品或流動商品、加強本國或外國投資，重視短期或長期策略等等。

○結合熱情和專業，嗜好和投資

你是否喜歡某個嗜好領域？我有位好友喜歡樂高，甚至願意投資。我喜歡手錶，我的未婚妻熱愛手提包。在這三個例子裡面，有兩個是理想的投資目標，可以結合熱情和專業！由於我喜歡手錶，我的手錶知識逐漸增加，我也享受研究、購買、估價和交易。我喜歡和經銷商、熱情收藏家進行互動，探索手錶的各種價位變化。我熱衷手錶的品牌歷史，想要學習手錶工藝的科技和發展，甚至訪問世界知名手錶廠牌的執行長。即使只是興趣，我也不是笨蛋，我可以看出手錶世界的投資機會。什麼樣的商業領域或投資目標能夠引發你的熱情？藝術品？手錶？鑽石？黃金？房地產？股票？併購業？珠寶？古董？經典車？樂高？沒關係，只要你喜歡就可以，因為你一定會找到方法，學習最棒的知識，找到最好的投資方案。即使沒有賺到金錢，也得到樂趣和經驗。

擴展規模之前，嘗試新的投資和建立新的收入來源

沒有足夠的經驗和資料，尚未克服難關之前，不應該全力拓展單一領域的事業發展。請記得馬斯克和戴森的教訓，他們一度背負數百萬美元的負債，最後再度成功。他們的故事過於光彩，又遭到媒體報導的簡化，幾乎所有偉大的成功故事，都會有一位明星投入一切，最後順利成功。然而，數百人同樣付出，卻失去了一切。不要用百萬分之一的成功機率，決定投資和事業經營策略。除非擁有足夠的資料和經驗，不該貿然投入高風險的投機事業。不要把房子當成籌碼。測驗、修改、重新思考、重複上述步驟。只要你做好準備，就不會因為投資失敗而破產。

● 其他理財的概念

哪些是會讓人聞之色變的偏門、詐欺和不切實際的賺快錢方式？你怎會知道良善且安全的被動式收入，到最後竟成為一場惡夢？觀察四十萬人的商業發展，我們發現最常被坑錢的人都是：

（一）資歷太淺：我們都是從某處開始的。「每個大師曾經都是一團亂」，這是以前其中一位啟蒙導師告訴我的。給自己一段時間，什麼都不做就只是學習。不要在幾週或幾個月內就急著下重大決定，只要邊學邊看就好。選一些值得追隨的專家，向他們學習。一開始大家都一樣嫩。

（二）過於天真：有的時候，人們太過於正面或樂觀，以至於他們無法用懷疑的眼光去看待事物。有時這是因為他們成長過程太順遂、被保護得太好所致，又或是他們太優秀了。可以用第一點的方法來了解這些重大決定的風險和壞處是什麼。盡可能在樂觀和質疑的態度間取得平衡。

（三）太汲汲營營：當我們太汲汲營營的時候，就會對陷阱毫無防備和懷疑之心。我們可能會變得短視近利，並且只看到好的一面。先緩一緩，保持耐心，問問聰明和經驗豐富者的意見，當你要進入新的跑道或模式前，先冷靜一下。

（四）缺乏明確的遠見和價值：如果你對自己的願景和價值還不是很清楚，那麼你可能會成為一名投機分子，做事絲毫沒有章法可言。你會被自己的心情和別人的話術所擺布。如果你還搞不清楚，請看《生活槓桿》中的練習來建立價值和願景。

（五）太貪心：要有耐心，不要貪多、貪快。要在現實和樂觀間取得平衡。也不要犧牲別人來成全自己。

（六）拿自己跟他人比較：一直注意別人的成就，很容易會讓我們分心。我們常常看不見現實，其實很多人都是鴨子划水，暗自努力。只有當你不知道他人的狀況時，才會想要跟對方比較。不要看到別人都在做，或是別人成功，所以決定要用同樣策略。只要跟過去的自己比就好，還有想想你將來想成為怎樣的人，以此作為鼓舞和激勵。

現金流 vs 獲益

現金流和獲益顯然是不一樣的。許多創新或是成長中的企業都表現得像是不知道其中的差別一樣，這對建立財富而言是很危險的。

現金流是一門生意中，資金流入和流出的量，可以為正也可以為負。現金流就是一間公司或個人可以管理或運用的流動資產，擁有者可以用它來借貸、轉投資或回饋給股東、支付開銷或緩解未來可能的財務狀況。淨現金流量包括應收帳款和未收帳款。現金流是以一間公司的收入和它錢財流動的狀況為基準，可以看出一間公司的償付能力。

而獲益是指一個企業賺到的錢，扣掉成本所剩下的餘額。這些成本可以是固定或變動的，這些固定的成本短期內不會有變動，像是房租、員工薪資、保險費和折舊等。變動成本則會每個月不同，像是行銷費用之類的。即便是賺錢的企業，只要它沒有平衡的現金流，那麼也會導致失敗。

一間企業或一個人有可能帳面上顯示為獲益，然而卻沒有現金可以付償立即性的開銷。一間公司也有可能資不抵債。這是因為大部分的企業，其提供物品和服務與收款之間有一段時間差。如果有一些突如其來的重大花費、官司或債務爆發，又或是沒收到錢，就會有許多現金被卡在股市動彈不得，又或是一些未預期的現金支出，都會導致一間公司現金短缺。

信用和企業財務的現金流短缺，是小型企業失敗最常見的原因。請務必做一下現金流的預測，它會指出你的現金會從哪裡流入，又會支出到哪裡去。

我的公司每個禮拜都會給我一份報表，上頭有銀行的現金數字、債權數字和借貸數字，以及保留盈餘。

將這些數字計算後，會得到一個實際的現存現金數字。我們並沒持有許多股份，但如果有的話，我也會要求要附上。如果我們的規模是現在的十倍，我可能會更常要這些報表來看。這些可以跟前幾年的數字比較，用來衡量公司的進展和穩定性。評估一下付款條件，確保一下收款與服務給出之間沒有太大的時間差。優化這項系統，確保顧客都準時付款，並且具備良好的素質。如果必要的話，評估顧客和產品的收益程度，將會有助於你的現金頭寸。

仔細看好你的現金流和收益。你可以透過龐大的前端銷售手續費來獲得大量金流。獲益不大的營業額有可能會隱藏或延後你的償付能力，就這方面而言，並非所有的錢都能看成獲益。

你是在存錢還是在浪費時間？

賺錢謀生沒什麼不對，只要不是因此而阻礙你發財就好。時間的投資報酬率跟其他投資報酬率一樣重要。所有的時段對生意或是人生來說，都有一定的金錢價值。不會有兩個單位的時間具備一樣的價值，如果你花一小時賺五十歐，你可能卻因此流失了一百歐的進帳。時間和錢一樣，都有機會成本。

當你花費許多時間在某個減少負債的領域時，也許你的收益其實是遞減的。技術性人員，或是膽小怕事的人最容易深受其害。如果你想要空閒時間，就一定得讓別人幫你打理你的生意，而他們所付出的時間是有價的，你得把錢投資在他們身上，才能使自己自由。

別忘了每三個月到半年，持續測量你的收益價值，自問是否善用自己的每一個小時、每一天。看看這麼做對人生有沒有重大的轉變。把其他不重要的事情延後或刪除。

CHAPTER 47

評估和提高身價的方法

要衡量自己有多少錢，最極致且最準確的測量方式就是看看你的身價。本人值多少錢，就會賺到多少錢。你的專注力在哪裡，能量就流動到哪裡，而成果也會在哪裡。

多數人並不會去衡量自己的身價，但是有錢人會這麼做。你可以等到你有錢以後再來計量自己的身價，或是現在就開始這麼做。其實評估自己的身價，也會驅動你的致富潛力。

當我以前很窮的時候，比較容易什麼都想到錢，不斷擔心自己缺錢。由於你愈在意什麼，它就會愈猖狂，因此我的負債、擔憂和缺錢，因著我不斷想它而愈加嚴重。

這樣的狀況令我心力耗竭，也影響到我的感情生活。我記得我當時的女友還得幫我出約會的錢，我覺得實在很丟臉，因此即便我們後來分手了，我還是寄了張支票，把錢全部還給她。雖然這舉動令她很不爽，但她還是兌現了那張支票。

直到二十五歲左右，我的工作和居住都還是靠我爸媽。我沒有一天不擔心錢的問題。但要是我當時把這些擔心，拿去好好衡量自己的價值並做一番打算，把這些時間加一加，就有超過六百多個小時可以拿來好好運用。

把你的專注焦點從擔憂債務，轉移到去想想自己的身價有多少，此舉將會對你的心智、物質、心情和一切都造成正面且深層的影響。

你個人的身價就等於「總資產減去總支出」

總資產就是所有實體的資產、現金、無形資產和可販售的擁有物。而總支出就是所有的負債以及貶值後的個人信用。

你公司或是物業的淨值可能是：市場總資金減去總清算債務。

市場總資金就是銀行裡的現金、股票，以及其他商業資產，包括全部所有物的價值。總清算債務則是所有的貸款、折舊和資產清算。

我個人並不會把我公司的價值算進我的身價裡面，因為我沒打算賣掉公司。資產價值的波動很大，而把錢放在銀行裡的話，錢就只是錢而已。

如果我把公司的價值算進我個人的身價裡，我就得把這個產業所採用的資產評估標準拿來用，例如 EBITDA（Earnings Before Interest, Taxes, Depreciation and Amortization 的縮寫，即未計利息、稅項、折舊及攤銷前的利潤），還得把諸多衡量指標也納進來，並且扣掉二十%的變數，並且也把我持有的股份比例也考量進來。

如果想要把你公司的價值也納入你的身價裡，我建議你按照實際狀況低估來看，並且與其他的算法區隔開來。

以下是一些衡量身價和制定身價目標的練習，可以每半年拿出來檢閱一番。

一、總身價

從你現在的狀況開始看，即便你目前的身價很低或是負面的。設立一個想要達到的身價目標，並且每六個月檢視一次。我個人會每年鎖定一個想要達到的目標，通常是在十一月時，靠近一年的尾聲，我會每個禮拜都檢查一下，並且每半年做一次較全面的檢視。

把你所有資產的留存價值都加起來，就是你的總資產，然後再扣除你的負債。

二、資本充足率

資本充足率就是資本總額與加權風險資產總額的比例。銀行的計算指標就是CAR（Capital Adequacy Ratio，資產適足率）和CRAR（Capital to Risk Assets Ratio，加權風險資產率）。這些指標有助於幫銀行免於資金過低。

而你個人的資本充足率則能夠衡量你的槓桿效益和債務比例。或許你一開始的資本充足率只有二十五%，你可以把目標訂為三十五%，然後是五十%。如果你有轉投資或其他計畫，只要達到五十%這個目標，你就可以開始降低你的目標了。

三、每月支出占收入比例

你每月支出占收入的比例愈低，就代表你的財務愈自由。你有更多的成長和做其他投資的空間，也比較能夠因應突發狀況。從你現在的狀況開始觀察，有些人搞不好超過百分之百，那麼就從九十%開始，再來是八十%，然後是五十%甚至更低。

四、（一段時間內的）可支配金錢

日常可支配金錢（LCC，Living Cost Covered），就是一段時間內，你在沒有額外收入的狀況下所能花用的錢。如果你每月的日常支出是五千英鎊，而你擁有五千英鎊的存款，那麼你的日常可支配金錢就是一個月。

每半年就制訂一下你的 LCC 目標，檢視一下你的財務有多自由，以及你的補助金和退休金要怎麼運用。

如果你的 LCC 比你的餘生還要長，你就知道你的財富狀況有多麼穩固了，如果有什麼突發狀況，你和你的家人也能安然度過。

○增加身價和自我肯定的練習

如果想增加自己的身價，以下是一些示範練習和習慣，你可以輕鬆養成。

既然靈性和物質都很重要，那麼以下這些視覺化的自我肯定練習將有助於制訂並達成你的身價目標：

● 自我肯定

過去十一年，我心中一直存在著一句座右銘，它表明了我的生活風格、願景，以及我想成為什麼人。我必須承認我一開始還很懷疑這句話，也許是因為我經驗不足，而且我對有座右銘的人都有些刻板印象。

「確立」（affirmation）一字的本意是「穩固、堅若磐石的保證，相信某事物為真，並且無堅不摧。」這可不是吊兒啷鐺地踩腳踏車或走路時隨意哼唱些句子那樣，而是在創造一個堅定的基礎，確立自己的目標，並且努力讓它成真。

好好檢視你自己的價值觀，還有你最想得到的事物，以及你想成為什麼樣的人。把這些願景濃縮成五到十個字，例如：財富、成功、力量、幸福、感激、服務之類的。這些關鍵字對你來說會有用的。一旦你建立起這些關鍵字，就把它們寫下來，或是存成螢幕保護程式也可以。又或許你可以貼在床頭，每天睡前複誦幾次，持續做幾天或幾個禮拜之後，這些關鍵字就會銘印在你的腦海裡，而你的潛意識將會開始運作，使之變成現實。

你也可以利用早晨的時間來做，或是當你想要讓自己狀態良好，甚至是冥想時都可以這麼做。

沒有付諸行動的話，吸引力法則就只會讓你分心而已。你不可能空坐在家中，等待這些事情掉下來，這些美好事物都有賴你在日常生活中付諸行動。

幾乎沒什麼人設下明確的目標，我至今仍對這點感到很驚訝。從運動選手到企業家，不管對任何成功人士來說，設立目標都是很基本的。每個人都知道要怎麼訂目標，然而大部分的人卻不去做。知而不行，與無知沒什麼兩樣。

好好設立目標並養成日常習慣吧，它會讓這些目標成為現實。

●做一個「夢想板」

為了堅定自己的目標，你可以建立一些視覺線索，或是「夢想小冊」，好提醒並引導自己每天往目標與夢想邁進。建立一個「夢想板」，把它放在你常會看到的地方，像是掛在牆上，或是設為螢幕保護程式或手機桌面之類的，如此一來你就會每天不斷看到它。

就跟舉重一樣，頭腦也會因不斷激活而成為深刻記憶。創造一個「夢想板」，把照片或是名言放在上面，持續讓你的目標視覺化。科學證實這個舉動能讓你記住某種感覺。我們很常會忘記自己看到什麼或聽到什麼，但往往會記得這些東西給我們的「感覺」。

這是你自己的感覺，所以請將會激勵或啟發你的東西變成可見的物品，並在日常生活中把這些價值應用上去，包括感情、事業、財務、家庭、旅遊、個人健康或成長等。

• 讓你的心智做好準備

小時候我爸常說我很擅長在酒吧的地板上找人家掉落的錢。他說我哪裡都可以找到錢。他太常這麼說了，以至於我真的如此相信著，並且愈發使這句話成真。但當我負債時，我的信念完全相反，我總是把注意力放在我的債務和擔心上。我不知不覺強化了這個信念，而它又成為了我的現實，更加讓我深信不疑。我當時並不知道這其實是一種預設心理。

預設是一種記憶效應，當你受到一個原始刺激後，就會回應該項刺激，做出後續的反應。心理學家梅爾（Meyer）和施萬勒夫特（Schvaneveldt）在一九七〇年代提出「誘發心理學」，就是在探討一開始的預設心理會如何影響該人之後的行為。

腦部網狀刺激系統（The Reticular Activating system，簡稱 RAS）是意識與潛意識之間的篩子，我們每天會接觸到八百萬則資訊，大部分的資訊我們都不需要，或無法有意識地處理。而腦部網狀刺激系統會將這些資訊全數吸收，然後把大部分的資訊都壓在潛意識下。

透過心理預設、視覺化和複述洗腦，你的腦部網狀刺激系統就會以圖像而非文字的方式運作。

透過以下步驟，你可以讓腦部網狀刺激系統中的畫面成真。當它經驗到刺激時，同時也會成為心理的預設。因此你的夢想板會喚醒你對夢想和人生渴望的畫面和感受，並且在意識與潛意識中不斷出現。這些在牆上、畫面上或裝置上的事物，將會被帶到真實生活中。

你愈常想到有關負債的念頭，你的預設就愈強大。因此你就會具有批判性的思考意識，給自己找藉口或出現自我設限的信念，並直接變成你的潛意識。而潛意識就像是部超級電腦一樣，它能理解的事物比我們人類還要多。

利用聽有聲書或廣播來重組你的潛意識，把你的目標和自我肯定語錄起來，定期去聽。讓你的大腦充滿富庶有錢的畫面，讓它們不知不覺成為你的重心。把這些再加上持續的行動和修正、改進，你的幸福、成功和財富就不可限量。

•如何成為有錢藝術家

當我想成為藝術家的時候，內心有很大的衝突，我認為藝術和賺錢是不可能兼得的。或許你對職業和藝術這兩者有自己的轉換方式，你的熱情和專業，若是能真實且自由自在地表達自我，那麼其實這就是一種藝術。

我很晚才悟出這個道理，不過這對我來說是個當頭棒喝，讓我知道，其實我對自我價值的認定一直在拉低我自己的身價。

如果我回到過去，用我現在所獲得的知識，再度成為一位藝術家，我可能會用不同的方式來實踐我的藝術創作：

（一）在世時就能發財：

我會用藝術讓我在活著的時候就賺進可觀的金錢。我會專注於公平交易，並且用創作來衡量自己的價值。我不會堅守那些賺不了錢的藝術創作，等到死了才能發財。我會把「用藝術創作來服務自己和他人」這件事當成我的職志，讓自己成為能流傳後世的偉大藝術家。

（二）自我價值：

我值得富裕和幸福。我生命中的點點滴滴都是我成為藝術家的養分。因此人們理應為了這些價值付我錢。我的價值必須反應在我的價格和服務上。我選擇我愛的職業，同時這也是我表達自己獨特價值和才能的美妙方式。

（三）會行銷就有錢賺：

這個世界不會白白養我，我必須跟外界分享我想傳達的訊息。我應該自豪但不自傲，並且在關心他人之餘，也不忘推銷自己的作品。成為頂尖藝術家只是藝術這門生意的一環而已，我必須將我的價值、獨特性，還有我推崇及反對的事物，都一一顯露出來。我不會害怕表現自己，只要它是真實的，並且能夠代表我是誰。

我得平衡規模與稀少性，持續保持自己的價值。

我還要擁抱所有的槓桿效益和媒體，讓我的作品和品牌能夠發光發熱。對於日新月異的科技懷抱開放的態度，不要整天在暗無天日的工作室裡埋頭畫畫而不去推銷自己的創作。

（四）提供服務、解決問題並關心他人：

我必須關心自己，才能讓我的熱情超越恐懼，也必須關心他人，才能創造出別人想要買下的作品。我的任務是創造出顧客想要的商品，傾聽他們的需求，此外，我也該著重於客製化的內容，讓口碑能夠傳出去。

我會傾聽客戶的問題，透過我的工作來幫他們解決這些問題，不管景氣如何都影響不了我的經濟狀況。

（五）尋求公平交易：

我會提供給客戶價值略高於售價的商品。我會鎖定目標客群，並且持續提高我的實際價值和定價。我一定要做對的事，解決顧客的問題，並且堅信這麼做可以給我帶來豐厚的收入。我會確保自己用市場獲利來做慈善。

（六）使用借力使力的槓桿效應：

我一定會珍惜時間，尋求以小換大的賺錢方式。不只賣真跡，還會考慮是否外包其他人來做我的工作。我能否用數位的形式來量產我的藝術作品？或是創立一個藝術訓練企業或學院？我必須有完整的系統和一定的規模，而不是單打獨鬥的無名藝術家。去跟一些潛在顧客和有錢的收藏家打交道，擁抱社群網站和創新的發明。合夥關係也很重要，我應該找一些有力的企業夥伴，還有像喬治・梅得斯一樣的經紀人。

（七）忽略那些討厭我的人：

總是會有不欣賞或討厭我的人。我會傾聽那些意見，並且持續改進。我會對所有批評都心存感激，並且往前邁進，不讓這些批評影響我的心情、夢想或傳承。我要走自己的路，不被他人羈絆。我會對所有事物心存感激，不管是好的或是困難的。

（八）總結：

努力不懈。保持耐心、擁有信念，並且努力「聰明」的工作。每天都用座右銘和視像來提醒自己，平衡現實和樂觀主義，讓這一切成為我的動力。付出多少，就會得到多少，然後將得到的事物分享給他人。創辦一座藝術學校或基金會。讓其他沒那麼幸運的人也能擁有創意的出口。讓我的學生知道藝術不能只是藝術，而要像安迪．沃荷那樣讓人看得懂。藝術創作沒什麼不對，我也沒什麼不對，我必須堅定地相信著。我並非一無所有，所有我想要的、我做的、我擁有的都以俱足，等待著我的解放。

這就是你，成為真實的自己，別像當藝術家那時的我一樣。釋放你對喜愛事物的渴望。與世界分享你的關心和服務，堅持下去，創造自己的故事和金錢觀。對錢了解更多、賺更多錢、付出更多。

CHAPTER 48

買得起法拉利的人在想什麼？

二〇〇五年的羅伯會在半夜驚醒，把德式重金屬音樂關掉，穿上帽T，騎著腳踏車到加油站打工以求溫飽，當時的羅伯對人生感到絕望。

未來的羅伯開著一輛紅色法拉利來到加油站，用最好的燃油來給那頭紅色野獸加油。他花了十五分鐘和四千多英鎊來加油。此時二〇〇五年的羅伯卻滿心痛苦。

小羅伯熱愛義大利超跑，從小就夢想擁有一輛法拉利。這是他最愛的款式和顏色，但開這種車的人一定是個討厭鬼。看看他那身西裝，那輛車一定是騙來的，或是用販毒的錢租來的。

正當小羅伯考慮要不要跟車主說話，還是回去繼續幻想時，老羅伯看到這一幕便笑了。

小羅伯走過來對老羅伯說：「這車不錯嘛，老兄。」

老羅伯謙卑地說：「謝謝。」

他們得好好聊聊才行，畢竟他們童年時期都夢想擁有一輛嶄新的法拉利，但只有一人得到。小羅伯還在找尋落腳處，而老羅伯才剛剛搬進裝潢好的房子。趁著加油的空檔，老羅伯跟小羅伯要了名片，他們握手致意後，小羅伯便回去繼續賣命賺錢了。

小羅伯心想：「那人沒像我想得那麼討厭嘛！就算他是個討厭鬼好了，如果他能賞識我的創作，我應該也會喜歡他。也許他也認識很多有錢人？」

老羅伯開著他的法拉利，往媒體大樓那裡駛去。

誰知道這場相遇日後會變成如何呢？也許老羅伯會請小羅伯替他量身打造一些藝術品，也或許老羅伯成為小羅伯的心靈導師，改變了他的一生？

也許小羅伯成了有錢人，把藝術當成興趣，還創辦了學校或機構什麼的，幫助其他對藝術有興趣的莘莘學子和創業家？也許二〇〇五年的羅伯成了未來的羅伯？

你如何界定某人是有錢人？用刻板印象可以正確評價他人嗎？是看他們開什麼車？還是看他們賺不賺得到一百萬英鎊，又或是身價數百萬英鎊？也許這在未來根本不是什麼了不起的數字。

其他人定義的「有錢」，在我眼中則是「富足」。這些人都以自身的獨特才能為榮，也都奮力與自己的恐懼搏鬥，並且把挑戰視作他們進步的驅力。

他們都是創造者，服務成千上萬的人類。他們對錢的態度都很健康，也都對慈善事業貢獻一己之力。這些人的差別只在於年齡、出身、利基點、遵循的模範、運用的媒體、社會文化、價值觀和人格特質而已。

不會有兩個一模一樣的有錢人，意味著每個人都有自己的機會，如果有一個人能變有錢，那麼每個人都可以，包括你。

所以法拉利的車主到底有什麼特質？他們跟其他有錢人一樣都是獨特的個體。他們可能很高調，也可能很低調；可能很自私，也可能對世界充滿熱情，或是從小就很愛做夢……總之無法確切定義。

但你可以定義你自己。

何不向他們學習呢？教育拯救了我的人生，讓我走出自己的路，並且釋放所有那些對人的批判。這個世界需要更良好的教育。有很多人沒什麼機會獲得良好的教育，但是你有。

貸款制度，就金錢重分配的角度來說，可謂立意良善，不過這當中所需的不只是錢而已。事實上，金錢若是落在沒知識的人手上，情況可能會更糟。因此有許多鉅富才會創辦大學、圖書館和基金會等等。這也是比爾．蓋茲夫婦創辦基金會，而巴菲特也贊助好幾億的原因。

金錢是讓善意能夠在全球流通的動力，它有助於各種面向的成長和進化，同時也是測量價值和益處的工具。

金錢把創意和個人特色轉化成商品，也讓社群間能夠互相關心並提供服務，建立並加速創新的事物，並且解決世上最大的問題。

人類最偉大的發明就是用錢來平衡自私與無私。你管理錢財和駕馭錢財的方式，深植於你的形象中，成為不可磨滅的私人資產。

像畢卡索一樣珍視你的天職吧。像安迪．沃荷一樣把藝術和商業做結合吧。現在你知道心理學和金錢的淵源了，你已經學到更多。

現在，是否要像那些鉅富一樣，賺更多錢、分享更多，就是你的選擇了。

BI7108

駕馭金錢：借力使力，創造財務自由，讓財富與人生價值最大化

Money: Know more, Make more, Give more

作　　者／羅伯・摩爾（Robert Moore）
譯　　者／林曉欽
企劃選書・責任編輯／韋孟岑
版　　權／黃淑敏、翁靜如、邱珮芸
行銷業務／莊英傑、黃崇華、李衍逸
總 編 輯／何宜珍
總 經 理／彭之琬
事業群總經理／黃淑貞
發 行 人／何飛鵬
法律顧問／元禾法律事務所　王子文律師
出　　版／商周出版
臺北市中山區民生東路二段141號9樓
電話：(02) 2500-7008　傳眞：(02) 2500-7759　E-mail：bwp.service@cite.com.tw
發　　行／英屬蓋曼群島商家庭傳媒股份有限公司城邦分公司
臺北市中山區民生東路二段141號2樓
讀者服務專線：0800-020-299　24小時傳眞服務：(02)2517-0999
讀者服務信箱E-mail：cs@cite.com.tw
劃撥帳號／19833503　戶名：英屬蓋曼群島商家庭傳媒股份有限公司城邦分公司
訂購服務／書虫股份有限公司客服專線：(02)2500-7718；2500-7719
服務時間：週一至週五上午09:30-12:00；下午13:30-17:00
24小時傳眞專線：(02)2500-1990；2500-1991
劃撥帳號：19863813　戶名：書虫股份有限公司　E-mail：service@readingclub.com.tw
香港發行所／城邦(香港)出版集團有限公司
香港 灣仔 駱克道193號東超商業中心1樓
電話：(852) 2508-6231　傳眞：(852) 2578-9337
馬新發行所／城邦(馬新)出版集團
Cité (M) Sdn. Bhd. (458372U)
11, Jalan 30D/146, Desa Tasik, Sungai Besi, 57000 Kuala Lumpur, Malaysia.
電話：(603)9056-3833　傳眞：(603)9056-2833
商周出版部落格／http://bwp25007008.pixnet.net/blog
行政院新聞局北市業字第913號

美術設計／蔡惠如
印　　刷／卡樂彩色製版印刷有限公司
經 銷 商／聯合發行股份有限公司
客服專線：0800-055-365　電話：(02)2668-9005　傳眞：(02)2668-9790

2019年（民108）6月11日初版
2020年（民109）9月15日初版7刷
定價420元　Printed in Taiwan

ISBN 978-986-477-671-9

城邦讀書花園
www.cite.com.tw

國家圖書館出版品預行編目（CIP）資料
駕馭金錢：借力使力，創造財務自由，讓財富與人生價值最大化／羅伯・摩爾（Robert Moore）著；林曉欽譯. -- 初版. -- 臺北市：商周出版：家庭傳媒城邦分公司發行, 民108.6
480面；14.8x21公分
譯自：Money: Know more, Make more, Give more
ISBN 978-986-477-671-9 (平裝)
1.商業・管理 2.成功法　177.2　107011697